普通高等教育“十四五”系列教材

U0828837

会计学原理

主　编　周一萍　李月华
副主编　董火鲜　何秀平

華中科技大學出版社
http://www.hustp.com
中国·武汉

图书在版编目(CIP)数据

会计学原理/周一萍,李月华主编. —武汉:华中科技大学出版社,2020.9 (2025.1重印)
ISBN 978-7-5680-6543-6

Ⅰ.①会… Ⅱ.①周… ②李… Ⅲ.①会计学 Ⅳ.①F230

中国版本图书馆 CIP 数据核字(2020)第 162395 号

会计学原理 周一萍 李月华 主编
Kuaijixue Yuanli

策划编辑:曾 光
责任编辑:段亚萍
封面设计:孢 子
责任监印:朱 玢
出版发行:华中科技大学出版社(中国·武汉) 电话:(027)81321913
武汉市东湖新技术开发区华工科技园 邮编:430223
录 排:华中科技大学惠友文印中心
印 刷:武汉科源印刷设计有限公司
开 本:787mm×1092mm 1/16
印 张:19.5
字 数:511 千字
版 次:2025 年 1 月第 1 版第 4 次印刷
定 价:59.00 元

华中出版

本书若有印装质量问题,请向出版社营销中心调换
全国免费服务热线:400-6679-118 竭诚为您服务

前言

PREFACE

会计学原理课程不仅是会计学专业，同时也是经济与管理类其他专业必修的学科基础课程，通过对该门课程的学习，可为会计学专业的学生今后更好地学习中级财务会计、高级财务会计、财务管理、审计学等后续课程打下良好的专业学习基础，也可帮助经济与管理类其他专业的学生更好地理解财务会计信息的生成，拓展其学科视野。基于该门课程的重要性，本教材编写组特组织了具有丰富教学与实践经验的教师编写了与该门课程学习相配套的教材——《会计学原理》。本教材具有以下特点：

第一，反映了我国最新会计及税收制度。本教材内容充分反映和把握我国企业会计准则、税收法律制度的最新变化与发展趋势，以财政部 2019 年修订的《会计基础工作规范》为依据，对会计的基本理论、基本方法和基本技能等内容做了详尽的阐述。

第二，注重理论与实践相结合。本教材以会计学的基本原理为主线，充分介绍了会计的含义、会计对象、会计信息质量要求、会计要素的确认与计量、复式记账原理等会计基本理论，同时将设置账户、借贷记账法、填制与审核会计凭证、登记账簿等会计核算基本方法和基本技能作为本教材的重点内容，教材中配有大量的记账凭证和账页格式说明会计方法和会计技能的运用，便于初学者增强对会计的感性认识。

第三，体系完整，内容务实。本教材根据学科特点，对会计的基本理论、基本方法和基本技能进行了深入浅出的阐述，完整地反映了会计学原理课程的教学体系，具有较强的针对性、实用性和可操作性。同时，为了帮助各类初学者更好地理解会计基本概念和基本知识，本教材每章都设置了学习目的、本章小结、关键概念、思考与讨论以及丰富的配套练习题目。

参加本教材编写的人员有：周一萍（第二章、第三章、第四章），李月华（第一章、第六章），董火鲜（第五章、第七章、第十章），何秀平（第八章、第九章）。在编写本教材的过程中，我们参考了大量国内外优秀教材和科研成果（不限于参考文献中列出的部分），在此特向相关作者谨致谢意！

由于编写时间仓促，加之水平有限，书中疏漏和不足之处在所难免，恳请广大读者和专家不吝赐教，以便我们进一步修正和完善。

编者

2020 年 7 月

目录

CONTENTS

第一章

总论

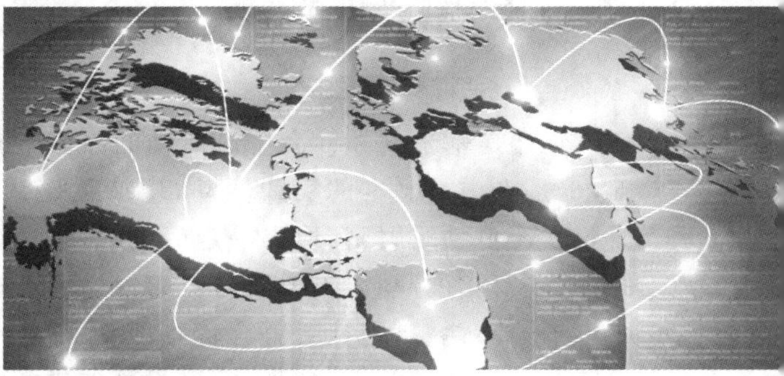

KUAIJIXUE YUANLI

学习目的

本章主要阐述会计的基本理论，包括会计的含义、会计基本职能、会计对象、会计核算的基本假设及核算基础、会计信息质量特征以及会计核算方法，旨在让初学者了解最基本的会计知识，懂得什么是会计、会计能够做什么、从哪些方面去做、应该怎样去做，从而领会会计工作对加强经济管理的作用，提高学习的积极性和自觉性，并为后续各章的学习奠定基础。

第一节 会计的含义

一、会计的产生和发展

(一)会计的产生

会计是基于人类社会生产活动的需求而产生的。生产活动是人类赖以生存和发展的基础，也是人类最基本的实践活动，生产活动决定了其他一切活动。人类在生产活动中，一方面要创造出物质财富，取得一定劳动成果；另一方面要发生各种耗费，包括人力、物力和财力的耗费。只有劳动成果大于劳动耗费，才能扩大再生产，社会才能进步；如果劳动成果等于或小于劳动耗费，则社会就会停滞不前甚至要倒退。因此劳动耗费与劳动成果之间的关系如何是人们共同关心的问题。以尽可能少的劳动耗费取得尽可能多的劳动成果是人们共同的愿望。要将劳动成果与劳动耗费进行比较，就必须进行原始的计量、计算和记录，这种原始的计量、计算和记录行为就是会计思想和会计行为的萌芽。会计在其产生初期是生产职能的一个组成部分，人们在生产过程中，附带地把劳动成果和劳动耗费等记载下来，当时会计还不是一项独立的工作。

人们对劳动耗费和劳动成果的关心，首先表现在物质生产的数量方面。为了得到所需的资料，人们最初只凭头脑记忆，随着生产的发展，生产力水平的不断提高，劳动耗费与劳动成果的种类、数量不断增多，单凭头脑记忆已不能满足生产发展的需要。为了更好地考核生产过程，就需要借助于一定的方式、方法，把有关的活动记录下来，于是便出现了会计的萌芽，即原始的计量、计算和记录行为，但由于当时没有文字，所以只好“绘图记事”，后来发展到“结绳记事”“刻契记事”等方法。自从有了文字，会计便从“符号记录”转为“文字记载”，进入“书契”时代。随着计算技术的产生与完善，会计计算手段得以充实，大大提高了会计反映经济活动的占用、消耗和成果的能力，迎来了“簿记”时代，会计逐渐从生产职能中分离出来，成为独立的职能。根据马克思的考证，在远古的印度公社中，已经有一个农业记账员，其职责是登记农业项目，记录与此有关的一切事项。在我国，西周时代已设有掌管全国财政收支的核算与监督工作的官职。

可见，会计是人类社会生产发展到一定历史阶段的产物，是为了适应生产活动发展需要而产生的。随着生产活动的进行，会计也不断地发展和完善，并经历了由简单到复杂、由低级到高级的漫长发展过程。

(二)会计的发展

会计的发展经历了古代会计和近代会计两个阶段。古代会计经历了漫长的发展过程。在我国,远在奴隶社会的西周时期,就设立了专司朝廷钱粮收支的官吏——司会,由他进行"月计岁会",把每月零星计算称为"计",把年终总合计算称为"会";在封建社会的宋朝初期出现了"四柱清册",反映钱粮的"旧管""新收""开除""实在",相当于现代会计的"期初结存""本期收入""本期支出""期末结存"。当时人们就已经懂得利用"旧管+新收-开除=实在"的关系来进行计算和记录了。在这段时间里,由于生产力发展水平比较低,商品经济尚不发达,货币关系还没有全面展开,因而会计的发展也很缓慢。随着社会的发展,生产力不断提高,生产活动的成果除了能够补偿劳动耗费之外,还有了剩余产品。这就为组织生产、管理产品和进行产品分配提供了物质条件;同时,生产开始了社会化,直接的生产过程已经采取共同劳动协作形式,不再是个体劳动。这时,会计就作为一项单独的管理工作由脱离生产的人来担任。从奴隶社会的繁荣时期到15世纪末,单式簿记应运而生并且得到了发展。一般将这一时期的会计称为古代会计。古代会计的特点是比较简单,主要采用单式记账法对账务收支进行数量上的反映。

近代会计是从运用复式簿记开始的,是随着商业、工业文明的发展而出现的。它分为两个阶段。第一阶段,一般认为始于15世纪末。13—15世纪伴随地中海沿岸商业、手工业和金融业的兴旺发达,意大利出现了科学又系统的复式借贷记账法。一般认为,1494年意大利数学家卢卡·帕乔利(Luca Pacioli)公开出版的有史以来第一本介绍复式簿记的教科书——《算术、几何、比及比例概要》,使人们开始从理论上认识意大利银行业出现的以"借""贷"为记账符号的复式记账方法,这标志着近代会计的开始。第二阶段是20世纪以来,随着生产力的迅速发展,首先产生了适应大生产需要新的企业组织形式——股份公司,股份公司的基本特征是所有权与经营权分离,企业的股东以及与企业有利害关系的集团和个人要求企业定期提供有关企业财务状况和经营情况的财务报告,并需经过第三者(注册会计师)的审查。经过审查的财务报告被认为是真实、正确的,可以取信于股东及其他与企业有利害关系的集团和个人。也就是说,股份公司这种经营形式的出现,使资产的所有权与经营权分离,投资者和债权人迫切要求公司公开财务报表,政府相应公布了有关法规,会计职业界为此制定了公开会计信息的基本规范——会计原则,于是逐渐形成了以对外提供会计信息为主,接受公认会计原则约束的会计,即财务会计。随着社会的发展,对会计提出了新的要求,从而引起了会计内容的变化。会计服务的对象扩大了,过去只服务于单个企业,现在通过职业会计师的活动使其发展成为所有企业服务,使会计成为一种社会活动。到了20世纪50年代,西方经济达到了突飞猛进的发展阶段,随着跨国公司的不断涌现,资本主义企业之间的竞争不断加剧。资本家为了战胜对手、垄断市场,必须不断降低成本,同时还应把握市场行情,预测经济前景,确定发展目标,这就要求会计部门为其提供有关资料,以便进行管理和决策。于是,向企业内部提供报告的管理会计出现了。财务会计和管理会计是企业会计的两大分支,管理会计的出现使会计工作广泛采用数学方法,参与预测和决策,在计算技术方面由手工操作向机械化、电子化方向发展。

近代会计与古代会计相比,具有以下特点:一是广泛采用以借贷记账法为主的复式记账法,能全面、系统地记录各项经济业务,可将账簿记录进行核对,检查记账工作的正确性;二是广泛使用货币计量单位进行价值核算,货币量度具有综合性,可以进行比较、汇总,较古代会计中的实物量度大大前进了一步;三是运用了管理会计方法,能预测经济前景,参与经济决策。

由此可见，随着经济的发展，会计也经历了一个不断发展和完善的过程。我们可以看出，会计的产生是必要的，会计的发展是必然的。实践证明，经济愈发展，会计愈重要。

二、会计的职能和作用

(一)会计的职能

会计的职能是指会计在经济管理中所具有的功能。具体来讲，就是会计是用来做什么的。会计职能伴随会计的产生而出现，并随着会计的发展而发展。马克思曾指出："过程越是按照社会的规模进行……作为对过程的控制和观念总结的簿记就越是必要……"这是对会计职能进行的科学概括。所谓"对过程的控制和观念总结"，一般被理解为反映和监督。会计对任何社会的再生产过程都具有反映和监督两大职能。随着生产活动日趋复杂，生产经营管理不断对会计提出新的要求，会计职能的具体内容不断拓展，反映和监督已不能概括会计的全部职能，参与预测、决策、控制和考核等在会计职能中显得越来越突出，逐渐成为新的会计职能。但是，反映和监督仍然是会计的基本职能。

1. 会计的反映职能

会计的反映职能，亦称会计的核算职能，是指通过确认、计量、记录、报告反映客观经济活动情况，提供历史信息的功能。从会计工作的现状看，会计的反映职能主要是从数量方面综合反映各单位已经发生或已经完成的各项经济活动；而且，会计反映职能本身具有完整性、连续性和系统性。也就是说，会计反映职能具有以下几个重要特点：

(1)会计反映是以货币为主要计量单位，从数量上综合反映经济活动。任何单位的经济活动，如资金的取得、劳动的耗费、产品的生产和销售，都可以从数量方面进行确认、计量、记录和报告，求得一定的数量指标，以便在一定程度上说明经济活动的效果。会计从数量方面反映经济活动，可以采用三种量度，即劳动量度、实物量度和货币量度。劳动量度是按劳动时间来衡量劳动耗费与劳动成果的量度，如天数、小时等；实物量度是按物质的自然属性来衡量劳动耗费与劳动成果的量度，如千克、件等；货币量度是按物质的价值符号来衡量劳动耗费与劳动成果的量度，如元、角等。以上三种量度中只有货币量度具有综合性，它可以把各种性质相同或不同的经济活动进行综合和汇总，求得各种综合的价值指标。所以，会计除了利用劳动量度和实物量度外，还要广泛运用货币量度，在会计凭证、会计账簿和会计报表上反映经济活动的数量。

(2)会计反映要求做到真实、准确和及时。真实，是要如实反映各单位的经济活动情况。只有会计反映记录的数字和情况是真实的，才能保证记账、算账和报账是真实的，才能给会计信息使用者提供有用的会计信息资料。准确，是要求会计事项的处理是合法的、合理的，有关数字计算是正确的。及时，是要随着经济业务的发生，按时得到会计处理和记录、计算，并按规定向会计信息使用者提供会计信息。会计反映及时，有利于企业在市场竞争中做出正确决策，有利于企业有关部门及时对生产经营过程中的耗费进行控制，有利于投资者及时进行投资决策，真正使会计信息起到应有的作用。

(3)会计反映具有完整性、连续性和系统性。完整性是指凡属于会计对象应该反映的内容，必须毫无遗漏地反映在会计核算资料中，以保证会计资料的完整性；连续性是指按经济业务发生的时间顺序不间断地记录，以便取得经济活动的动态指标；系统性是指对复杂多样的会计对象按科学的方法进行分类、汇总，进行系统的加工和整理，以便取得分门别类的指标，保证会计资料的科学性。

(4)会计反映是对经济活动全过程的反映，即会计在对已经发生的经济活动进行事中和事后反映的同时，还可以预测未来的经济活动。会计反映对已经发生的经济活动进行事后的记录、核算和分析，通过加工处理后提供大量的信息资料，反映经济活动的现实状况及历史过程，这是会计反映的基础工作。但是，随着商品经济的发展，市场竞争日益激烈，企业经营规模将不断扩大，经济活动将日趋复杂，经营管理更需要加强预见性。为此，会计要在事后、事中反映的同时，进一步发展到事前反映、分析和预测经济前景，为经营管理决策提供更多的经济信息，这样才能更好地体现并发挥会计的管理作用。

2. 会计的监督职能

监督的内涵是监察、督促，而会计的监督职能是指会计按一定的目的和要求对经济活动的合理性、合法性和有效性进行控制，以达到预期目标的功能。会计的监督职能主要包括以下两项内容：一是在宏观方面，以国家的财经政策、财经纪律为准绳，对即将进行或已经进行的经济活动的合理性和合法性进行监督，以协调局部利益与整体利益之间的关系，提高宏观经济效益。二是在微观方面对经济活动进行事前、事中、事后的监督。事前监督是指用预测方法审查经济业务的可行性，据以编制计划；事中监督是指在经济活动进行的过程中，运用审核的方法进行考核、分析，以便调整经济活动，及时纠正偏差；事后监督是指运用检查的方法对已结束的经济活动加以总结和分析，以便改进今后的工作。会计的监督职能具有强制性、严肃性、连续性和完整性的特征。

以上两项基本会计职能是密切联系、相辅相成的。其中，反映是监督的基础，没有反映所提供的会计信息，监督将成为无源之水；反之，没有监督作为保障，就不能提供真实可靠的会计信息。只有把反映和监督结合起来，才能充分发挥会计在经济管理中的作用。

(二)会计的作用

会计的作用是指实现会计职能所产生的影响。就会计的基本职能而言，会计通过确认、计量、记录和报告，能够为投资者、债权人、政府管理部门、内部管理当局提供有关企业财务状况和经营成果的会计信息，使经济决策和宏观经济管理工作更加有效；通过对经济活动的合理性、合法性和有效性的控制，能够贯彻落实国家财经法规制度，保护财产安全。随着会计职能的不断拓展，会计所产生的影响将越来越大，“经济越发展，会计越重要”。会计的作用可概括为以下几个方面：

1. 增强投资者、债权人投资决策的有效性

会计通过特定程序和专门方法所提供的会计信息，是包括投资者和债权人在内的各方面进行投资决策的依据。在选择投资对象时，通过反映在企业财务会计报告中的会计信息，投资者要分析企业的盈利能力和未来的发展趋势，并与同行业的其他企业进行比较，从而做出投资决策；债权人要分析企业的短期偿债能力和长期偿债能力，衡量投资风险大小，做出投资决策。通过确认、计量、记录和报告所提供的，经会计人员严格审核的会计信息，使投资决策更加有效。

2. 提高政府部门的宏观经济管理水平

承担社会经济管理工作的各级政府部门，如财政、税务、证券监管等部门，需要借助于会计信息实施宏观管理。在制定经济政策前，要通过汇总后的会计信息，从总体上掌握企业的资产负债结构、损益状况和现金流量情况，以分析经济运行的发展趋势，进行宏观经济管理。会计监

管对会计法规、制度贯彻落实的保证作用，使会计信息的相关、可靠、可比等质量特征日益明显，从而提高了宏观经济管理水平。

3. 加强内部管理，提高经济效益

企业管理当局利用会计反映所提供的信息，可以全面、系统地了解企业的财务状况、经营成果和现金流量情况，并据以分析已经过去了的经济活动所存在的问题，找出原因，提出解决问题的具体办法；并利用相关会计信息分析、预测经济前景，选择最佳的经营或投资方案，提高决策的有效性和未来经济活动的效益。

三、会计的含义

根据以上对会计产生及发展过程的分析，以及对会计职能的阐述，可以概括了解什么是会计。会计是以货币为主要计量单位，对再生产过程中的经济活动进行完整、连续、系统的反映和监督，旨在提高经济效益的一种经济管理活动。这一概念包含了以下五个基本要点：

(1)会计的特点——以货币为主要计量单位(基本特征)，以及完整性、连续性和系统性(一般特征)。

(2)会计对象——再生产过程中的经济活动。

(3)会计的基本职能——反映和监督。

(4)会计的必要性——提高经济效益。

(5)会计的本质——会计是一种经济管理活动。

对于会计的本质，可以从以下三个方面来理解：

第一，会计是人们管理生产过程的一种实践活动、一项管理工作。会计是适应生产发展过程中人们提高经济效益的客观需要而产生和发展起来的。它不是对生产过程的理论概括，而是由会计人员亲自观察、计量和登记，从而取得信息，并据以调节和干预生产活动的实践活动。

第二，会计既为管理提供信息，又直接履行管理的职能。管理的重心在决策，决策的关键在信息。近代会计包括财务会计和管理会计两个部分：财务会计通过事后反映提供会计信息；管理会计通过预测参与决策，直接履行管理的职能。

第三，会计方法的变革和发展本身就体现着管理的要求。在古代，生产活动只要求会计对财务收支进行实物数量方面的记录和计算，会计主要运用了简单的单式记账法；到了近代，生产的发展要求会计以货币为主要计量单位对其进行全面和综合的反映和监督，会计运用了以借贷记账法为主的复式记账法；20 世纪 50 年代以来，生产的发展要求会计参与预测、决策，于是出现了管理会计方法。

第二节　会计事项及会计对象

一、会计事项

(一)会计事项的一般概念

会计事项也叫交易事项，或经济业务，是指会计主体与信息用户相关，并且导致经营实体的各项资产和权益发生变化的经济事项。会计人员需要处理的不是企业发生的所有事项，而仅是交易事项，即会计事项。交易，指发生在两个会计主体间的价值转移；事项，主要指发生在会计主体内部各部门之间的资源的转移。

会计上所称的交易，其含义与通常讲的交易解释略有不同。就会计观点而言，凡是使企业资产、负债、所有者权益、收入、费用、利润等要素发生增减变化的事项或行为称为会计交易事项；反之，不能使企业资产、负债、所有者权益、收入、费用、利润等要素发生增减变化的事项或行为，就不能称为会计交易事项。假如，企业因火灾烧毁房屋一栋，虽然从一般意义上讲不属于交易行为，但就企业本身来说已引起损失之发生而减少了企业资产，所以就会计观点而言，它属于会计交易事项。再例如，企业销售产品一批收到现金，一方面引起企业现金资产增加，另一方面引起企业收入(所有者权益)增加，所以企业销售产品就是会计交易事项；而企业与供应商订立购货合同或与客户签订销货合同，虽然从一般意义上讲是一种交易行为，但是此种事项并未引起企业资产、负债、所有者权益、收入、费用、利润等发生变化，就会计观点而言，不属于会计交易事项。

(二)会计事项的分类

会计事项按其是否与企业外部有关，可分为外部会计事项和内部会计事项两大类。其中，外部会计事项是指企业对外发生经济往来产生的各项经济交易或者事项；内部会计事项是指发生在企业内部各有关部门之间的各项经济交易或者事项。外部会计事项通常能够引起企业经济利益的流入或流出；内部会计事项通常不会改变企业经济利益的流入或流出。在我国会计实务工作中，通常习惯将要采用会计方法进行处理的会计事项统称为“经济业务”，因此本书后续内容中出现的“经济业务”即是指的会计事项。

二、会计对象

(一)会计对象的一般概念

会计对象是指会计所反映和监督的内容，即会计所要反映和监督的客体。凡是能够用货币计量的经济活动，就构成了会计反映和监督的客体，而能够用货币计量的经济活动又称为价值运动或资金运动，因此会计的对象就是资金运动。所谓资金就是指各单位所拥有的财产物资的货币表现(包含货币本身)。由于各单位各自的经济活动的方式和内容不尽相同，所以，会计的具体对象也就不完全一致。概括地说：企业的资金运动是指经营资金的运动；行政、事业单位的资金运动是指预算资金的运动。

经济活动大体可分为能用货币表现的经济活动和不能用货币表现的经济活动。能用货币表现的经济活动被称为会计事项或经济业务，如物资的进出、货币的收付；不能用货币表现的经济活动一般无法计量，如制订计划、签订合同。由于会计以货币为主要计量单位，因此，它只反映能用货币表现的经济活动；又由于再生产过程中资金在不停地运动，会计必须如实加以反映和监督，因此，会计对象就概括为再生产过程中的资金运动。

为了更好地了解和认识会计的对象，下面以制造业企业为例，说明企业会计的具体对象。

(二)制造业企业的会计对象

制造业企业是指按照市场经济的要求，依法成立、自主经营、自负盈亏、自我发展、自我约束的产品生产经营单位。制造业企业的会计对象是其生产经营过程中的资金运动。制造业企业的资金运动和其他物质运动一样表现为相对静止和显著变动两种状态。

资金运动的静态是指资金在某一时点的存在状态,具体表现为资金占用(资产)和资金来源(包括负债和所有者权益)两个方面。

资金运动的动态表现为资金投入企业、资金在企业内部循环和周转以及资金退出企业三个阶段的运动。

资金投入企业使资产和权益同时等量增加。例如,投资人向企业投入资本,银行向企业贷款。

资金在企业内部循环和周转表现为资金依次经过供应过程、生产过程和销售过程,不断改变自己的状态。

在供应过程中,企业以现金或银行存款购买原材料,为生产进行必要的物资储备,使货币资金转化为储备资金。

在生产过程中,资金主要发生两次形态变化。一次是当企业将原材料投入生产,生产工人将其加工成在产品时,储备资金转化为生产资金。在这个过程中同时发生了各种生产费用,如材料的耗用、固定资产的磨损、支付劳动报酬等。另一次是当在产品被进一步加工成产成品时,生产资金转化为成品资金。除了这两次主要形态变化外,生产过程中的资金还因支付生产人员工资和其他费用,由货币资金转化为生产资金;由于计提固定资产折旧,固定资金转化为生产资金。

在销售过程中,因为企业将产品销售出去,并通过结算取得销售收入,收取了货款,成品资金又转化为货币资金。

制造业企业的资金从货币形态开始,依次经过储备资金、生产资金和成品资金,最后又回到货币资金的一次形态变化,称为资金循环。资金周而复始不停滞、不间断地循环,称为资金周转。

资金退出企业表现为资产和权益的等量减少,如清偿债务、归还借款、缴纳税金、发放红利等。

上述制造业企业资金的运动过程如图 1-1 所示。

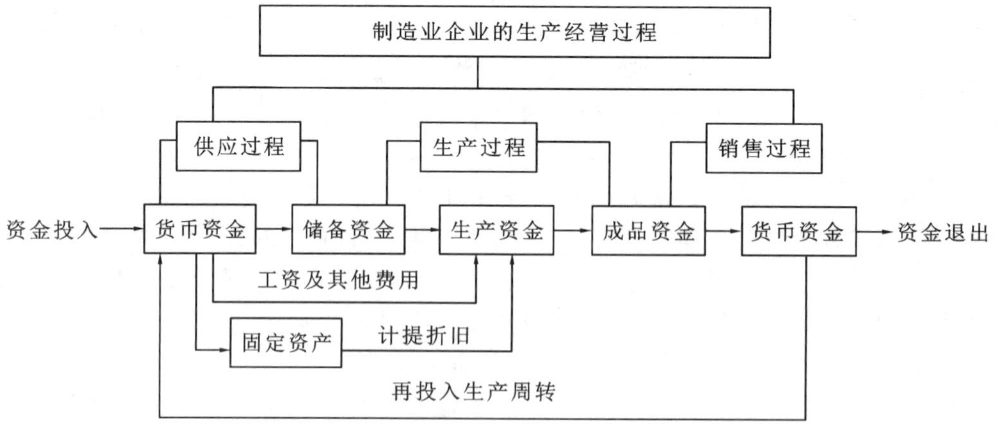

图 1-1　制造业企业资金的运动过程

综上所述,制造业企业资金运动的静态表现为资产、负债和所有者权益三个项目;在资金运动动态的资金投入企业阶段和资金退出企业阶段，所引起的是资产、负债和所有者权益三方面的变化；而资金在企业内部的循环周转阶段将使企业发生费用、取得收入并形成利润。资产、负债、所有者权益、收入、费用和利润的变化可以概括制造业企业资金运动的全过程，它们的增减变动就是制造业企业会计所要反映和监督的内容。

第三节　会计核算的基本假设及核算基础

一、会计核算的基本假设

会计反映的对象是资金运动，而在市场经济条件下，由于经济活动的复杂性决定了资金运动也是一个复杂的过程，因此，面对变化不定的经济环境，摆在会计人员面前的一系列问题必须首先得到解决。例如，会计反映（核算）的范围有多大，会计为谁反映（核算），给谁记账；会计反映（核算）的资金运动能否持续不断进行下去；会计应该在什么时候记账、算账、报账；在反映（核算）过程中应该采用什么计量手段等。这些都是进行会计反映（核算）工作的前提条件。由于使用者对会计信息的需求是多方面的，这就要求会计在一定的时间和空间范围内，按一定的程序和方法予以提供。会计核算的基本假设又称为会计核算的基本前提，是为保证会计信息质量和会计工作的正常进行而对会计核算的范围、内容以及基本程序和方法所做的限定，它包括会计主体、持续经营、会计分期、货币计量四项内容。

（一）会计主体假设

会计主体是会计工作为之服务的一个特定单位或组织。会计主体假设是指会计核算应当以企业发生的各项经济业务为对象，记录和反映企业本身的各项经营活动。也就是说，会计核算是反映一个特定单位或组织的经济业务，只记本特定单位或组织即本会计主体的账。

作为会计主体，必须具备以下条件：一是具有一定数量的经济资源；二是独立核算，有完整的账簿体系，定期编制会计报表。凡具备上述条件的单位都应按会计主体这一基本前提的要求，反映自身的经济业务，而不是其他主体或所有者的经济业务。

会计主体不等同于法律主体，两者是不同的两个概念。通常法律主体就是会计主体，但会计主体不一定是法律主体。会计主体可以是一个有法人资格的企业，也可以是由若干家企业通过控股关系组织起来的集团公司，还可以是企业、单位下属的二级核算单位。

会计主体假设界定了会计核算的空间范围，并为持续经营、会计分期和其他会计原则的建立奠定了基础。因为如果不划定会计的空间范围，则会计核算工作就无法进行，指导会计核算工作的有关要求也就失去了存在的意义。

（二）持续经营假设

持续经营是指会计主体的生产经营活动将按照既定的目标无限期地持续下去，在可以预见的未来不会面临破产清算。持续经营假设是指会计核算应当以企业持续、正常的生产经营活动为前提，而不考虑企业是否破产清算等。在这一基本前提下，企业可按原定用途去使用现有的经济资源，按原先承诺的条件清偿债务，对经济业务仍进行完整、连续、系统的反映和监督，并向有关方面提供会计信息。

持续经营假设明确了会计工作的时间范围。尽管客观上企业会由于市场的竞争而面临被淘汰的危险,但只有假定作为会计主体的企业是持续、正常经营的,会计核算才有可能保持一致性和稳定性。若企业因各种原因终止生产经营过程而面临破产清算,则持续经营这一前提就不再成立,会计核算则应改用破产清算的会计程序和处理方法。

(三)会计分期假设

会计分期是指把企业连续不断的生产经营过程人为划分为较短的等距会计期间,以便定期反映会计主体的经营成果和财务状况,向有关方面提供信息。会计分期是持续经营的必要补充。会计分期假设的目的在于通过会计期间的划分,分期结算账目,按期编制财务报告,从而及时地向有关方面提供反映企业财务状况和经营成果的会计信息,满足有关方面的需要。会计主体是持续经营的,从理论上讲,其经营成果和财务状况只有在各单位停止经济活动以后才能完全、准确地确定下来。但在各单位全部经济活动的过程中,企业经营管理者、投资者、债权人以及政府监督部门等利益相关者都需按一定的时间段对企业经营成果、财务状况进行全面的考核、检查和监督,以便及时发现问题,改进经营管理和投资决策。为此,人们假定经济活动有一定期间,到一定时间就停止,这种人为划定的时段便是会计期间。会计期间有月度、季度和年度之分,年度会计期间叫会计年度。按照《中华人民共和国会计法》(以下简称《会计法》)的规定,我国的会计年度为日历制年度,即每年 1 月 1 日至 12 月 31 日。

会计期间的划分对会计核算形式产生了重要影响,正因为有了会计分期,出现了本期与非本期的区别,才产生了权责发生制和收付实现制、收益性支出与资本性支出。每个企业都应按要求正确划分会计期间,准确提供财务状况和经营成果等会计信息,并据以进行横向或纵向的比较。

(四)货币计量假设

货币计量是指会计所提供的信息应以货币为主要计量单位,并假定币值不变。会计从数量上反映经济活动时可以采用三种量度,即实物量度、劳动量度和货币量度。由于作为一般等价物的货币具有综合性,可以把企业拥有的不同形态的经济资源用同一尺度计量,所以,企业在确认、计量、记录和报告经济业务时要以货币为主要计量单位。当会计核算中有两种或两种以上货币量度时,必须确定记账本位币。我国《企业会计准则——基本准则》规定,企业的会计核算应以人民币为记账本位币,以外币收支业务为主的企业也可采用某种外币作为记账本位币,但向有关方面报送的会计报表必须折算为人民币反映。

需要指出的是,货币作为一种特殊商品,货币本身也有价值,货币的价值受供求关系变化等因素的影响,难免发生增减变动,使会计核算中确认、计量、记录和报告的资产、负债和所有者权益等会计要素的数额受到影响。如果对这一影响数额做出调整,势必加大会计核算的工作量,并造成会计信息的不可比。所以,在运用货币量度时,必须假定币值稳定不变。如果发生恶性通货膨胀,再采用特殊会计方法处理。

货币计量对完整、连续、系统地反映各会计主体的经济活动,综合汇总会计信息,分析、比较、评价不同时期、不同部门的会计信息,具有重要意义。

二、会计核算基础

会计核算基础是会计确认的某种标准方式,是会计主体收入和费用的确认的标准。会计核算基础解决收入和费用何时确认、确认多少的问题。会计核算基础有两种：一种是权责发生制，又叫应收应付制或应计制；一种是收付实现制，又叫现收现付制或现金制。对会计核算基础的不同选择，决定会计主体取得收入和发生费用在会计期间的配比，并直接影响到单位工作业绩和财务成果。

（一）权责发生制

权责发生制是指以取得款项的权利或支付款项的义务为标志来确定本期收入和费用的会计核算基础。采用权责发生制，凡是当期已经实现的收入和已经发生或应负担的费用，无论款项是否收付，都应作为当期收入和费用处理；反之，凡是不属于当期的收入和费用，即使款项在当期已经收付，也不能作为当期的收入和费用处理。

有时，企业发生的货币收支业务与交易或事项本身并不完全一致。例如，企业预先收取货款，但销售并未实现。为了更真实地反映企业一定期间的财务状况和经营成果，企业在会计核算中应以权责发生制为基础。建立在该基础之上的会计核算方式可公正、合理地确定一个会计期间的收入和费用，以便正确计算损益。

（二）收付实现制

收付实现制是指以款项的实际收付为标志来确定本期收入和费用的会计核算基础。凡是本期实际收到款项的收入和付出款项的费用，不论款项是否属于本期，只要在本期实际发生，即作本期的收入和费用。所以收付实现制又叫实收实付制。

收付实现制和权责发生制是对收入和费用而言的，都是会计核算中确定本期收入和费用的会计处理方法。收付实现制强调款项的收付，权责发生制强调应计的收入和为取得收入而发生的费用相配合。目前，我国行政事业单位会计普遍采用的是收付实现制进行会计核算，企业会计采用的是权责发生制进行会计核算。

第四节　会计信息质量要求

会计信息质量要求又称会计信息质量标准。根据我国最新颁布的《企业会计准则——基本准则》的规定，会计信息质量要求包括八项：可靠性、相关性、可理解性、可比性、实质重于形式、重要性、谨慎性、及时性。这些会计信息质量特征要求会计人员在处理会计业务、提供会计信息时，要遵循这些对会计信息的质量要求，以便更好地为企业利益相关者服务。

（一）可靠性

《企业会计准则——基本准则》第十二条规定："企业应当以实际发生的交易或者事项为依据进行会计确认、计量和报告，如实反映符合确认和计量要求的各项会计要素及其他相关信息，保证会计信息真实可靠、内容完整。"

可靠性要求，也称客观性要求、真实性要求。可靠性是对会计核算工作的基本要求，如果会计数据不能真实、客观地反映企业经济活动的客观情况，就无法满足会计信息使用者的要求，影响其决策的有效性。

可靠性要求包括三方面的含义，即真实性、客观性和可验证性。真实性是指会计反映的结果应当与企业实际的财务状况和经营成果相一致，每一项会计记录都要有合法的依据。客观性是指对于经济业务的记录和报告，应当以客观的事实为依据，而不能受主观意志的左右。可验证性是指会计信息经得起复核检验，凡是过去发生的经济业务，都应当有合理合法的会计凭证供事后检查。

（二）相关性

《企业会计准则——基本准则》第十三条规定："企业提供的会计信息应当与财务会计报告使用者的经济决策需要相关，有助于财务会计报告使用者对企业过去、现在或者未来的情况作出评价或者预测。"

相关性要求，也称有用性要求，它也是会计信息质量的一项基本要求。信息要成为有用的，就必须与使用者的决策需要相关。由于会计信息的使用者是多方面的，他们对会计信息所提出的要求也各不相同，这就要求会计核算在提供信息时既要考虑企业加强内部经营管理的需要，又要满足有关各方了解企业财务状况和经营成果的需要，还应符合国家宏观经济管理的需要。

（三）可理解性

《企业会计准则——基本准则》第十四条规定："企业提供的会计信息应当清晰明了，便于财务会计报告使用者理解和使用。"

可理解性要求，也称明晰性要求，是对会计信息质量的一项重要要求。由于会计记录与财务报告的使用者是多方面的，既有会计专业工作者，又有与企业有利害关系的集团和个人，其中有些人并不懂得会计知识，更不熟悉会计业务，这就要求会计在提供信息时尽量少用专业术语，对复杂的经济业务应该用规范的文字加以表述，对需要解释的问题做出必要的说明，减少不确定性，做到通俗易懂、清晰明了。

（四）可比性

《企业会计准则——基本准则》第十五条规定："企业提供的会计信息应当具有可比性。"

可比性要求包括两层含义：一是同一企业在不同时期的纵向可比；二是不同企业在同一时期的横向可比。同一企业在不同时期的纵向可比要求同一企业不同时期发生的相同或者相似的交易或者事项，应当采用一致的会计政策，不得随意变更。确需变更的，应当将变更的情况、变更的原因及其对企业财务状况和经营成果的影响，在会计报表中予以说明；不同企业在同一时期的横向可比是指不同企业发生的相同或者相似的交易或者事项，应当采用规定的会计政策，确保会计信息口径一致、相互可比，以便于不同地区和行业间企业会计信息的比较、分析、汇总，从而为国家进行宏观调控和管理、为投资者做出正确决策提供必要的依据。

可见，可比性这一会计信息质量要求，一方面要求企业在不同时期处理同类经济业务时，所使用的会计程序和方法应保持一致，强调同一企业在不同会计期间处理同类经济业务时尽可能采取相同的会计处理方法；另一方面要求企业在会计核算中，应当按照国家的统一规定，对相似经济业务采取统一的会计处理方法，使得企业提供的会计信息在不同企业之间能够比较，强调不同企业在处理同类经济业务时尽可能采取统一的会计处理方法。

需要说明的是，坚持可比性要求，并不意味着企业采取的所有方法永远不能变动。如果因客观环境的变化原选用的方法不再适用，则可以按照《企业会计准则》的相关规定变更会计处理方法，并进行调账处理和披露。

（五）实质重于形式

《企业会计准则——基本准则》第十六条规定："企业应当按照交易或者事项的经济实质进

行会计确认、计量和报告，不应仅以交易或者事项的法律形式为依据。”

因为交易或事项的实质并不总是与它们的法律形式的外在表现相一致，所以对会计要素进行确认和计量时，应重视交易的实质，而不管其采用何种形式。在会计核算过程中，如遇到一些经济实质与法律形式不吻合的业务或事项时，应依据经济业务的实质进行确认和计量。例如，融资租入固定资产业务，在租期未满之前，从法律形式上讲，所有权并没有转移给承租方，但是从经济实质上讲，与该项固定资产相关的风险和收益已经转移给承租人，承租人实际上也能实施对该项资产的控制，因此，承租人应该将其视同自有的固定资产核算，并计提折旧。

（六）重要性

《企业会计准则——基本准则》第十七条规定：“企业提供的会计信息应当反映与企业财务状况、经营成果和现金流量等有关的所有重要交易或者事项。”

重要性是指财务报告在全面反映企业的财务状况和经营成果的同时，应当区别经济业务的重要程度，采用不同的会计处理程序和方法。即对于影响经营决策的重要经济业务分别核算、分项反映，并做重点说明；对于次要的经济业务，在不影响会计信息真实性的情况下，可适当简化或合并反映。坚持重要性原则主要是出于对成本效益原则的考虑。企业的经济情况纷繁复杂，会计不可能将所有的经济数据转化为会计信息。强调重要性原则，一方面可以提高核算的效率，减少不必要的工作量；另一方面，可以使会计信息分清主次、突出重点。

重要性包括质和量两个方面的内容。从性质上看，如果会计事项的发生可能对决策产生重大影响，则该事项属于具有重要性的事项；从数量上看，如果某会计事项的发生达到一定数量或比例可能对决策产生重大的影响，则该事项属于具有重要性的事项。

（七）谨慎性

《企业会计准则——基本准则》第十八条规定：“企业对交易或者事项进行会计确认、计量和报告应当保持应有的谨慎，不应高估资产或者收益、低估负债或者费用。”

谨慎性要求，又称稳健性要求，是指在处理不确定性经济业务时，应持谨慎态度，合理预计可能发生的损失和费用，而不应预计可能发生的收入和过高估计资产价值。市场经济条件下，风险在所难免，企业必须对所面临的风险与可能发生的损失和费用做出合理预计，以避免损失发生时对正常经营产生严重影响。

遵循谨慎性要求，对于企业存在的经营风险加以合理的估计，对防范风险起到预警作用，有利于企业做出正确的经营决策，有利于保护投资者和债权人的利益，有利于提高企业在市场上的竞争力。但是，企业不能滥用谨慎性要求计提各种秘密准备，人为地调节企业利润，这样势必会造成会计工作秩序的混乱。

（八）及时性

《企业会计准则——基本准则》第十九条规定：“企业对于已经发生的交易或者事项，应当及时进行会计确认、计量和报告，不得提前或者延后。”

任何信息的使用价值不仅要求其真实可靠，而且还在于必须保证时效，在信息使用者需要时及时提供；否则，时过境迁，就不能充分发挥会计的作用。

及时性原则主要体现在以下三个方面，即及时收集会计信息、及时加工会计信息、及时传递会计信息。

第五节 会计核算方法

会计方法是用来反映和监督会计对象、完成会计任务的手段。会计方法是在长期会计工作实践中不断总结、建立并逐步完善起来的，现已具有一整套严密的方法体系，包括会计核算方法、会计分析方法、会计检查方法、会计预测和决策方法。正确运用会计方法，对提高会计工作质量、完成会计任务具有重要意义。会计分析方法和会计检查方法将在以后的课程中介绍。

会计学原理主要研究会计的最基本方法，即会计核算方法。会计核算方法是指会计对企事业、机关单位已经发生的经济活动进行完整的、连续的、系统的反映和监督所应用的方法，主要包括设置账户、复式记账、填制和审核凭证、登记账簿、成本计算、财产清查和编制会计报表。下面简要说明各种会计核算方法的意义和它们之间的相互关系。

一、设置账户

账户是对会计对象的具体内容，按其不同的特点和经济管理的需要，分门别类地进行反映的项目。设置账户是对会计对象的具体内容进行分类反映和监督的一种专门方法。会计对象的具体内容是复杂多样的，要对它们进行系统的反映和监督，就必须首先进行科学的分类，将会计对象划分为若干个项目，即设置不同的账户，以便取得各种不同性质的核算指标。因此，对各项资产、负债、所有者权益、收入、费用、利润的增减变化，都要分别在一定的账户中归集登记，以便取得经济管理所需要的分类核算资料。

二、复式记账

复式记账是指对发生的每项经济业务都以相等的金额，在两个或两个以上相互联系的账户中进行登记的一种记账方法。复式记账有着明显的特点，即它对每项经济业务都必须以相等的金额，在相互关联的两个或两个以上账户中进行登记，使每项经济业务所涉及的两个或两个以上的账户之间产生对应关系，同时，在对应账户中所记录的金额又平行相等。由于对每项经济业务都在相互联系的账户中做双重记录，不仅可以了解资金运动的来龙去脉，而且在把全部经济业务都登记入账后，可以通过账户记录，完整、系统地反映经济活动的过程和结果，便于检查经济业务的合理性、合法性。同时，由于对每项经济业务都以相等的金额进行登记，因此，可以对记录的结果进行试算平衡，检查账户记录的正确性。

三、填制和审核凭证

填制和审核凭证是指为了审查经济业务是否合理合法，保证账簿记录正确、完整而采用的一种专门方法。会计凭证是记录经济业务、明确经济责任，并作为登记账簿依据的书面证明。任何一项经济业务的发生，都需由经办人员或有关单位填制凭证，并签名盖章；所有凭证都要经过会计部门的审核，只有经过审核并认为正确无误的凭证，才能作为记账的依据。因此，填制和审核会计凭证是为会计记录提供完整、真实的原始资料，保证会计记录完整、正确的一种专门方法。

四、登记账簿

登记账簿亦称记账，就是把所有经济业务按其发生的顺序，分门别类地记入有关账簿。账簿是由具有一定格式、相互联系的账页所组成的，以会计凭证为依据，用于全面、系统、序时、分类记录各项经济业务的簿籍。登记账簿是完整、连续、系统地记录和反映企业经营活动的专门方法。企业应以审核无误的会计凭证为依据，运用复式记账方法，在具有规定格式的簿记中，把全部经济业务既序时又分类地反映出来，以便提供系统、分类的核算资料，为编制会计报表提供依据。

五、成本计算

成本计算是把经营过程中所发生的费用，按一定的成本计算对象进行归集和分配，以确定各对象的总成本和单位成本的一种专门方法。通过成本计算可以提供实际成本资料，借以考核成本计划的执行情况，确定实际与计划的差异，分析原因，挖掘潜力，降低成本；通过成本计算所提供的实际成本资料，还可以对比收支、计算盈亏，并为国家制定价格政策提供依据。

六、财产清查

财产清查是通过盘点实物、核对账目，查明各项财产物资、货币资金、往来款项的实存数，并将实存数与账存数比较，看其是否相符的一种专门方法。通过财产清查，可以保证会计记录的正确性，做到账实相符；同时，还可以查明各项财产物资的保管和使用情况以及往来款项的结算情况，以便对积压或残损的财产物资和逾期未收回的款项，及时采取措施进行清理，从而挖掘物资潜力，加速资金周转。

七、编制会计报表

会计报表是企业对外提供的反映企业某一时点财务状况和一定时期经营成果、现金流量的文件。编制会计报表是对日常会计核算资料的总结。由于会计报表是以账簿记录为主要依据，经过加工整理而产生的报告文件，所以，它提供的各项指标不仅是企业分析、检查和编制计划的依据，也是投资者、债权人决策的重要依据，更是进行国民经济综合平衡所必需的参考资料。

以上各种会计核算方法相互联系、紧密结合，形成了一个完整的会计核算方法体系。它们之间的基本关系可归纳如下：对于日常发生的经济业务，要填制和审核凭证，按规定的账户，运用复式记账法登记有关账簿；月末进行成本计算和财产清查，在账实相符的基础上编制会计报表。可见，从填制和审核凭证到编制会计报表是一个会计循环，其中填制和审核凭证是起点，编制会计报表是终点，其余各环节是中间点。

本章小结

本章从会计的产生和发展入手，给出了会计的定义，重点阐述了会计的职能、制造业企业会计的对象以及会计核算的基本前提、会计核算基础和一般原则，并概括介绍了会计核算方法。通过学习，要求着重理解会计的基本职能和特点，掌握会计对象的具体内容、会计核算的基本前提以及会计信息质量要求，明确会计核算方法的组成内容及彼此间的相互关系。

关键概念

会计	会计主体	持续经营	会计分期	货币计量	相关性原则
可比性原则	权责发生制	收付实现制	会计核算方法	会计方法	复式记账

思考与讨论

1. 如何理解会计的含义？
2. 说明会计的基本职能及其特点。
3. 什么是会计对象？制造业企业的会计对象有哪些具体内容？
4. 企业会计核算的前提条件有哪些？会计核算基础有哪些？
5. 会计核算有哪些专门方法？它们之间的相互关系如何？

练习题

一、单项选择题

1. 会计是（　　）。

A. 纯粹的记账工作　　B. 记账、算账、报账的工作

C. 管理活动，经济管理组成部分　　D. 预测、决策、分析的工具

2. 会计的基本职能是（　　）。

A. 反映与分析　　B. 核算与监督

C. 反映与控制　　D. 控制与监督

3. 会计的对象是（　　）。

A. 资金的投入与退出

B. 企业的各项经济活动

C. 社会再生产过程中能用货币表现的经济活动

D. 预算资金运动

4. 会计方法体系中的基本方法是（　　）。

A. 会计预测方法　　B. 会计分析方法

C. 会计监督方法　　D. 会计核算方法

5. 关于会计基本假设的表述不正确的是（　　）。

A. 会计主体假设界定了开展会计核算工作的空间范围

B. 固定资产采用历史成本计量是以会计分期为前提的

C. 由于会计分期，会计处理可以运用预收、预付、应收等方法

D. 货币计量是企业会计确认、计量和报告的基本手段

6. 会计主体是会计核算的基本假设之一，它为会计工作规定了活动的（　　）。

A. 时间范围　　B. 核算方法　　C. 空间范围　　D. 业务范围

7. 以下（　　）是会计核算方法体系中的基本环节。

A. 填制和审核凭证　　B. 复式记账

C. 登记账簿　　D. 编制会计报表

8. 企业在进行会计确认、计量和报告时，应当做到既不高估企业的资产或收益，也不低估负债或费用，在有足够证据时充分估计各种风险和损失。上述体现的是（　　）原则。

A. 相关性　　B. 谨慎性　　C. 重要性　　D. 可靠性

9. 某企业本期购入一台设备，因暂时未投入使用，因此一直未登记入账，这违背了会计信息质量要求中的（　　）要求。

A. 及时性　　B. 实质重于形式　　C. 客观性　　D. 重要性

10. 强调经营成果计算的企业适合采用（　　）。

A. 实收实付制　　B. 实地盘存制

C. 权责发生制　　D. 收付实现制

二、多项选择题

1. 会计核算的基本假设包括（　　）。

A. 货币计量　　B. 会计主体　　C. 持续经营　　D. 会计期间

2. 以下（　　）可以是会计主体。

A. 公司　　B. 学校　　C. 政府单位　　D. 子公司

3. 会计核算的专门方法包括（　　）。

A. 登记账簿和编制报表　　B. 填制和审核会计凭证

C. 设置账户和复式记账　　D. 成本计算和财产清查

4. 下列说法符合权责发生制要求的有（　　）。

A. 属于本期的支出应在本期入账

B. 本期付出的款项都应作为本期支出

C. 属于本期的收入应在本期入账

D. 本期收到的款项都应作为本期收入

5. 按权责发生制要求，下列收入和费用中应归属本期的有（　）。

A. 对方暂欠的本期销售产品的收入

B. 预付明年的保险费

C. 本期收回的上月销售产品收入

D. 尚未付款的本月借款利息

三、判断题

1. 根据权责发生制，凡是不属于当期的收入和费用，即使款项在当期收付，也不作为当期的收入和费用。（　　）

2. 会计核算的可比性要求会计核算方法前后各期应当保持一致，不得随意变更。（　　）

3. 我国企业应采用收付实现制作为会计核算的基础。（　　）

4. 在会计核算中，以货币计量为主，以实物量度或者劳务量度为辅，对特定单位的经济活动进行计量。（　　）

5. 会计的七种核算方法是一个完整的方法体系。（　　）

6. 企业与他人订立的购货合同或与外单位签订的销货合同，也应该是一种会计交易或事项。（　　）

7. 会计的反映职能具体体现在记账、算账和报账三个阶段。（　　）

8. 会计监督是会计反映的基础，两者是不可分割的、辩证统一的。（　　）

9. 会计主体与企业法人是同一概念。（　　）

10. 会计核算的可比性要求之一是同一会计主体在不同时期尽可能采用相同的会计程序和会计处理方法，以便于不同会计期间会计信息的纵向比较。（　　）

第二章

会计要素与会计等式

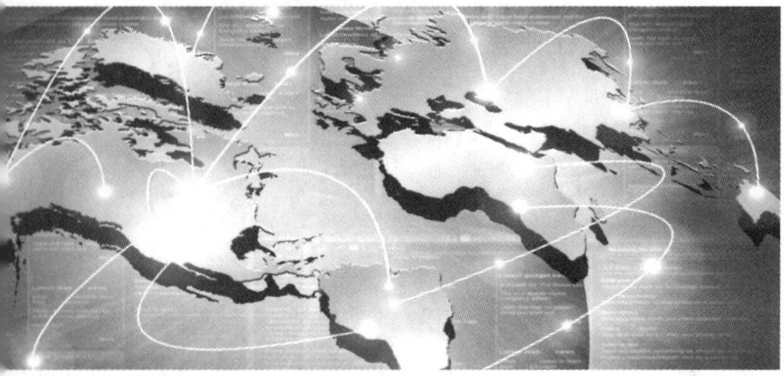

KUAIJIXUE YUANLI

学习目的

本章主要介绍会计要素及会计等式的相关内容。通过对本章的学习，要求学生理解并掌握各会计要素的内涵及其确认条件，了解各会计要素的构成，正确理解会计要素的计量属性；理解并掌握会计等式的含义，能明确判断经济业务的发生对会计等式的影响。

第一节 会计要素

会计的对象是企业的资金运动及其所反映的经营活动，这些经营活动包罗万象，且用途目的、内容特征各不相同，有些内容还相互交叉。那么，如何运用有效的方法将这些纷繁复杂的经营活动清晰明了地进行反映呢？比较简便和有效的方法就是按照经济特征将这些复杂的经济业务进行分类，使之成为固定的具有特定范畴和含义的会计专业术语进行界定和反映，这就形成了会计中的一个专业术语概念——会计要素。

一、会计要素及其确认条件

会计要素也称财务报告要素，是指为了实现会计目标，根据交易或事项的经济特征，对财务会计对象所做的基本分类。它是设置账户，进行会计确认、计量和记录的基础。

我国《企业会计准则——基本准则》将会计要素分为资产、负债、所有者权益、收入、费用和利润。这六大会计要素又可以划分为两大类，即反映企业财务状况的会计要素和反映企业经营成果的会计要素。

财务状况是指企业一定日期的资产及权益情况，是资金运动相对静止时的表现；经营成果是企业在一定时期内从事生产经营活动所取得的最终成果，是资金运动显著变动情况的主要体现。反映财务状况的会计要素包括资产、负债和所有者权益，这三种会计要素又被称为静态会计要素；反映经营成果的会计要素包括收入、费用和利润，这三种会计要素又被称为动态会计要素。

(一)资产的定义及其确认条件

1.资产的定义

资产是指企业过去的交易或者事项形成的、由企业拥有或者控制的、预期会给企业带来经济利益的资源。根据资产的定义，资产具有以下三方面特征：

(1)资产是由过去的交易或事项所形成的，即资产必须是现实的资产，而不是预期的资产，是企业过去已经发生的交易或事项所产生的结果。至于未来交易或事项所可能产生的结果，则不属于现实的资产，不能作为资产确认。例如，企业通过购买、自行建造等方式形成某项设备，或因销售产品而形成一项应收账款等，都应确认为企业资产；但企业预计在未来将要购买的设备，因其相关的交易或事项尚未发生，就不能确认为企业资产。

(2)资产应是企业拥有或者控制的资源。一般来讲，一项资源要确认为企业资产，企业应该拥有此项资源的所有权，可以按照自己的意愿进行使用或处置，其他企业或个人未经同意，不能擅自使用。但在某些情况下，对于一些特殊方式形成的资源，企业虽然对其不具有所有权，但能够实际控制，按照实质重于形式的要求，也应当确认为企业资产，如融资租入固定资产。

(3)资产预期会给企业带来经济利益。这是资产最重要的特征。所谓带来未来经济利益，是指直接或间接地增加流入企业的现金和现金等价物的潜力。若预期不能为企业带来经济利益，则不能确认为企业资产。企业已经取得的某项资产，如果其内含的未来经济利益已经不存在，就应该将其剔除。例如，库存已失效或已毁损的存货，它们已经不能给企业带来未来的经济利益，就不应该再作为企业资产；再如，一条技术上已经被淘汰的生产线，尽管在实物形态上仍然存在，但它实际已经不能再用于产品生产，不能为企业带来未来经济利益，不应当作为企业资产，而应确认为一项损失。

2. 资产的构成

资产按其流动性不同，分为流动资产和非流动资产。

1)流动资产

流动资产，是指在一年以内或超过一年的一个营业周期内变现、出售或耗用，或者主要为交易目的而持有，或者预计在资产负债表日起一年内(含一年)变现的资产。流动资产主要包括库存现金、银行存款、应收及预付款项、存货等。

库存现金，是指由出纳人员保管的库存现金；银行存款是指企业在银行或其他金融机构的存款。

应收及预付款项，是指企业在日常生产经营过程中发生的各项债权，包括应收款项(应收票据、应收账款、其他应收款)和预付账款等。

存货，是指企业在日常生产经营过程中持有以备出售，或者仍然处于生产过程，或者在生产或劳务过程中将消耗的材料或物资等，包括商品、半成品、在产品及各类材料、燃料、包装物、低值易耗品等。

2)非流动资产

非流动资产，是指流动资产以外的资产，主要包括长期股权投资、长期应收款、固定资产、无形资产等。

长期股权投资，是指投资方对被投资单位实施控制、有重大影响的权益性投资，以及对其合营企业的权益性投资。企业持有长期股权投资是为了长远利益而影响、控制被投资企业。

长期应收款，是指企业在融资活动中产生的长期债权，包括融资租赁产生的应收款项、采用递延方式具有融资性质的销售商品和提供劳务等产生的应收款项等。

固定资产，是指企业为生产商品、提供劳务、出租或经营管理而持有的，使用寿命超过一个会计年度的有形资产，主要包括厂房、仓库、机器设备、运输设备以及其他与生产经营有关的设备、工具等。

无形资产，是指企业拥有或者控制的没有实物形态的可辨认非货币性长期资产，包括专利权、非专利技术、商标权、著作权、土地使用权等。

3. 资产的确认条件

要将一项资源确认为资产，首先必须要符合资产的定义，其次还应同时满足以下两个条件：

(1)与该资源有关的经济利益很可能流入企业。从资产的定义可以看出，能为企业带来经济利益是资产的一个本质特征，但在现实生产经营活动中，由于经济环境瞬息万变，与资源有关的经济利益能否流入企业或者能够流入多少，实际上带有不确定性。因此，资产的确认还应与经济利益流入企业的不确定性程度的判断相结合，即只能将与该资源有关的经济利益很可能流入企业的资源作为资产予以确认；反之，则不能确认为资产。例如，企业赊销一批产品给客户，便形成了对该客户的应收账款，由于收款产生在未来期间，因此带有一定的不确定性，如果企业在销售时判断未来该笔款项很可能收回，则该笔应收账款应确认为企业的一项资产；如果企业判断未来该笔款项很可能部分或全部无法收回，则该部分或全部应收账款已不符合资产的确认条件，应计提坏账准备，部分或全部减少资产的价值。

(2)该资源的成本或者价值能够可靠地计量。这里的计量指的是货币计量，这是由会计以货币为主要计量单位这一本质特征所决定的。只有当有关资源的成本或者价值能够可靠地计量时，资产才能予以确认。在实务中，企业取得的许多资产都需要付出成本。例如，企业购买或者生产的产品、购置的厂房或者设备等，对于这些资产，只有实际发生的成本或者生产成本能够可靠计量，才符合资产确认的可计量性条件。反之，当有些资源的成本或价值不能够可靠计量时，则不应确认为企业的资产，如美丽的环境、清新的空气等。

(二)负债的定义及其确认条件

1.负债的定义

负债是指企业过去的交易或者事项形成的、预期会导致经济利益流出企业的现时义务。根据负债的定义，负债具有以下三方面特征：

(1)负债是由过去的交易或者事项所形成的，即导致负债的交易或事项必须已经发生。例如，采用赊购方式购买材料会产生应付账款，接受银行贷款则会产生偿还贷款的义务。对于这些已经发生的交易或事项，会计上才能确认为负债。正在筹划的未来交易或事项，如企业的业务计划，不会产生负债。

(2)负债是企业承担的现时义务。这里的现时义务是指企业在现行条件下已承担的义务。现时义务有两种类型：一种是合同或法律要求强制执行的，如购买货物或接受劳务供应而发生的应付款项，即属于此类；另一种是非强制执行的，为了保持良好的信誉，若企业制定出一条方针，即使产品在保修期满以后才出现缺陷，也要予以免费修理，则企业对已经售出的产品预计将会发生的修理费就应该确认为企业负债。应当注意：现时义务不等同于未来承诺，如只是管理层决定今后某一时间购买某项资产，其本身并不产生现时义务。一般情况下，只有在资产已经获得时，才产生义务。

(3)负债预期会导致经济利益流出企业。预期会导致经济利益流出企业是负债的一个本质特征，只有在履行义务时会导致经济利益流出企业的，才符合负债的定义。在履行现时义务清偿负债时，导致经济利益流出企业的形式多种多样，例如，用现金偿还或以实物资产形式偿还；以提供劳务形式偿还；以部分转移资产、部分提供劳务形式偿还；将负债转为资本等。

2.负债的构成

负债按其流动性不同可以分为流动负债和非流动负债。

1)流动负债

流动负债，是指企业将在一年内(含一年)或者超过一年的一个营业周期内清偿的债务。流动负债主要包括短期借款、应付及预收款项、应付职工薪酬、应交税费、应付股利(利润)等。

短期借款，是指企业从银行或其他金融机构等借入的期限在一年以下(含一年)的各种借款。

应付及预收款项，是指企业在日常生产经营过程中发生的各种债务，包括应付票据、应付账款、其他应付款和预收账款等。应付票据是指企业购买材料、商品和接受劳务供应等开出并承兑的商业汇票;应付账款是指企业因购买材料、商品和接受劳务供应等经营活动应支付的账款;预收账款是指企业按照合同规定预收的款项;其他应付款是指企业除应付票据、应付账款等以外的各种应付、暂收的款项。

应付职工薪酬,是指企业根据有关规定应付而未付给本企业职工的各种薪酬,如应付工资和应付职工福利等。

应交税费,是指企业按照税法等规定,应向政府交纳而暂未交纳的各种税费,如应交增值税、应交消费税、应交所得税和应交教育费附加等。

应付股利(利润),是指股份公司应付而未付给股东的现金股利;对于非股份制的企业叫作应付利润。

2)非流动负债

非流动负债,是指偿还期限在一年以上或超过一年的一个营业周期以上的债务,包括长期借款、应付债券、长期应付款等。

长期借款,是指企业向银行或其他金融机构借入的期限在一年以上(不含一年)的各种借款。

应付债券,是指企业为对外发行期限在一年以上的企业债券而向购买者应付的本金和利息。

长期应付款,是指企业除长期借款和应付债券以外的其他各种长期应付款项,如企业融资租入固定资产和以分期付款方式购入固定资产等发生的应付款项等。

3.负债的确认条件

将一项现时义务确认为负债,除了要符合负债的定义,还应同时满足以下两个条件:

(1)与该义务有关的经济利益很可能流出企业。从负债的定义可以看出,预期会导致经济利益流出企业是负债的一个本质特征。在实务中,企业履行义务所需流出的经济利益带有不确定性,因此,负债的确认,应当与经济利益流出的不确定性程度的判断相结合。如果有确凿证据表明,与现时义务有关的经济利益很可能流出企业,就应当将其作为负债予以确认;反之,如果企业承担了现时义务,但会导致企业经济利益流出的可能性很小,就不符合负债的确认条件,不应将其作为负债予以确认。

(2)未来流出的经济利益的金额能够可靠地计量。负债的确认在考虑经济利益流出企业的同时,对于未来流出的经济利益的金额应当能够可靠计量。对于与法定义务有关的经济利益流出金额,通常可以根据合同或法律规定的金额予以确定,考虑到经济利益流出的金额通常在未来期间,有时未来期间较长,有关金额的计量需要考虑货币时间价值等因素的影响。对于与推定义务有关的经济利益流出金额,企业应当根据履行相关义务所需支出的最佳估计数进行估计,并综合考虑有关货币时间价值、风险等因素的影响。

(三)所有者权益的定义及其确认条件

1.所有者权益的定义

所有者权益,是指企业资产扣除负债后,由所有者享有的剩余权益。公司的所有者权益又称为股东权益。所有者权益是所有者对企业资产的剩余索取权,它是企业的资产扣除债权人权益后应由所有者享有的部分,既可反映所有者投入资本的保值增值情况,又体现了保护债权人权益的理念。所有者权益具有以下特征：

一是资本具有永久性，是指业主投入到企业的资本，除非发生减值、清算或分派现金股利，企业不需要偿还。

二是权利具有双重性，是指所有者凭借所有者权益，具有对经营成果的分享权利和对所有资产的管理权利。

三是受偿具有滞后性，是指企业清算时，只有在清偿完所有的负债后，所有者权益才能返还给所有者。

2.所有者权益的构成

所有者权益的来源，包括所有者投入的资本、其他综合收益、留存收益等，通常由实收资本（或股本）、资本公积（含股本溢价或资本溢价、其他资本公积）、其他综合收益、盈余公积和未分配利润等构成。

实收资本（或股本），是指所有者在企业注册资本的范围内实际投入企业的资本。在股份有限公司，投入资本表现为实际发行股票的面值，称为股本。投入过程中产生的资本（或股本）溢价，属于资本公积。

资本公积，是指企业投入资本和非因生产经营活动而形成的公共资本积累，包括资本（或股本）溢价和其他资本公积。其中：资本（或股本）溢价，是指企业收到投资者出资金额超过其在注册资本中所占份额的部分，它是资本公积中最主要的项目；其他资本公积是指除资本（或股本）溢价项目以外所形成的资本公积，比如股份支付业务中产生的资本公积。

其他综合收益，是指企业根据其他会计准则规定，未在当期损益中确认的各项利得和损失。

留存收益，是指企业从历年实现的利润中提取，或形成的留存于企业的内部积累，包括盈余公积和未分配利润。盈余公积是指企业按照《公司法》的有关规定和企业股东大会或类似机构批准，从当年税后利润中提取的公积金，包括法定盈余公积和任意盈余公积。未分配利润是指企业税后利润经提取公积金，且向所有者分配利润后，可留待以后年度进行分配的剩余利润。

3.所有者权益与负债的区别

所有者权益与负债是两个不同的会计要素，二者的区别在于：

一是性质不同，企业的负债有约定的偿还期限，需要按期偿还；而所有者权益一般不需要偿还，是企业可以长期使用的资金来源。

二是享有的权利不同，企业债权人的权利仅限于按期收回本金和利息；而企业的所有者具有参与企业经营决策和参与利润分配的权利。

三是企业清算时所处的求偿权顺序不同，企业债权人拥有优先求偿权；企业所有者的求偿权排在债权人之后。

4.所有者权益的确认条件

所有者权益体现的是所有者在企业中的剩余权益，因此，所有者权益的确认，主要依赖于其他会计要素的确认，尤其是资产要素和负债要素的确认。例如，企业接受投资者投入的设备，当该设备符合资产的确认条件时，就相应地符合了所有者权益的确认条件；当该设备的价值能够可靠地计量时，所有者权益的金额也就可以确定了。

(四)收入的定义及其确认条件

1. 收入的定义

收入是指企业在日常活动中形成的、会导致所有者权益增加的、与所有者投入资本无关的经济利益的总流入。根据收入的定义,收入具有以下三个方面特征:

(1)收入是企业在日常活动中形成的。日常活动,是指企业为完成其经营目标所从事的经常性活动,以及与之相关的其他活动。例如,制造业企业制造并销售产品,就属于企业的日常活动。

(2)收入是与所有者投入资本无关的经济利益的总流入。收入应当会导致经济利益的流入,从而导致资产的增加。例如,企业销售产品,应当收到现金或者有权在未来收到现金,才表明该交易符合收入的定义。但是,在实务中,经济利益的流入有时是所有者投入资本的增加而形成的,所有者投入资本的增加不应当确认为收入,应当将其直接确认为所有者权益。

(3)收入会导致所有者权益增加。与收入相关的经济利益的流入应当会导致所有者权益增加,不会导致所有者权益增加的经济利益的流入不符合收入的定义,不应确认为收入。例如,企业向银行借入款项,尽管也导致了企业经济利益的流入,但该项流入并不导致所有者权益的增加,反而使企业承担了一项现时义务,因此,不应将其确认为收入,而应当确认为一项负债。又如,企业代国家收取的增值税等,代收的款项,一方面增加企业资产,另一方面会增加企业负债,最终不会导致企业所有者权益的增加,不属于企业的经济利益。因此,也不能确认为企业收入。

2. 收入的构成

收入有狭义和广义之分。狭义的收入概念指的是企业在日常经营活动中形成的收入,其按交易的性质分类,可分为销售商品收入、提供劳务收入、让渡资产使用权收入和建造合同收入。

销售商品收入,是指企业通过销售产品而取得的收入,如制造业企业销售产品取得的收入、商品流通企业销售商品取得的收入、房地产企业销售自行开发的房地产取得的收入。

提供劳务收入,是指企业通过提供劳务而取得的收入,如交通运输企业提供运输劳务取得的收入、建筑安装企业提供建筑安装业务取得的收入。

让渡资产使用权收入,是指企业通过让渡资产的使用权而取得的收入,如企业对外出租无形资产取得的使用费收入、商业银行发放贷款取得的利息收入等。

建造合同收入,包括合同中规定的初始收入和因合同变更、索赔、奖励等形成的收入。

企业收入按经营业务的主次可分为主营业务收入和其他业务收入。

主营业务收入,是指企业为完成其经营目标从事经常性活动实现的收入,如制造业企业的主营业务收入是产品销售收入,商品流通企业的主营业务收入是其销售商品取得的收入。主营业务收入经常发生,在企业营业收入中占有较大的比重。

其他业务收入,是指企业为完成其经营目标而从事的与经常性活动相关的其他活动实现的收入,如制造业企业销售原材料而取得的收入、制造业企业出租固定资产及包装物取得的租金收入。其他业务收入在企业经营活动中一般不经常发生,其在营业收入中所占的比重较小而且不太稳定。

广义的收入,除了包含上述的狭义收入概念之外,还包括企业非日常活动产生的非经常性经济利益流入,即营业外收入。广义的收入是将企业所有的经营和非经营活动之所得都看作是收入。我国《企业会计准则——基本准则》所界定的收入仅指狭义的收入,营业外收入作为利得，被界定为利润要素的构成项目之一。

3. 收入的确认条件

企业收入的来源渠道多种多样，不同收入来源的特征虽然有所不同，但其收入确认的条件却是相同的。当企业与客户之间的合同同时满足下列条件时，企业应当在客户取得相关商品控制权时确认收入：

(1)合同各方已批准该合同并承诺将履行各自义务；

(2)该合同明确了合同各方与所转让商品或提供劳务相关的权利和义务；

(3)该合同有明确的与所转让商品或提供劳务相关的支付条款；

(4)该合同具有商业实质，即履行该合同将改变企业未来现金流量的风险、时间分布或金额；

(5)企业因向客户转让商品或提供劳务而有权取得的对价很可能收回。

(五)费用的定义及其确认条件

1. 费用的定义

费用是指企业在日常活动中发生的、会导致所有者权益减少的、与向所有者分配利润无关的经济利益的总流出。根据费用的定义，费用具有以下三方面特征：

(1)费用是企业在日常活动中形成的。费用必须是企业在其日常活动中所形成的，这些日常活动的界定与收入定义中涉及的日常活动的界定相一致。因日常活动所产生的费用通常包括销售成本、职工薪酬、折旧费用、无形资产摊销费用等。将费用界定为日常活动所形成的，目的是将其与损失相区分。企业非日常活动所形成的经济利益的流出不能确认为费用，而应计入损失。

(2)费用是与向所有者分配利润无关的经济利益的总流出。费用的发生应当会导致经济利益的流出，从而导致资产的减少或者负债的增加(最终也会导致资产的减少)。其表现形式包括现金或现金等价物的流出，存货、固定资产和无形资产等的流出或者消耗等。鉴于企业向所有者分配利润也会导致经济利益的流出，而该经济利益的流出显然属于所有者权益的抵减项目，不应确认为费用，应将其排除在费用的定义之外。

(3)费用会导致所有者权益的减少。与费用相关的经济利益的流出应当会导致企业的所有者权益减少，不会导致企业的所有者权益减少的经济利益的流出不符合费用的定义，不应当确认为费用。

2. 费用的构成

费用也有狭义和广义之分。狭义的费用概念指的是企业在日常经营活动中形成的费用。费用按照与收入的关系，可以分为生产经营成本和期间费用等。生产经营成本是指与收入有配比关系的各项耗费，它是指为取得收入而必须付出的代价，其价值从实现的收入中直接获得补偿，如主营业务成本、其他业务成本、税金及附加、所得税费用等。期间费用是指与收入没有直接关系的各种耗费，该种耗费不计入产品成本，而应该由本会计期间负担，计入当期损益的费用。

主营业务成本，是指企业在开展其主营业务活动中产生的成本，属于与主营业务收入相匹配的费用。例如，企业在销售产品后确认的已销产品的成本，即属于主营业务成本。在产品制造企业，主营业务成本是根据产品在生产过程中发生的各种材料费用、人工费用及其他相关费用计算确定的，是生产成本的一种转化形式。主营业务成本在企业的全部费用中所占的比重较大。

其他业务成本，是指企业在开展其他业务活动中产生的成本，属于与其他业务收入相匹配的费用。例如，企业在销售积压的原材料，或者出租包装物后，所确定的原材料或包装物的成本，即为其他业务成本。

税金及附加，是指企业开展营业活动依法应当缴纳的各种税费，包括消费税、房产税、城市维护建设税和教育费附加等。

所得税费用，是指企业根据其经营所得，采用适用的税率计算确定的应交所得税所形成的一项特殊费用。缴纳所得税会引起经济利益流出企业，从获得净利润是企业的主要目的来看，发生的所得税费用是企业的一项特殊费用。

期间费用，是指与产品生产或劳务项目无直接关系，不参与产品或劳务成本计算，而计入某一会计期间，并于发生时直接计入当期损益，从当期收入中得到补偿的各种耗费。具体包括：企业为销售产品而发生的销售费用；企业行政管理部门为组织和管理生产经营活动而发生的管理费用；企业为筹集生产经营用资金而发生的财务费用。

广义的费用，除了包含上述的狭义费用概念之外，还包括企业非日常活动产生的非经常性经济利益流出，即营业外支出。广义的费用是把所有的经营和非经营活动的耗费（支出）都看作是费用。我国《企业会计准则——基本准则》所界定的费用仅指狭义的费用，营业外支出作为损失，被界定为利润要素的构成项目之一。

3. 费用的确认条件

费用的确认除了应当符合其定义外，还应当满足以下条件：

（1）与费用相关的经济利益应当很可能流出企业；

（2）经济利益流出企业的结果会导致资产的减少或者负债的增加；

（3）经济利益的流出金额能够可靠计量。

（六）利润的定义及其确认条件

1. 利润的定义

利润，是指企业在一定会计期间的经营成果，是企业生产经营过程中各种收入扣除各种相关费用后的差额，包括收入减去费用后的净额、直接计入当期利润的利得和损失。其中，利得，是指企业非日常活动所形成的、会导致所有者权益增加的、与投资者投入资本无关的经济利益的流入；损失，是指由企业非日常活动所发生的、会导致所有者权益减少的、与向所有者分配利润无关的经济利益的流出。

按照利润的定义，利润具有以下特征：

（1）利润不完全是收入要素与费用要素配比的结果。根据我国《企业会计准则——基本准则》的界定，利润不仅包括收入要素与费用要素相抵后的差额，还包括直接计入当期损益的利得和损失。

（2）利润的实现将最终导致所有者权益发生变动。通常情况下，如果企业实现了利润，企业的所有者权益将增加；反之，如果企业发生亏损（即利润为负数），则表明企业的所有者权益将减少。

2. 利润的构成

在会计核算上，按配比方法和形成原因的不同，利润有以下三个不同的内涵和范围。

1)营业利润

营业利润是指企业的日常经营活动在一定会计期间的经营成果,即狭义的收入与狭义费用配比的结果,具体是指营业收入减去营业成本、税金及附加、销售费用、管理费用、财务费用、资产减值损失、信用减值损失,加上其他收益,再加上或减去公允价值变动损益、投资收益、资产处置收益等项目后的金额。

营业利润的计算用公式表示如下:

营业利润=营业收入-营业成本-税金及附加-销售费用-管理费用-财务费用
-资产减值损失-信用减值损失+公允价值变动收益(-公允价值变动损失)
+投资收益(-投资损失)+资产处置收益(-损失)+其他收益 (2-1)

2)利润总额

利润总额是指企业全部经营活动在一定会计期间的经营成果,即广义收入与广义费用配比的结果。具体是指营业利润加上营业外收入减去营业外支出后的金额。其中,营业外收入是指直接计入当期利润的利得,主要有资产盘盈利得、接受捐赠利得、债务重组利得等;营业外支出是指直接计入当期利润的损失,主要有资产盘亏损失、非常损失、公益性捐赠支出、债务重组损失等。

利润总额的计算用公式表示如下:

利润总额=营业利润+营业外收入-营业外支出 (2-2)

3)净利润

净利润是指企业经营活动在一定会计期间的利润总额减去所得税费用后的余额,即税后利润。

净利润的计算用公式表示如下:

净利润=利润总额-所得税费用 (2-3)

3.利润的确认条件

利润反映的是收入减去费用、利得减去损失后净额的概念。因此,利润的确认主要依赖于收入和费用,以及利得和损失的确认,其金额的确定也主要取决于收入、费用、利得和损失金额的计量。

二、会计要素计量属性及其应用原则

会计计量是为了将符合确认条件的会计要素登记入账,并列报于财务报表而确定其金额的过程,它是区分不同计价模式的重要标志。

(一)会计要素计量属性

根据《企业会计准则——基本准则》第四十二条规定,会计计量属性主要包括历史成本、重置成本、可变现净值、现值和公允价值。

1.历史成本

历史成本又称实际成本,是指取得或制造某项财产物资时所实际支付的现金或者现金等价物。在历史成本计量下,资产按照购买时支付的现金或者现金等价物的金额,或者按照购买资产时所付出的对价的公允价值计量。负债按照因承担现时义务而实际收到的款项或者资产的金额，或者承担现时义务的合同金额，或者按照日常活动中为偿还负债预期需要支付的现金或者现金等价物的金额计量。

2. 重置成本

重置成本又称现行成本，是指按照当前市场条件，重新取得同样一项资产所需支付的现金或现金等价物金额。在重置成本计量下，资产按照现在购买相同或者相似资产所需支付的现金或者现金等价物的金额计量。负债按照现在偿付该项债务所需支付的现金或者现金等价物的金额计量。

3. 可变现净值

可变现净值，是指在生产经营过程中，以预计售价减去进一步加工成本和销售所必需的预计税金、费用后的净值。在可变现净值计量下，资产按照其正常对外销售所能收到现金或者现金等价物的金额扣减该资产至完工时估计将要发生的成本、估计的销售费用以及相关税费后的金额计量。

4. 现值

现值，是指对未来现金流量以恰当的折现率进行折现后的价值，是考虑货币时间价值因素等的一种计量属性。在现值计量下，资产按照预计从其持续使用和最终处置中所产生的未来净现金流入量的折现金额计量。负债按照预计期限内需要偿还的未来净现金流出量的折现金额计量。

5. 公允价值

公允价值，是指市场参与者在计量日发生的有序交易中，出售一项资产所能收到或者转移一项负债所需支付的价格。

(二)会计计量属性的应用原则

《企业会计准则——基本准则》第四十三条规定："企业在对会计要素进行计量时，一般应当采用历史成本，采用重置成本、可变现净值、现值、公允价值计量的，应当保证所确定的会计要素金额能够取得并可靠计量。"从中可以看出，《企业会计准则——基本准则》对会计计量属性的选择制定了一定的限定性条件，即一般应当采用历史成本进行计量，如果要使用其他计量属性，必须保证其金额能够取得并能可靠计量。

第二节 会计等式

一、会计等式概述

我们知道，企业每发生一笔经济业务，都是资金运动的一个具体过程，而每一资金运动过程都必然会涉及相应的会计要素，从而使企业全部资金运动所涉及的会计要素之间存在着一定的相互联系，会计要素之间的这种内在关系，可以通过会计平衡等式表现出来，这种平衡等式就叫会计等式。所谓会计等式又称为会计方程式或平衡公式，是指利用数学等式，对会计要素之间的内在经济关系所做出的科学的概括和描述。它是设置账户、复式记账和编制有关会计报表的理论依据。

(一)静态会计等式

1. 静态会计等式的定义与表现形式

静态会计等式也可称为存量会计等式，是指由反映企业资金静态运动的会计要素组合而形成的表明企业某一特定时点的财务状况的等式。它是反映资产、负债和所有者权益之间数量关系的会计等式。

企业为了开展经营活动，首先必须拥有或控制一定数量的能以货币计量的经济资源，包括各种财产、债权和其他权利，如银行存款、机器设备等，在会计上把企业的这种经济资源称为资产，而企业所拥有的资产均来源于资产的提供者——所有者和债权人。所有者和债权人对其所提供的资产存在着一定的求偿权，这种求偿权在会计上被称为权益。资产与权益相互依存、相互制约，没有无权益的资产，也没有无资产的权益，即资产与权益反映了同一经济资源的两个不同方面，两者不能彼此脱离而各自存在。从数量方面看，一个企业有多少资产，就必定有多少权益；反之，有多少权益也必定有相同数额的资产。资产与权益在任何一个时点都必然保持恒等的关系，这种恒等关系用公式表示即为：

$$资产=权益 \tag{2-4}$$

企业资产的来源归纳起来一般有两种渠道，一种是由投资者提供的，另一种是由债权人提供的，所以企业的权益也是由投资者的权益和债权人的权益两部分组成的。在会计上，把投资者的权益称为所有者权益，即企业股东的权益；把债权人的权益称为负债，因为从企业的角度来看它是一种债务，而从权益持有者来看它是一种债权，即企业债权人的权益。由于权益是由负债和所有者权益两部分组成，因此，可将式(2-4)进一步表示为：

$$资产=负债+所有者权益 \tag{2-5}$$

式(2-5)反映了资产、负债和所有者权益三个会计要素之间的内在联系和基本数量关系，这种数量关系表明了企业在某一特定时点上的财务状况，因此也称其为财务状况等式、基本会计等式或静态会计等式，它是复式记账法的理论基础，也是编制资产负债表的依据。

2. 对静态会计等式的理解

一方面，企业的资产是企业掌握的开展生产经营活动所需要的资源，这些资产是有来源和出处的——一是所有者的投入，二是债权人的投入，两方面来源的资金形成企业经营中可运用的资产。因此，静态会计等式体现了同一资金的两个不同侧面，即资金存在形态与资金来源渠道。另一方面，资产会随着负债、所有者权益增减而成正比例变化，即资产随着负债、所有者权益的增加而增加，随着负债、所有者权益的减少而减少。该等式反映了企业的资产同其来源的负债和所有者权益，不但在期初，而且在任何时点上都会保持平衡相等关系。

(二)动态会计等式

1. 动态会计等式的定义与表现形式

动态会计等式也可称为增量会计等式，是指由反映企业资金动态运动的会计要素组合而形成的反映企业在一定会计期间经营成果的等式。它是反映收入、费用和利润之间数量关系的会计等式。

企业的目标就是不断地从生产经营活动中获取收入，实现盈利。企业为取得收入，必然会发生各种费用支出。在一个会计期间结束时，通过收入与费用的比较，就能够计算确定这一会计期间的盈利水平，即当期实现的利润总额(或者发生的亏损总额)。因此利润与收入和费用之间的关系可用下式表示：

$$收入-费用=利润 \tag{2-6}$$

式(2-6)表明了企业在一定时期内取得的经营成果的形成过程，因此又称其为动态会计等式或经营成果会计等式，它是编制利润表的理论基础。

2. 对动态会计等式的理解

(1)利润的实质是企业实现的收入与其相关的费用进行配比的结果。当收入大于费用时为利润，收入小于费用时则为亏损。

(2)利润会随着收入的增减而发生同方向的变化，即在费用一定的情况下，企业获得的收入越多，利润也越多；反之，收入越少时，利润也会减少。

(3)利润会随着费用的增减而发生反方向的变化，即在收入一定的情况下，企业发生的费用越多，利润就会越少；反之，费用减少，利润就会增加。

(三)扩展会计等式

1. 扩展会计等式的定义与表现形式

由于企业是由其所有者投资设立的，企业实现的利润必然归属于所有者，所以，利润的实现总是表现为所有者权益的增加；反之，如果企业经营亏损，也必然由所有者承担，从而引起所有者权益的减少，在这个过程中建立起新的平衡关系。因此，在一个会计期间，可将动态会计等式(2-6)代入基本会计等式(2-5)，得到以下扩展会计等式：

$$资产=负债+所有者权益+利润=负债+所有者权益+(收入-费用)$$

将上式调整后即为：

$$资产+费用=负债+所有者权益+收入 \tag{2-7}$$

2. 对扩展会计等式的理解

扩展会计等式反映了企业在营运过程中增值的情况。收入是所有者权益增加的因素，费用是所有者权益减少的因素。如果企业的收入大于费用，企业就可获得利润，由此可使企业的所有者权益增加；如果企业发生的费用大于收入，企业就会发生经营亏损，从而使企业的所有者权益减少。在会计期末结算时，将收入与费用配比，计算出利润，并进行利润分配，转入所有者权益中，上述关系式又恢复为基本会计等式“资产＝负债＋所有者权益”的表达方式。

综上所述，会计的六大要素之间存在着必然的内在联系，即会计要素之间存在着一种客观平衡关系，这种平衡关系完整地表现了企业财务状况和经营成果的形成过程，理解和掌握这种平衡关系，对于正确地进行会计核算，反映和监督各项经济业务，有着十分重要的意义。

二、经济业务的类型及其对会计等式的影响

(一)经济业务及其类型

在我国会计实务中，目前习惯上将企业在生产经营过程中发生的能以货币计量的，并能引起会计要素发生增减变化的经济活动统称为经济业务。企业在生产经营过程中发生的经济业务可以分为两大类：一类为外部经济业务，即因企业发生对外经济往来所产生的经济业务，如所有者投入资本、向银行借款、向供应单位购货、向客户销货、与其他单位进行款项结算等；另一类为内部经济业务，即发生于企业内部的经济事项，如生产经营过程中领用材料、支付工人工资等。企业在生产经营过程中，每天都要发生经济业务，任何一项经济业务的发生，都会引起资产

和权益的增减变化，但是无论企业发生多少经济业务，也不论资产和权益在量上如何发生增减变化，资产与权益之间永远保持平衡关系。不过无论企业发生什么样的经济业务，这些经济业务会发生什么样的变化，其对会计等式“资产＝权益”的影响不外乎以下四种类型：

一是引起会计等式两边的会计要素同时增加的经济业务。经济业务的发生引起资产与权益的同时增加，增加的金额相等，不会破坏会计等式的平衡关系。

二是引起会计等式两边的会计要素同时减少的经济业务。经济业务的发生引起资产与权益的同时减少，减少的金额相等，不会破坏会计等式的平衡关系。

三是引起会计等式左边的会计要素同时发生增减的经济业务。经济业务的发生引起资产内部有增有减，增减的金额相等，不会破坏会计等式的平衡关系。

四是引起会计等式右边的会计要素同时发生增减的经济业务。经济业务的发生引起权益内部有增有减，增减的金额相等，不会破坏会计等式的平衡关系。

经济业务对会计等式影响的这四种类型可以用图 2-1 来直观地表示。

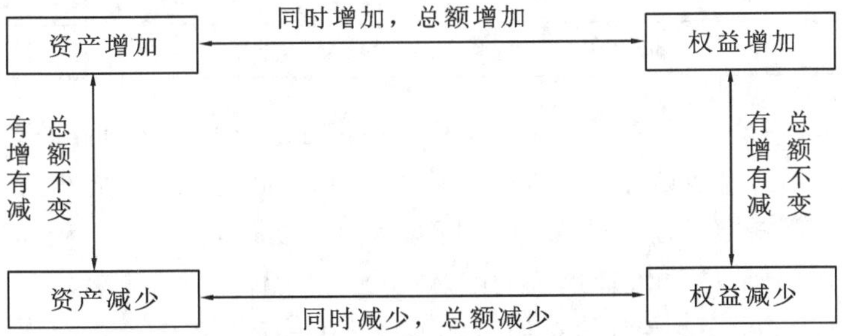

图 2-1　经济业务对会计等式影响的四种类型示意图

另外，由于权益包括债权人权益和所有者权益，因此，从上述经济业务的四种类型对会计等式“资产＝负债＋所有者权益”的影响来看，又可细分为九种情况，如表 2-1 所示。

表 2-1　经济业务对会计等式的影响

经济业务	资产	负债	所有者权益
1	增加	增加	—
2	增加	—	增加
3	减少	减少	—
4	减少	—	减少
5	一增一减	—	—
6	—	一增一减	—
7	—	—	一增一减
8	—	增加	减少
9	—	减少	增加

以上我们根据经济业务对资产和权益或对资产、负债和所有者权益的影响，对经济业务进行了分类。可以说，不论企业的经济业务如何复杂多变，都不外乎这四种类型、九种情况，不论是何种经济业务的发生都不会破坏会计等式的这种恒等关系。

(二)经济业务对会计等式影响应用举例

首先,我们通过下列例子来观察经济业务的发生对会计等式“资产=负债+所有者权益”的影响。

【例 2-1】 假设华威公司20××年10月31日的资产负债表如表2-2所示。

表 2-2 资产负债表(简表)

编制单位:华威公司　　20××年10月31日　　单位:元

资产	期末余额	负债及所有者权益	期末余额
银行存款	50 000	短期借款	100 000
应收账款	80 000	应付账款	100 000
原材料	80 000	应付利润	40 000
固定资产	250 000	实收资本	200 000
无形资产	60 000	资本公积	80 000
合计	520 000	合计	520 000

根据表2-2所示,华威公司20××年10月末亦即11月初拥有的资产总额为520 000元,其中银行存款50 000元,应收账款80 000元,原材料80 000元,固定资产250 000元,无形资产60 000元。这些资产的来源分别是投资者实际投入200 000元,资本公积80 000元,从银行获得的短期借款100 000元,应付供货单位的账款100 000元,应付投资者利润40 000元。此时:

资产总额(520 000元)=负债总额(240 000元)+所有者权益总额(280 000元)

假设华威公司在20××年11月发生下列经济业务。

(1)外购原材料,但由于资金周转紧张,购料款60 000元尚未支付,原材料已入库(假设不考虑增值税,材料采用实际成本进行日常核算)。

上述业务的发生用公式表示为:

资产(+60 000元)=负债(+60 000元)+所有者权益

该项经济业务的发生,一方面使公司属于资产项目的原材料增加了60 000元,另一方面使属于负债项目的应付账款增加了60 000元。会计等式两边的资产与权益同时等额增加60 000元,会计等式仍保持平衡关系。

(2)收到投资者追加投入的资本200 000元,手续已办妥,款项已存入银行(假设全部为实收资本)。

上述业务的发生用公式表示为:

资产(+200 000元)=负债+所有者权益(+200 000元)

该项经济业务的发生,一方面使公司属于资产项目的银行存款增加了200 000元,另一方面使属于所有者权益项目的实收资本增加了200 000元。会计等式两边的资产与权益同时等额增加200 000元,会计等式仍保持平衡关系。

(3)以银行存款归还于本月到期的银行短期借款50 000元。

上述业务的发生用公式表示为:

资产(-50 000元)=负债(-50 000元)+所有者权益

该项经济业务的发生,一方面使公司属于资产项目的银行存款减少了50 000元,另一方面使属于负债项目的短期借款减少了 50 000 元。会计等式两边的资产与权益同时等额减少 50 000 元,会计等式仍保持平衡关系。

(4)经批准减少资本 100 000 元,以银行存款退还投资者。

上述业务的发生用公式表示为:

资产(－100 000 元)＝负债＋所有者权益(－100 000 元)

该项经济业务的发生,一方面使公司属于资产项目的银行存款减少了 100 000 元,另一方面使属于所有者权益项目的实收资本减少 100 000 元。会计等式两边的资产与权益同时等额减少 100 000 元,会计等式仍保持平衡关系。

(5)公司以银行存款 30 000 元购入设备一台。

上述业务的发生用公式表示为:

资产(＋30 000 元,－30 000 元)＝负债＋所有者权益

该项经济业务的发生,一方面使公司属于资产项目的固定资产增加了 30 000 元,另一方面使属于资产项目的银行存款减少 30 000 元。会计等式左边的资产项目内部同时一增一减,增减金额相等,会计等式仍保持平衡关系。

(6)向银行申请取得短期借款 60 000 元,直接偿还前欠的购料款。

上述业务的发生用公式表示为:

资产＝负债(＋60 000 元,－60 000 元)＋所有者权益

该项经济业务的发生,一方面使公司属于负债项目的短期借款增加了 60 000 元,另一方面使属于负债项目的应付账款减少了 60 000 元。会计等式右边的负债项目内部同时一增一减,增减金额相等,会计等式仍保持平衡关系。

(7)按法定程序将资本公积 60 000 元转增资本金。

上述业务的发生用公式表示为:

资产＝负债＋所有者权益(＋60 000 元,－60 000 元)

该项经济业务的发生,一方面使属于所有者权益项目的实收资本增加了 60 000 元,另一方面使属于所有者权益项目的资本公积减少了 60 000 元。会计等式右边的所有者权益项目内部同时一增一减,增减金额相等,会计等式仍保持平衡关系。

(8)按法定程序将应支付给投资者的利润 20 000 元转增资本金。

上述业务的发生用公式表示为:

资产＝负债(－20 000 元)＋所有者权益(＋20 000 元)

该项经济业务的发生,一方面使公司属于所有者权益项目的实收资本增加了 20 000 元,另一方面使属于负债项目的应付利润减少了 20 000 元。会计等式右边同时一增一减,增减金额相等,会计等式仍保持平衡关系。

(9)与新欣公司的联营合同到期,应向其归还投资款 80 000 元,但款项尚未支付。

上述业务的发生用公式表示为:

资产＝负债(＋80 000 元)＋所有者权益(－80 000 元)

该项经济业务的发生,一方面使公司属于负债项目的其他应付款增加了 80 000 元,另一方面使属于所有者权益项目的实收资本减少了 80 000 元。会计等式右边同时一增一减,增减金额相等,会计等式仍保持平衡关系。

上述经济业务对会计等式的影响过程和结果可用表 2-3 表示。

表 2-3　经济业务对会计等式的影响

20××年 11 月 30 日　　单位:元

资产	期初余额	本期发生额		期末余额	权益	期初余额	本期发生额		期末余额
		增加额	减少额				增加额	减少额	
银行存款	50 000	200 000 (2)	180 000 (3)(4)(5)	70 000	短期借款	100 000	60 000 (6)	50 000 (3)	110 000
应收账款	80 000			80 000	应付账款	100 000	60 000 (1)	60 000 (6)	100 000
原材料	80 000	60 000 (1)		140 000	其他应付款		80 000 (9)		80 000
固定资产	250 000	30 000 (5)		280 000	应付利润	40 000		20 000 (8)	20 000
无形资产	60 000			60 000	实收资本	200 000	280 000 (2)(7)(8)	180 000 (4)(9)	300 000
					资本公积	80 000		60 000 (7)	20 000
合　计	520 000	290 000	180 000	630 000	合　计	520 000	480 000	370 000	630 000

通过表 2-3 可以观察到经过一系列的经济业务后,华威公司 11 月末的资产总额(630 000 元)=负债总额(310 000 元)+所有者权益总额(320 000 元),由此可证明,涉及资产、负债及所有者权益变化的任何经济业务类型都不会破坏会计等式所体现的平衡关系。

除此以外,企业还会发生影响动态要素变化的经济业务,比如收入和费用的发生。下面同样通过举例来观察经济业务的发生对会计等式"资产+费用=负债+所有者权益+收入"的影响。

【例 2-2】 假设华威公司 20××年 11 月份还发生下列经济业务:

(1)以库存现金 800 元购买办公用品。

该项经济业务的发生,一方面导致该公司属于资产项目的库存现金减少了 800 元,另一方面使属于费用项目的管理费用增加了 800 元,其他三项没有发生变化,上述业务用公式表示为:

资产(−800 元) +费用(+800 元)= 负债+所有者权益+收入

上述等式的左边同时一增一减且增减的金额相等,会计等式保持平衡。

(2)销售产品一批,取得销售收入 100 000 元,货款尚未收到(假定不考虑增值税,材料用实际成本进行日常核算)。

该项经济业务的发生,一方面导致该公司属于资产项目的应收账款增加了 100 000 元,另一方面使属于收入项目的主营业务收入增加了 100 000 元,其他三项没有发生变化,上述业务用公式表示为:

资产(+100 000 元)+费用= 负债+所有者权益 + 收入(+100 000 元)

上述等式两边同时增加相等金额,会计等式保持平衡。

(3)向某供应商销售产品一批,价值 150 000 元,全部款项用于抵偿应付的材料款(假设不考虑增值税)。

该项经济业务的发生,一方面导致该公司属于负债项目的应付账款减少了150 000元,另一方面使属于收入项目的主营业务收入增加了150 000元,其他三项没有发生变化,上述业务用公式表示为:

资产＋费用＝负债(－150 000元)＋所有者权益＋收入(＋150 000元)

上述等式的右边同时一增一减,增减金额相等,会计等式保持平衡。

(4)本月应付水电费1 000元(行政管理部门用),款项尚未支付。

该项经济业务的发生,一方面导致该公司属于费用项目的管理费用增加了1 000元,另一方面使属于负债项目的其他应付款增加了1 000元,其他三项没有发生变化,上述业务用公式表示为:

资产＋费用(＋1 000元)＝负债(＋1 000元)＋所有者权益＋收入

上述等式两边同时增加相等金额,会计等式保持平衡。

(5)月末,将上述管理费用1 800元(第(1)笔业务与第(4)笔业务之和)转入"本年利润"账户。

该项经济业务的发生,一方面导致该公司属于费用项目的管理费用减少了1 800元,同时,本年利润减少1 800元,从而最终导致所有者权益减少1 800元,其他三项没有发生变化。上述业务用公式表示为:

资产＋费用(－1 800元)＝负债＋所有者权益(－1 800元)＋收入

上述等式两边同时减少相等金额,会计等式保持平衡。

从上面的例子可以看出,在考虑收入和费用两个要素之后,亦是无论发生什么样的经济业务,会计等式的平衡关系依然成立。

综上所述,可以得出这样的结论:资产和权益的平衡关系是客观存在的,无论经济业务如何变化,资产总额总是恒等于权益总额,任何经济业务的发生都不会破坏这种恒等关系。"资产＝负债＋所有者权益"的平衡关系是设置账户、复式记账、编制资产负债表的理论依据,把握这个理论依据对于正确理解和运用复式记账法具有十分重要的意义。

本章小结

会计要素是会计对象的具体化,是对会计对象的基本分类。会计要素可分为静态会计要素与动态会计要素两大类,具体包括资产、负债、所有者权益和收入、费用与利润。

资产是指企业过去的交易或者事项形成的、由企业拥有或者控制的、预期会给企业带来经济利益的资源。按照流动性可将资产分为流动资产和非流动资产。

负债是指企业过去的交易或者事项形成的、预期会导致经济利益流出企业的现时义务。按照流动性可将负债分为流动负债和非流动负债。

所有者权益是企业投资人对企业净资产的所有权,是企业全部资产减去全部负债后的余额。所有者权益包括实收资本(或股本)、资本公积、盈余公积和未分配利润等。

收入是指企业在日常活动中形成的、会导致所有者权益增加的、与所有者投入资本无关的经济利益的总流入。

费用是指企业在日常活动中发生的、会导致所有者权益减少的、与向所有者分配利润无关的经济利益的总流出。

利润是指企业在一定会计期间的经营成果，是企业生产经营过程中各种收入扣除各种相关费用后的差额。

对各会计要素应按相应的确认条件予以确认，同时，为了将符合确认条件的会计要素登记入账并列报于财务报表之中，应采取正确的计量属性予以计量。会计要素计量属性主要包括历史成本、重置成本、可变现净值、现值和公允价值。

会计等式又称为会计方程式或平衡公式，是指利用数学等式，对会计要素之间的内在经济关系所做出的科学的概括和描述。其基本表现形式为“资产＝负债＋所有者权益”，它是设置账户、复式记账和编制资产负债表的理论依据。

关键概念

会计要素　资产　负债　所有者权益　收入　费用　利润　会计确认
会计计量　历史成本　重置成本　可变现净值　现值　公允价值　会计等式

思考与讨论

1. 什么是会计要素？我国《企业会计准则》规定的会计要素包括哪些具体项目？

2. 简述资产的定义、特征和确认条件。

3. 简述负债的定义、特征和确认条件。

4. 企业的负债与所有者权益有哪些区别？

5. 分别简述收入和费用的定义及其特征。

6. 什么是会计等式？经济业务的发生对会计等式中的资产、负债和所有者权益的影响有哪几种类型？

练习题

一、单项选择题

1. 根据资产定义，下列各项中不属于资产特征的是（　　）。

A. 资产是企业拥有或控制的经济资源

B. 资产预期会给企业带来经济利益

C. 资产是由企业过去的交易或事项所形成的

D. 与资产相关的所有权属于企业

2. 所有者权益在数量上等于（　　）。

A. 企业的全部资产减流动负债

B. 企业的原有资金

C. 企业的新增利益

D. 企业的全部资产减全部负债

3. 以下属于流动资产的项目有（　　）。

A. 应收账款　　B. 应付账款

C. 企业的厂房设备　　D. 持有的三年期国债

4. 以下属于流动负债项目的有（　　）。

A. 长期应付款　　B. 预收账款

C. 应收账款　　　　D. 长期借款

5. 市场参与者在计量日发生的有序交易中，出售一项资产所能收到或者转移一项负债所需支付的价格，所指的计量属性是（　　）。

A. 历史成本　　　　B. 可变现净值

C. 现值　　　　D. 公允价值

6. 在会计计量中一般应采用的会计计量属性是（　　）。

A. 历史成本　　　　B. 重置成本

C. 公允价值　　　　D. 现值

7. 以下引起资产和权益同时增加的业务有（　　）。

A. 从银行提取现金　　　　B. 向银行借款并存入银行

C. 用银行存款上缴税金　　　　D. 用银行存款支付前欠购货款

8. 下列经济业务不会引起会计等式两边同时发生增减变动的有（　　）。

A. 购进材料未付款　　　　B. 向银行借款并存入银行

C. 从银行提取现金　　　　D. 以银行存款支付应付账款

9. 基本会计等式揭示了企业会计要素之间的规律性，因而它是（　　）。

A. 开设并登记账簿的理论依据

B. 总分类账和明细分类账平行登记的理论依据

C. 划分会计要素种类的理论依据

D. 复式记账和编制资产负债表的理论依据

10. 以下（　　）是会计等式。

A. 资产＝负债　　　　B. 资产＝负债＋所有者权益

C. 资产＝所有者权益　　　　D. 收入＋费用＝利润

二、多项选择题

1. 反映企业财务状况的会计要素包括（　　）。

A. 资产　　B. 费用　　C. 负债　　D. 所有者权益

2. 反映企业经营成果的会计要素包括（　　）。

A. 收入　　B. 费用　　C. 所有者权益　　D. 利润

3. 下列项目属于流动资产的是（　　）。

A. 库存现金　　B. 银行存款　　C. 固定资产　　D. 原材料

4. 下列项目属于流动负债的是（　　）。

A. 短期借款　　B. 应付账款　　C. 预收账款　　D. 长期借款

5. 下列项目属于所有者权益的是（　　）。

A. 实收资本　　B. 资本公积　　C. 盈余公积　　D. 未分配利润

6. 期间费用包括（　　）。

A. 制造费用　　B. 管理费用　　C. 财务费用　　D. 销售费用

7. 六大会计要素之间的关系可以表示为（　　）。

A. 资产＝负债　　　　B. 资产＝权益

C. 资产＝负债＋所有者权益　　　　D. 收入－费用＝利润

8. 经济业务的发生不可能导致（　　）。

A. 一项资产增加，一项负债减少
B. 一项资产增加，一项所有者权益增加
C. 一项负债增加，一项所有者权益减少
D. 一项负债增加，一项所有者权益增加

9. 下列经济业务中引起资产和负债同时增加的有(　　)。

A. 赊购原材料　　B. 从银行提取现金
C. 用银行存款购入各种材料　　D. 向银行借款并存入银行

10. 下列等式中错误的有(　　)。

A. 期初余额＝本期增加发生额＋期末余额－本期减少发生额
B. 期末余额＝本期增加发生额＋期初余额－本期减少发生额
C. 期初余额＝本期减少发生额＋期末余额－本期增加发生额
D. 期初余额＝本期增加发生额－期末余额－本期减少发生额

三、判断题

1. 资产是企业拥有或控制的，能为其带来未来经济利益的，并能以货币计量的，具有实物形态的经济资源。(　　)
2. 企业的权益应当包括所有者权益和债务人权益。(　　)
3. 无论发生什么样的经济业务，都不会破坏会计等式两边的平衡关系。(　　)
4. 所有者权益是企业投资者对企业资产的所有权。(　　)
5. 企业取得的收入和发生的费用，最终会导致所有者权益发生变化。(　　)
6. 经营性租赁租入的资产，因其在本企业使用，故属于本企业的资产。(　　)
7. 利润是企业在日常活动中取得的经营成果，因此它不包括企业在偶发事件中产生的利得和损失。(　　)
8. “收入－费用＝利润”这一会计等式，是复式记账法的理论基础，也是编制资产负债表的依据。(　　)
9. 在会计要素中，实收资本、资本公积和盈余公积均属于投资者投入企业的资本。(　　)
10. 企业将短期借款展期，变更为长期借款，该项经济业务会引起会计等式左右两边会计要素发生一增一减的变化。(　　)

四、业务题

(一)目的：通过练习，理解和掌握会计要素的概念与分类。

1. 资料：

(1)长期借款
(2)预付账款　　A. 资产
(3)盈余公积
(4)土地使用权
(5)应付职工薪酬　　B. 负债
(6)长期股权投资
(7)其他综合收益
(8)预收账款　　C. 所有者权益
(9)未分配利润

2. 要求：用直线连接，说明上述项目的归属。

（二）目的：通过练习，熟悉企业经济业务的类型。

1. 资料：某企业 20××年 3 月份发生下列经济业务：

(1)用银行存款购买材料。

(2)用银行存款归还长期借款。

(3)用银行存款偿付前欠某单位货款。

(4)收到投资人甲投入的设备。

(5)从某单位购进一批材料，款项尚未支付。

(6)向银行借入长期借款，存入银行存款账户。

(7)将盈余公积转增实收资本。

(8)向银行取得短期借款，直接偿还欠某单位的货款。

(9)企业投资人乙代企业归还短期借款，并将其转为投入资本。

(10)经批准以银行存款退还投资人丙的资本金。

(11)应向投资者发放现金股利，但尚未支付。

(12)企业用固定资产对外投资。

2. 要求：分析上述各项经济业务的类型，并将对应的业务序号填入表 2-4。

表 2-4　经济业务分类

类型	经济业务序号
1. 一项资产增加，另一项资产减少	
2. 一项负债增加，另一项负债减少	
3. 一项所有者权益增加，另一项所有者权益减少	
4. 一项负债增加，一项所有者权益减少	
5. 一项负债减少，一项所有者权益增加	
6. 一项资产增加，一项负债增加	
7. 一项资产增加，一项所有者权益增加	
8. 一项资产减少，一项负债减少	
9. 一项资产减少，一项所有者权益减少	

（三）目的：通过练习，熟悉经济业务对会计等式及会计要素的影响。

1. 资料：金陵公司是由金鑫和张陵共同出资创办的一家公司，于 20××年 6 月 1 日正式开业。当月发生了以下事项：

(1)金鑫收到他以前的雇主汇来的 8 000 元，是补发的以前所欠他的工资。

(2)金鑫将自己的 60 000 元存入金陵公司账户，作为对公司的投资。

(3)用库存现金支付水电费 1 000 元。

(4)当月购买设备，共支付银行存款 12 000 元。

(5)从银行取得短期借款 55 000 元，存入公司账户。

(6)购买原材料，共计 3 000 元，款项尚未支付。

(7)当月收到业务收入共计 25 000 元，存入公司账户。

(8)张陵从公司账户支出 7 800 元,以支付上月员工工资。

2.要求:

(1)上述事项中哪些属于金陵公司的经济业务?

(2)这些经济业务对会计等式有何影响?请分别说明它们是如何影响各会计要素的。

(3)请将要求(1)、(2)的答案填入表 2-5。

表 2-5　经济业务对会计等式及会计要素的影响

经济业务	对会计等式及会计要素的影响
业务(1)	
业务(2)	
业务(3)	
业务(4)	
业务(5)	
业务(6)	
业务(7)	
业务(8)	

第三章

账户与复式记账

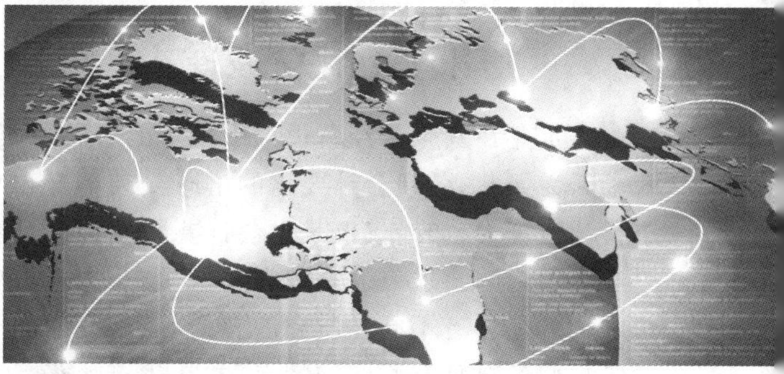

KUAIJIXUE YUANLI

学习目的

本章主要介绍会计科目、账户及其基本结构、复式记账原理、借贷记账法等会计核算基本方法。通过本章的学习，要求学生正确理解会计科目的含义及设置会计科目的原则，掌握其具体分类方法，熟悉常用会计科目的名称；掌握账户的概念、基本结构，明确账户与会计科目的关系；了解复式记账原理，重点掌握借贷记账法的基本内容，为以后会计核算方法的学习打下良好的基础。

第一节　会计科目

一、会计科目的概念及设置意义

企业在其生产经营过程中发生的各种各样的经济业务，会引起各项会计要素的增减变动。正因为如此，各项会计要素的增减变动情况也就是会计所要反映和监督的具体内容。但是，在会计核算中，如果仅仅是以会计要素作为会计数据的归类标准，未免过于笼统，难以满足会计信息使用者的要求。这是因为，由于企业的经济业务错综复杂，即使涉及同一种会计要素，也往往反映的是具有不同性质和内容的对象。例如，企业的机器设备和原材料虽然都是企业的资产，但它们各自具有不同的特点，并在生产经营活动中起着不同的作用。因此，对它们的增减变动情况，在会计核算时应分别加以反映和监督。对机器设备、房屋建筑物等劳动资料设置“固定资产”科目进行反映和监督；对原材料、辅助材料等劳动对象设置“原材料”科目加以反映和监督。同理，对于负债、所有者权益、收入、费用及利润等会计要素，为了核算和监督它们各自详细的增减变动情况，需要设置“应付账款”“短期借款”“实收资本”“资本公积”“主营业务收入”“主营业务成本”“管理费用”等会计科目。

由此可见，会计科目就是对会计要素的具体内容进一步分类的项目名称。因此，所谓会计科目，是对会计要素进行分类所形成的具体项目，它是设置账户的依据。

设置会计科目，对会计核算和管理有着重要的意义。首先，设置会计科目，是反映资金运动的重要手段。每一个会计科目反映一类相关的经济业务，所以各个会计科目可从不同的方面反映资金运动的总体状况。其次，设置会计科目，是组织会计核算的依据。我国《企业会计准则——应用指南》提供了企业会计科目，表 3-1 选取了其中制造业企业的常用会计科目。该应用指南提供了每一个会计科目的核算范围、核算内容和核算方法。各单位的会计核算就是根据经济管理的要求，通过设置会计科目来进行分类别、分项目的核算，以达到为会计核算主体内部经营管理和外部有关各方面提供所需要的一系列完整会计信息的目的。

二、会计科目的设置原则

会计科目较之于会计要素更为具体地反映企业的资金运动状况，为相关会计信息使用者提供更为具体的会计信息，鉴于此，在其设置过程中应努力做到科学、合理、实用，因此在设置会计科目时应遵循下列基本原则。

1. 应根据会计要素的特点设置会计科目

设置会计科目，必须对会计要素的具体内容进行科学分类，以便分门别类地反映和监督各项经济业务，为加强经济管理提供必要的核算指标。因此，各单位应结合本单位会计要素的特点来设置相应的会计科目。例如，制造业企业的主要经营活动是制造各种产品，因而就必须设置反映生产耗费、成本计算和经营成果的会计科目，如“制造费用”“生产成本”“本年利润”等科目。商品流通企业不从事产品生产加工，其基本经营活动是购进和销售商品，因此必须设置反映和监督商品流通业务的会计科目，如“库存商品”“商品进销差价”等科目。而行政事业单位既不从事产品加工生产，也不从事商品流通，其会计核算主要是对国家拨付的预算资金的运动情况进行反映和监督，因此，行政事业单位则应设置反映和监督经费收入和经费支出情况的会计科目，如“事业收入”“事业支出”等科目。

2. 应根据会计目标的要求设置会计科目

会计目标是向国家、企业内部管理者和职工、企业外部的投资人、债权人及社会公众等提供有用的会计信息，以利于国家进行宏观控制、管理者强化企业内部经营管理、投资者合理进行投资等。因此，设置会计科目，必须符合会计目标的要求。例如，为了反映企业的盈亏情况，必须设置“主营业务收入”“主营业务成本”“营业税金及附加”“管理费用”“本年利润”“利润分配”等科目，用以反映企业盈亏的形成和分配情况，满足会计信息使用者的要求。再如，为了反映企业与银行的债务情况，就需要设置“短期借款”“长期借款”等科目。总之，会计科目的设置必须符合会计目标的要求。

3. 应根据统一性与灵活性相结合的原则设置会计科目

设置会计科目时必须按照统一性和灵活性相结合的原则来进行，既要防止会计科目设置过多的烦琐性倾向，又要防止不顾实际情况随意简并会计科目的简单化做法。所谓统一性，是指为了保证会计信息的可比性，所设置的会计科目，应符合《会计法》《企业会计准则》的相关规定，对一些主要会计科目的设置及其核算内容进行统一的规定，以保证会计核算指标在一个部门乃至全国范围内可以综合汇总、分析和利用。所谓灵活性，是指在保证提供统一核算指标的前提下，各单位可以根据本单位的具体情况和经营管理的特点，对统一规定的会计科目做必要的增减。例如，统一规定的会计科目中，未设“废品损失”“停工损失”科目，企业如需要单独核算废品损失和停工损失，则可以增设“废品损失”和“停工损失”科目。再如，在统一规定的会计科目中，设置有“预收账款”和“预付账款”科目，如果企业在生产经营过程中预收、预付业务不多，就可以不单设“预收账款”和“预付账款”科目，而将预收账款、预付账款合并在“应收账款”“应付账款”科目中核算。

4. 应按照简明实用与合理稳定的原则设置会计科目

每一个会计科目都有特定的核算内容。在设置会计科目时，对每一个会计科目的特定核算内容必须严格明确地界定。各科目之间不能相互混淆，不同的会计科目只能核算不同的内容，否则，相同的经济业务就会出现几种不同的会计科目运用，这样就会造成会计核算上的混乱。同时，会计科目的名称应力求简明扼要、内容确切、通俗易懂，便于开设和运用账户，保证不至于使不同特性的资料混同记入同一科目。另外，为了便于在不同时期比较分析会计核算指标和在一定范围内综合汇总核算指标，对会计科目的设置应保持相对稳定，不能经常变动，以使会计指标具有可比性。

三、会计科目的分类

会计科目按分类标准的不同可以分为不同的类型。

(一)按反映经济内容分类

会计科目按反映会计对象的具体经济内容分类,是会计科目基本的分类。以该标准可将会计科目分为资产、负债、共同、所有者权益、成本和损益六大类。

1. 资产类科目

资产类科目按其流动性具体又可分为以下两类:

(1)流动资产类科目。这类科目的特点是资产的变现周期在一年以内(含一年)或不超过一个营业周期,例如“库存现金”“银行存款”“应收账款”“原材料”等科目。

(2)非流动资产类科目。这类科目的特点是变现周期超过一年或一个营业周期,例如“固定资产”“无形资产”“长期股权投资”等科目。

2. 负债类科目

负债类科目按其流动性具体又可分为以下两类:

(1)流动负债类科目。这类科目的特点是负债的偿还期在一年以内(含一年),例如“短期借款”“应付职工薪酬”“应付账款”等科目。

(2)非流动负债类科目。这类科目的特点是负债的偿还期超过一年,例如“长期借款”“应付债券”等科目。

3. 共同类科目

此类科目有“衍生工具”“套期工具”“被套期项目”等科目。

4. 所有者权益类科目

所有者权益类科目具体又可分为以下三类:

(1)投入资本类科目,例如“实收资本”科目。

(2)非经营因素形成的所有者权益类科目,例如“资本公积”科目。

(3)经营因素形成的所有者权益类科目,例如“盈余公积”等科目。

5. 成本类科目

这类科目的特点是所发生的费用要计入产品成本,具体来说可分为以下两类:

(1)直接计入产品成本类科目,例如“生产成本”“研发支出”等科目。

(2)分配计入产品成本类科目,例如“制造费用”科目。

6. 损益类科目

这类科目的特点是其项目均是形成利润的要素。损益类科目具体来说可分为以下两类:

(1)反映收入类科目,例如“主营业务收入”“其他业务收入”等科目。

(2)反映费用类科目,例如“主营业务成本”“管理费用”“销售费用”等科目。

参照我国《企业会计准则——应用指南》,一般制造业企业常用会计科目的设置如表 3-1 所示。

表 3-1　制造业企业常用会计科目表

编号	会计科目名称	编号	会计科目名称
	一、资产类	1606	固定资产清理
1001	库存现金	1611	未担保余值
1002	银行存款	1701	无形资产
1012	其他货币资金	1702	累计摊销
1101	交易性金融资产	1703	无形资产减值准备
1121	应收票据	1711	商誉
1122	应收账款	1801	长期待摊费用
1123	预付账款	1811	递延所得税资产
1131	应收股利	1901	待处理财产损溢
1132	应收利息		二、负债类
1221	其他应收款	2001	短期借款
1231	坏账准备	2101	交易性金融负债
1401	材料采购	2201	应付票据
1402	在途物资	2202	应付账款
1403	原材料	2203	预收账款
1404	材料成本差异	2211	应付职工薪酬
1405	库存商品	2221	应交税费
1406	发出商品	2231	应付利息
1407	商品进销差价	2232	应付股利
1408	委托加工物资	2241	其他应付款
1411	周转材料	2501	长期借款
1461	融资租赁资产	2502	应付债券
1471	存货跌价准备	2701	长期应付款
1511	长期股权投资	2702	未确认融资费用
1512	长期股权投资减值准备	2801	预计负债
1521	投资性房地产	2901	递延所得税负债
1531	长期应收款		三、共同类
1532	未实现融资收益	3101	衍生工具
1601	固定资产	3201	套期工具
1602	累计折旧	3202	被套期项目
1603	固定资产减值准备		四、所有者权益类
1604	在建工程	4001	实收资本
1605	工程物资	4002	资本公积

续表

编号	会计科目名称	编号	会计科目名称
4101	盈余公积	6101	公允价值变动损益
4103	本年利润	6111	投资收益
4104	利润分配	6301	营业外收入
4201	库存股	6401	主营业务成本
	五、成本类	6402	其他业务成本
5001	生产成本	6403	营业税金及附加
5101	制造费用	6601	销售费用
5201	劳务成本	6602	管理费用
5301	研发支出	6603	财务费用
	六、损益类	6701	资产减值损失
6001	主营业务收入	6711	营业外支出
6051	其他业务收入	6801	所得税费用
6061	汇兑损益	6901	以前年度损益调整

虽然会计科目是对会计要素的分类，但会计科目类别与会计要素并不完全相同。例如：反映利润业务的如“本年利润”科目和“利润分配”科目归并为所有者权益类科目，体现了利润的所有权属于所有者这一经济实质；反映收入和费用业务的如将属于收入类的“主营业务收入”“其他业务收入”与属于费用性质的“主营业务成本”“其他业务成本”“营业税金及附加”及“销售费用”等期间费用合并为损益类科目，这种合并可以方便企业进行经营成果的计算；将资产要素中的一部分科目，如“生产成本”“制造费用”等科目，独立设置为成本类科目，体现了制造业企业进行各类成本对象成本计算的特殊需求。

（二）按所提供的核算指标详细程度分类

在生产经营过程中，由于经济管理的要求不同，所需要的核算指标的详细程度也不尽相同。因此，根据经济管理的要求，既需要设置提供总括核算指标的一级科目，又需要设置提供详细核算指标的二级科目和三级科目。

1. 一级科目

一级科目即总分类科目，也称总账科目，是对会计要素的具体内容进行总括分类，提供核算指标总括信息的会计科目，如“固定资产”“原材料”“应交税费”“实收资本”等科目。为了满足国家宏观经济管理的需要，一级科目原则上由国家统一制定。表 3-1 中所列的各科目都是一级会计科目。

2. 二级科目

二级科目也称子目，是指在一级会计科目的基础上，对一级会计科目所反映的经济内容进行较为详细分类的会计科目，以便提供更详细、更具体的会计信息。一级会计科目的性质决定二级科目的性质，二级科目是对一级会计科目的进一步分类说明。有些二级会计科目原则上也是由国家统一制定的，例如在“应交税费”一级会计科目下应设置“应交增值税”“应交消费税”等二级会计科目；而有些二级会计科目是企业根据经营管理需要自行设置的，例如在“原材料”科目下，可按原材料类别开设“原料及主要材料”“辅助材料”等二级会计科目。

3. 三级科目

三级科目也称细目，是在二级科目的基础上，对二级科目所反映的经济内容进一步详细分类的会计科目。例如，在“原料及主要材料”二级科目下，按材料的品种、规格开设三级科目。大多数的三级科目是由企业根据其经营管理的需要自行设置，如上述的“原料及主要材料”的三级科目可设置为“甲材料”“乙材料”；但也有一些三级科目是国家统一规定的，例如国家统一规定在“应交增值税”二级科目下还应设置“进项税额”“销项税额”等专栏。

二级科目和三级科目统称为明细分类科目。

在教学过程中，为了简单明了地表现不同级别的会计科目之间的关系，通常用“——”连接来说明各级别科目之间的所属关系，例如：

一级科目　　　　二级科目　　　　三级科目

(1)原材料——原料及主要材料——甲材料

原材料——原料及主要材料——乙材料

(2)应交税费——应交增值税——进项税额

应交税费——应交增值税——销项税额

综上所述，一级科目是最高层次的会计科目，起着控制和统驭二级科目和三级科目的作用；二级科目是对一级科目的补充说明，同时起着控制和统驭三级科目的作用。因此，它是介于一级科目和三级科目之间起沟通作用的会计科目。三级科目是对二级科目或一级科目更为详细的补充说明。应该说明的是，并不是所有的一级科目都需要分设二级科目和三级科目，而是根据会计信息使用者所需信息的详细程度，设置所需级别的会计科目。

(三)会计科目运用举例

下面举例简要说明会计科目的运用。

【例 3-1】 甲企业从开户银行提取现金 800 元。

该项经济业务应设置“银行存款”和“库存现金”科目。

【例 3-2】 甲企业按照销售合同销售一批产品给乙公司，价款 60 000 元，发生的增值税销项税额为 7 800 元，款项尚未收到。

该项经济业务应设置“应收账款”“主营业务收入”及“应交税费”科目。其中，“应收账款”科目下还应设置“乙公司”二级会计科目；“应交税费”科目按会计制度的相关规定，应设置“应交增值税”二级会计科目，在“应交增值税”二级会计科目下还应再设置“销项税额”三级科目。

四、会计科目的编号

为了便于会计账务处理，适应会计信息处理电算化的需要，加快会计核算速度，提高会计信息的质量，每个会计科目都要编制固定号码。

会计科目的编号，是指以数字确定会计科目所属类别及其在类别中的位置。会计科目的编号采用“四位数制”，以千位数数码代表会计科目，按会计要素区分的类别，一般分为六个数码，“1”为资产类，“2”为负债类，“3”为共同类，“4”为所有者权益类，“5”为成本类，“6”为损益类；百位数数码代表每大类会计科目下较为详细的类别，可根据实际需要取数；十位和个位的数码一般代表会计科目的顺序号，为了便于会计科目的增减，在顺序号中一般都留有间隔。四位数字的结合，表示某个具体的会计科目。以"库存现金"科目为例，我们来看其科目编号的构成：

大分类编号	中分类编号	细分类编号
（千位数）	（百位数）	（十位、个位数）
1	0	01

"1001"是"库存现金"会计科目的编号，第一位数字"1"表示资产类，第二位数字"0"表示货币资金类，第三、四位数字"01"表示其从属类别的序号。

财政部统一编制的会计科目编号，供企业填制会计凭证、登记会计账簿、查阅会计科目、采用会计软件系统参考，企业可结合实际情况自行确认会计科目编号。企业在填制记账凭证、登记账簿时，应填写会计科目的名称，或者同时填写会计科目的名称和编号，但不准只填会计科目的编号而不填会计科目的名称。在会计电算化系统中，应在账套设置中建立"会计科目名称及编码表"，在凭证输入时只输入科目代码，科目名称由系统自动产生，以适应电算化的会计处理。

第二节　账户及其结构

会计科目只是对会计对象的具体内容进行分类核算的项目名称，如果只有分类的项目，而没有具有一定格式的记账实体，还不能把发生的经济业务连续、系统、完整地记录下来。因此，要进行会计核算，还必须根据设置的会计科目开设相应的账户，在账户上记录会计对象具体内容的增减变动情况。

一、账户的定义及其作用

（一）账户的定义

账户是指根据会计科目开设的，具有一定格式和结构，用来分类连续地记录和反映会计要素增减变动情况及其结果的载体。

设置账户是会计的专门核算方法之一。账户是根据会计科目来设置的，因此，其与会计科目的分类方法相对应：按反映经济内容分类，账户亦可分为资产类账户、负债类账户、所有者权益类账户、成本类账户及损益类账户；按反映核算指标详细程度分类，账户也分为总分类账户和明细分类账户。

（二）设置账户的作用

首先，设置账户能按照经济管理的要求分类地记载和反映企业所发生的经济业务。如果企业不设置账户，会计人员就不能将企业发生的经济业务按照科学的方法进行整理分类、记录反映和归纳综合，其结果只能提供杂乱无章、无头无序的信息。通过设置和运用账户，对企业发生的经济业务进行整理分类、科学归纳，再分门别类地记录，可以提供各类会计要素的动态和静态指标。

其次，设置账户能为编制财务会计报告提供重要依据。财务会计报告是定期地对企业日常核算资料进行汇总、综合，全面、系统地反映企业财务状况和经营成果的重要信息文件。财务会计报告的信息是否准确，在很大程度上取决于账户的记录结果是否正确，因为财务会计报告是以账户的期末余额和本期发生额为基础进行编制的。账户的记录发生错误将直接影响会计报表的信息准确性。因此合理地设置账户，正确地将经济业务记入账户，是会计核算工作最基本、最重要的环节。

一个企业应该怎样设置账户，设置多少账户，是由企业会计科目决定的。会计科目的设置又取决于会计要素的分类情况和企业管理的要求、规模大小、业务繁简。既不宜过分复杂烦琐，增加不必要的工作量；又不宜过分简单粗糙，使各项会计要素混淆不清，不能满足会计信息使用者的需要。

二、账户与会计科目的联系和区别

账户与会计科目是两个不同的概念，它们之间既有联系又有区别。

账户与会计科目的联系表现在两个方面。一是两者都是对会计对象的具体内容在按会计要素分类的基础上所做的进一步分类，两者的名称和反映的经济内容相同。二是账户是根据会计科目开设的户头，账户的名称就是会计科目。设置会计科目就是为了设置账户，由此可见会计科目的设置是账户设置的前提。

账户与会计科目的区别表现在三个方面。一是账户虽是根据会计科目开设的，但会计科目只是账户的名称，是企业单位在进行会计核算之前，事先对确定的会计对象的具体内容进行归类的项目，只表明某项经济业务的内容；而账户除了名称以外，还具体表现为具有一定格式的账页，是经济业务发生后，对某项经济内容的增减变化及其结果进行连续、系统记录的手段。二是会计科目的作用，主要是为了对会计事项进行归类，并为开设账户和填制记账凭证所运用；而账户的作用主要是系统提供某一具体会计对象的核算资料，为设置会计账簿和编制会计报表所运用。三是设置账户是会计核算方法的组成部分，它包含着设置会计科目的内容；而设置会计科目不构成一种独立的会计方法，它只是为账户的设置提供依据。

由于账户是根据会计科目设置的，并按照会计科目命名，也就是说会计科目是账户的名称，两者的称谓及核算内容完全一致，因而在实务中，会计科目与账户二者往往被作为同义语来理解，互相通用，不严格加以区分。

三、账户的结构

设置账户的目的是用来记录企业发生的经济业务，所以账户不但要有明确的核算内容，而且必须具有便于记录经济业务的结构。账户结构是指账户的组成部分，以及如何在账户中记录会计要素的增加、减少及其余额情况等。

由于经济业务所引起的各项会计要素的变动，从货币数量上看不外乎是增加和减少两种情况，因此，账户的基本结构也相应地至少包括两个栏目，用以分别记录各会计要素增加数和减少数。

账户的基本结构通常划分为左、右两方，一方登记增加额，另一方登记减少额。至于哪一方登记增加额，哪一方登记减少额，则由所采用的记账方法和所记录的经济内容决定。但不管怎样，账户的基本结构不会因企业实际所使用的账户具体格式不同而发生变化。

另外，由于账户是用来连续记录经济业务所引起的会计要素具体项目金额增减变动的过程和结果，所以，对于一个完整的账户而言，除了必须有反映增加数额栏和减少数额栏外，还应包括其他栏目，以便完整地反映经济业务的相关内容。因此，一个完整的账户结构应包括：

(1)账户的名称,即会计科目名称;

(2)日期,即经济业务发生的日期;

(3)凭证编号,即账户记录的来源和依据;

(4)摘要,即对经济业务的简要说明;

(5)金额,即增加额、减少额和余额。

账户的格式如表 3-2 所示。

表 3-2 账户的格式

账户名称(会计科目)　　单位:元

日期	凭证编号	摘要	增加额	减少额	余额

上述账户结构格式是会计记账经常采用的格式,其中有专设的两栏,分别记录经济业务的增加额和减少额,增减相抵后的差额,称为账户的余额。余额按其表示的时间不同,分为期初余额和期末余额。因此,每个账户一般有四个金额要素,即期初余额、本期增加发生额、本期减少发生额和期末余额。账户如有期初余额,首先应当在记录增加额的那一方登记,经济业务发生后,要将增减内容记录在相应的栏内。将一定期间记录的账户增加方的金额进行合计,称为增加发生额;将一定期间记录的账户减少方的金额进行合计,称为减少发生额。正常情况下,账户四个金额之间的关系如下:

$$\text{本期期末余额}=\text{本期期初余额}+\text{本期增加发生额}-\text{本期减少发生额} \quad (3\text{-}1)$$

账户本期的期末余额转入下期,即为下期的期初余额,其关系式为:

$$\text{本期期初余额}=\text{上期期末余额} \quad (3\text{-}2)$$

每个账户的本期发生额反映的是该类经济业务在本期内变动的情况,而期末余额则反映的是该类经济业务增减变动的结果。

如前所述,由于经济业务所引起的各会计要素具体项目金额的变动,从数量上看不外乎是增加和减少两种情况,因此账户的基本结构就相应地划分为左右两方,分别记录增加额和减少额。将账户的基本结构从账户中截取下来,并做进一步的处理,只保留左方、右方,其他略去,将余额写在增加方的下面。简化后的账户基本结构被形象地称为"T 形账户",也可称为"丁字账"。这也是在会计教学中常用的格式。其格式如图 3-1 所示。

左方　　账户名称(会计科目)　　右方

图 3-1 T 形账户示意图

每类经济业务的本期增加发生额、本期减少发生额和期末(期初)余额都应分别记入 T 形账户左右两方。至于在账户的左右两方中到底哪一方登记增加数、哪一方登记减少数,取决于所采用的记账方法及所记录的经济业务内容。

关于账户的运用,下面通过例 3-3 做简要说明。

【例 3-3】 甲企业在某一会计期间"银行存款"账户的记录如图 3-2 所示。

左方	银行存款		右方
期初余额	10 000		
本期增加额	8 000	本期减少额	11 000
本期增加发生额	8 000	本期减少发生额	11 000
期末余额	7 000		

图 3-2 "银行存款"账户记录

在图 3-2 中，假设左方登记"银行存款"的增加数，右方登记"银行存款"的减少数。通过图 3-2，可以了解到该"银行存款"账户期初余额、本期增加额及本期减少额的登记情况，那么其本期期末余额为：

本期期末余额(7 000 元)＝本期期初余额(10 000 元)＋本期增加发生额(8 000 元)

－本期减少发生额(11 000 元)

根据上述账户的记录，可知甲企业期初在银行的存款为 10 000 元，本期增加了 8 000 元，本期减少了 11 000 元，到期末企业还有 7 000 元存款。这说明通过设置账户能很好地记录和反映企业所发生的经济业务。

第三节 复式记账原理

通过本章第一节和第二节的介绍，可以了解到为了对会计要素的具体内容进行正确核算，必须对会计要素进一步分类，设置会计科目，并根据设置的会计科目开设账户，以便连续、系统地反映特定会计主体的经济结果及其活动情况。但是，账户仅仅是记录经济业务的工具，要把经济业务所引起的会计要素增减变化登记在账簿中，以便会计信息使用者更方便地了解企业生产经营活动的有关信息，还必须运用科学的记账方法进行相关的记录。

一、记账方法概述

所谓记账方法，是指按照一定的规则，使用特定的记账符号，在账户中登记各项经济业务的技术方法。记账方法随着会计的产生和发展，经历了一个逐渐完善的过程。会计上的记账方法，最初是单式记账法，随着社会经济的发展和人们的实践与总结，单式记账法逐步改进，从而演变为复式记账法。

(一)单式记账法

单式记账法是一种比较简单而古老的记账方法。它是指对发生的每一项经济业务，一般只用一个账户做出单方面记录，而对于相关联的另一方面业务不予反映的一种记账方法。该种方法只注重登记货币资金的增减变化、债权债务交易以及资本交易，至于财产物资，因都在本单位的管理之下，故而对其增减变化不予记录。

例如，企业从外部购入一批办公用品，计价 1 000 元，货已收到，款已支付。对于这项经济业务，采用单式记账法，就只在"银行存款"账户中做减少 1 000 元的登记，而管理费用的增加，则不予登记；又如，企业从外部购入材料一批，计价 20 000 元，货已收到，款项未付，采用单式记账法时，就只在结算债务账户“应付账款”中做增加 20 000 元的登记，材料的增加则不予登记；再如，生产车间领用原材料 10 000 元用于产品生产，由于这项业务没有涉及货币资金的增减变化、债权债务及资本交易，因此，对于该项业务在采用单式记账法时，在会计上则不做任何处理。

由此可见，在单式记账法下，对于支付费用以及采用付现或赊购方式购买实物性资产等经济业务，只核算现金的减少或债务的增加，而对费用的发生或实物性资产的取得，一般不设置账户进行核算。至于实物性资产的结存数额，只能通过定期的实地盘存得到。经营的损益则由前后两期财产结存数的比较求得，即期末资产结存大于期初资产结存的数额为利润；反之，则为亏损。

很显然，单式记账法的优点是记账手续较为简单，其缺陷在于忽视了经济业务发生所涉及的会计要素之间的联系，没有设置完整的账户体系；只记录部分经济业务，无法全面反映各项经济业务的来龙去脉，也不能正确核算成本和盈亏，更不便于检查账户记录的正确性。因而这种记账方法是一种不够科学严谨的记账方法，目前除进行辅助补充登记外，已被复式记账法所取代。

（二）复式记账法

所谓复式记账法，是相对单式记账法而言的。复式记账法是指对发生的每一笔经济业务，都要用相等的金额，在两个或两个以上相互联系的账户中同时登记的一种记账方法，即对于发生的每一笔经济业务都要以相等的金额在其相关联的账户中做双重记录，这也是这一记账方法被称为“复式”的由来。

现仍以前例说明其主要特征。例如，企业以现金 1 000 元支付办公用品费用，采用复式记账法，这项经济业务除了要在“银行存款”账户中做减少 1 000 元的登记外，还要在有关费用账户中做增加 1 000 元的记录。这样登记的结果表明，企业货币资金的付出与费用的发生两者之间是相互联系的。又如，企业外购材料一批，计价 20 000 元，货已收到，款尚未支付。采用复式记账法，这项经济业务除了要在结算债务账户“应付账款”中做增加 20 000 元的登记外，还要在有关的材料账户中做增加 20 000 元的记录。这样登记的结果，就使得债务的发生与材料的购进两者之间的关系一目了然。再如，生产车间领用原材料 10 000 元用于产品生产，采用复式记账法，这项经济业务就要一方面在有关材料账户中做减少 10 000 元的登记，另一方面还要在有关成本账户中做增加 10 000 元的登记，这样就能非常清楚地说明材料的消耗与生产成本的增加两者之间的关系。

可见，采用复式记账法，对每一笔经济业务都在相互联系的两个或两个以上的账户中做双重记录，这样不仅可以了解每一笔经济业务的来龙去脉，而且如果把全部的经济业务都相互联系地登记到账簿以后，就可以通过账户记录，完整、系统地反映经济活动的过程和结果。同时，由于对每一笔经济业务都以相等的金额进行分类登记，因而对记录的结果，可以进行试算平衡，以检查账户记录是否正确。

二、复式记账法的理论依据和基本特点

（一）复式记账法的理论依据

如前所述，复式记账法包括两个要点：一是要同时在两个或两个以上的账户中登记同一笔经济业务；二是要以相等的金额登记该笔经济业务。其理论依据如下：

第一，会计的对象是资金运动。企业在其生产经营过程中所发生的每一项经济业务都是能够用货币来计量的资金运动的具体过程，都会有其相应的资金来源和资金去向，这就要求记账时同时在两个或两个以上账户中登记经济业务，既反映资金从哪里来，又反映资金到哪里去，这样才能完整、全面地反映经济业务所引起的资金运动的来龙去脉，为信息使用者提供其所需要的全部核算资料。

第二，会计等式所体现的资产与权益相等的平衡关系。企业发生的所有经济业务无非就是涉及资金增加和减少两个方面，并且某项资金在量上的增加或减少，总是与另一项资金在量上的增减相伴而生。由于资产和权益之间存在着平衡关系，因此可以说，任何一项经济业务的发生，都会引起资产、负债和所有者权益之间或者其内部至少两个具体项目发生增减变化，但增减金额相等，资产与权益的平衡关系不会被破坏。复式记账方法恰恰就是适应了资金运动的这一规律性的客观要求，把每一项经济业务所涉及的资金在量上的增减变化，通过两个或两个以上账户以相等的金额予以记录，从而全面地反映经济业务的全貌。可见，资金运动的内在规律性是复式记账的理论依据。

因此，从根本上来说，复式记账法就是以资金运动及会计等式“资产＝负债＋所有者权益”为理论依据的。

以下通过例 3-4 来说明复式记账法的基本原理。

【例 3-4】　甲企业外购材料一批，计价 20 000 元，材料已收到并入库，款项已支付(假定不考虑增值税，材料用实际成本进行日常核算)。

在该笔经济业务中，为了完整反映资金运动过程，根据复式记账法原理，就要在“银行存款”和“原材料”两个账户中做双重记录，如图 3-3 所示。由于“银行存款”减少 20 000 元，而“原材料”同时增加 20 000 元，资产要素内部两个项目一增一减，且增减金额相等，复式记账所依据的“资产＝负债＋所有者权益”的会计等式所体现的平衡关系未被破坏。

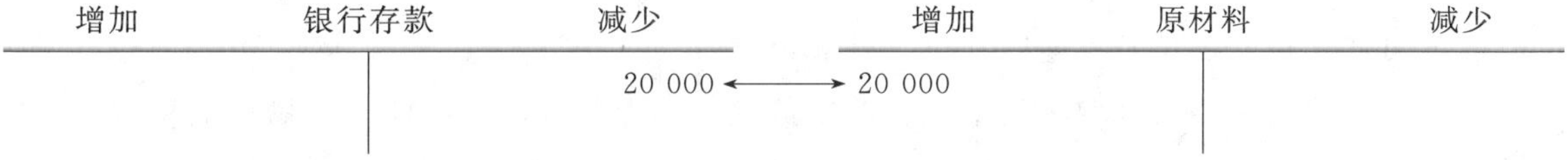

图 3-3　账户记录示意图

(二)复式记账法的基本特点

通过以上分析，我们可以总结出复式记账法具有以下基本特点：

(1)复式记账法必须以会计等式作为记账基础。

会计等式是将会计对象的具体内容，即会计要素之间的相互关系，运用数学方程式的原理进行描述而形成的。它是客观存在的必然经济现象，同时也是资金运动规律的具体化。为了揭示资金运动的内在规律性，复式记账必须以会计等式作为其记账基础。

(2)复式记账法需要设置完整的账户体系。

复式记账法作为一种科学的记账方法，它不仅要对每一笔经济业务进行全面反映，而且对单位所发生的全部经济业务都要进行记录，因此，就必须设置一整套账户，用于反映各种各样的经济业务。

(3)复式记账法对每一项经济业务，都必须在两个或两个以上相互联系的账户中进行等额登记。

经济业务的发生，必然要引起资金的增减变动，而这种变动势必导致会计等式中至少有两个要素或同一要素中至少有两个项目发生等量变动。为了反映这种等量变动关系，会计上就必须在两个或两个以上账户中进行等额双重记录，从而反映出每一笔经济业务的来龙去脉。

(4)复式记账法要求定期汇总的全部账户记录必须平衡。

如前所述，因为会计主体的每一笔经济业务，都是根据复式记账原理在相关联的两个或两个以上的账户中进行了双重等额记录，这样，我们在定期汇总全部账户的数据时必然能进行全面的试算平衡，即能保持会计等式的平衡关系。

可见，复式记账法突破了单式记账法的局限性，从而使会计记录体现了全面、辩证的观点，是一种科学的记账方法。正因为如此，在其他一些会计方法的使用中，如编制记账凭证和登记账簿，都必须运用复式记账法进行相关反映，所以在全部会计核算方法体系中，复式记账法占有极其重要的位置，一直得到广泛的应用。目前，我国的企业和行政、事业单位所采用的记账方法，都属于复式记账法。

三、复式记账法的作用

复式记账法是在市场经济长期发展的过程中，通过会计实践逐步形成和发展起来的，它的产生和应用，是记账方法划时代的进步，它推动了现代会计方法体系的形成，被称为“会计科学史上的伟大建筑”。复式记账法的作用主要体现在以下几个方面。

1.采用复式记账法可以如实地反映经济活动的来龙去脉

前已述及，采用复式记账法可通过对有关会计要素增减变化的登记，将每一项单独的经济业务与整个经济活动联系起来，从而形成一个严密的核算体系，为经济管理提供系统的会计信息。

2.采用复式记账法便于检查账户记录的正确性

由于复式记账法要求以相等的金额在两个或两个以上相互联系的账户中做出双重记录，这就使账户之间在数字上产生一种相互核对、相互平衡的关系。如果记账发生遗漏、差错，这种平衡关系就会被破坏。因此可以利用这种平衡关系原理，检查、核对账户记录是否正确。

3.采用复式记账法有利于促进会计核算方法的发展

一方面根据复式记账法的理论依据，要求我们在运用复式记账法时要有统一的计量单位，否则会计等式就无法平衡。如用现金采购原材料时，只有将原材料以价值形式来反映，才能与现金产生平衡关系。因此可以说复式记账法促使了货币成为统一的计量单位。另一方面，复式记账法对于建立现代会计报表体系起着催化作用，例如资产负债表的平衡关系就是源于复式记账的平衡关系。

综上所述，复式记账法具有单式记账法所无可比拟的优势，因而它也是世界各国公认的一种科学的记账方法。复式记账法按照记账符号、记账规则、试算平衡方法的不同，可分为借贷记账法、增减记账法、收付记账法三种。其中，借贷记账法是最早产生的记账方法，也是当今世界通用的复式记账方法，其他两种均为我国根据复式记账法的原理改造并曾经使用过的方法。

根据我国现行有关制度规定，企业、事业等单位一律采用借贷记账法。这是因为：一方面，借贷记账法经过多年的实践已被全世界的会计工作者普遍接受，是一种比较成熟、完善的记账方法，采用这种记账方法能更好地与国际会计接轨；另一方面，从会计实务角度看，统一记账方法对各会计主体之间横向经济联系和对加强国际交往等都带来极大的方便，并且对会计核算工作的规范和更好地发挥会计的作用具有重要意义。

第四节 借贷记账法

一、借贷记账法的产生与发展

借贷记账法是以"借"和"贷"两字作为记账符号，对每项经济业务都以相等的金额在两个或两个以上相互关联的账户中进行记录的一种复式记账方法。

借贷记账法大约起源于13世纪至14世纪资本主义开始萌芽的意大利。当时，意大利沿海城市的商品经济特别是海上贸易已有很大的发展，但当时流行的货币（包括名称、重量、成色）却很复杂，币制不统一成为商业交换的一大障碍。尽管当时以经营货币兑换业务为主的"银行"（银钱业）相当发达，可频繁的货币兑换和折算仍很不方便。在这种情况下，通过"银行"进行转账结算就受到了商人的欢迎。商人可以把不同的货币存入"银行"，"银行"则将其折成公认的货币计量单位为这些商人开设账户，并逐一进行登记。因此，在商品交换中，为了适应借贷资本和商业资本经营者管理的需要，逐步形成了借贷记账法。"借""贷"两字的含义，最初是从借贷资本家的角度来解释的。借贷资本家以经营货币资金的借入和贷出为主要业务，对于收进来的存款，记在贷主（creditor）的名下，表示自身的债务即欠人的增加；对于付出去的放款，则记在借主（debtor）的名下，表示自身的债权即人欠的增加。这样，"借""贷"两字分别表示借贷资本家的债权（人欠）、债务（欠人）及其增减变化。

随着商品经济的发展，经济活动的内容日趋复杂化，会计所记录的经济内容也不再仅限于货币资金的借贷业务，而逐渐扩展到财产物资、经营损益和经营资本等的增减变化。这时，为了求得账簿记录的统一，对于非货币资金的借贷活动，也利用"借""贷"两字来说明经济业务的变化情况。这样，"借""贷"两字逐渐失去了原来的含义，进而演变为一种单纯的记账符号，成为会计上专用的特定术语，仅用来标明账户的左方和右方，以便反映经济业务的增加和减少。

到15世纪，借贷记账法已逐步发展成为一种比较完备的复式记账方法。借贷记账法被用来反映资本的存在形态和所有者权益的增减变化。与此同时，西方国家的会计学者提出了借贷记账法的理论依据，即"资产＝负债＋所有者权益"的平衡公式，并根据这个理论确立了借贷记账法的记账规则，从而使借贷记账法成为一种科学的复式记账方法，并被世界上许多国家广泛采用，成为世界通用的记账方法。

20世纪初，借贷记账法经日本传入我国，在一部分企业中得到应用。新中国成立以后，我国会计工作者对记账方法进行了改革，根据复式记账法的原理又提出了增减记账法、收付记账法，并将其运用于会计实践中。但事实证明，会计的记账方法不统一，不利于企业间的横向经济联系及国际经济交往，因此，我国于1993年对记账方法进行了一次重大改革，规定企业记账一律采取借贷记账法；2006 年 2 月 15 日财政部颁布的《企业会计准则》中再次明确规定，企业的记账方法统一采用借贷记账法。目前，我国行政、事业单位的会计核算也都采用了借贷记账法。由此，借贷记账法已成为我国法定的记账方法。

二、借贷记账法的记账符号

所谓记账符号，是会计核算中采用的一种抽象标记，表示经济业务的增减变动和记账方向。如前所述，借贷记账法中的“借”和“贷”是历史产物，其最初的含义与债权、债务有关，后来逐步转化为抽象的记账符号，“借”(英文简写为 Dr)表示账户的借方；“贷”(英文简写为 Cr)表示账户的贷方。

我们在运用借贷记账法时，要将每一个账户都固定地分为两个相互对立的部分，账户的左方称为借方，右方称为贷方，以此来表示账户内容的增减变化。但是仅凭“借”“贷”两个符号是难以直接说明账户内容的增减变化的，只有当“借”和“贷”这两个记账符号与不同类别的账户结合在一起时，它们才具有明确的含义。

以会计等式“资产＋费用＝负债＋所有者权益＋收入”为依据，“借”对于会计等式左边的账户，即资产、费用(成本)类账户表示增加，对于会计等式右边的账户，即负债、所有者权益、收入类账户则表示减少；“贷”对会计等式左边的资产、费用(成本)类账户表示减少，对会计等式右边的负债、所有者权益、收入类账户则表示增加。我们可将“借”“贷”记账符号在具体运用时所表示的账户增减含义归纳为表 3-3 所示。

表 3-3 “借”“贷”记账符号所表示的账户增减含义

账户类别	借方	贷方
资产	增加	减少
费用(成本)	增加	减少(或结转)
负债	减少	增加
所有者权益	减少	增加
收入	减少(或结转)	增加

因此可以说，借贷记账法的科学性也就在于利用“借”和“贷”这一对立的记账符号，恰当地、全面地表示了会计对象运动的方向和过程，而且还使不同性质账户的增减变动内容得到了充分反映。正确理解“借”和“贷”的含义，是充分掌握和正确运用借贷记账法的关键。

三、借贷记账法下的账户结构

如上所述，借贷记账法是以“借”“贷”作为记账符号，用来反映经济业务所引起的会计对象具体内容的增减变化情况。记账符号表示账户中的记账方向，借贷记账法的记账符号与账户结构密切相关，“借”与“贷”两个符号在不同类别的账户中表示不同的含义，只有理解了账户的结构原理，才能把握借贷记账法下的记账符号的确切含义。

在借贷记账法下，任何账户都分为借、贷两方，而且把账户的左方称为“借方”，账户的右方称为“贷方”。其一般格式如表 3-4 所示。

表 3-4　借贷记账法下的账户结构

账户名称(会计科目)　　　　单位:元

日期	凭证编号	摘要	借方	贷方	借或贷	余额

同样,为了日常学习方便及汇总时简化手续、提高效率,在借贷记账法下,我们也可运用 T 形账户来表示简化的账户结构,如图 3-4 所示。

借方	账户名称(会计科目)	贷方

图 3-4　借贷记账法下的 T 形账户示意图

记账时,所有账户的借贷两方必须做相反方向的记录,即对于每一个账户来说,如果规定借方用来登记增加额,则贷方就用来登记减少额;如果规定借方用来登记减少额,则贷方就用来登记增加额。那么,究竟用哪一方来登记增加额,用哪一方来登记减少额呢?这取决于各个账户所反映的经济内容:是反映资产与成本费用的增减变化,还是反映负债、所有者权益与收入的增减变化。另外,对于账户的四个金额要素——期初余额、本期增加发生额、本期减少发生额和期末余额,在借贷记账法下都带有符号的色彩。

在一个会计期间,借方记录的本期发生额称为借方发生额,贷方记录的本期发生额称为贷方发生额,借方发生额、贷方发生额视账户的性质不同分别表示增加发生额和减少发生额。在每个会计期间的期末还应计算出期末余额,如果余额在借方称为借方余额,如果余额在贷方则称为贷方余额。下面就不同性质的账户说明借贷记账法下各类账户的结构。

(一)资产类账户的结构

反映各项资产的账户称为资产类账户,其结构是:借方登记资产的增加额,贷方登记资产的减少额;由于资产的减少额不可能大于它的期初余额与本期增加额之和,所以,这类账户期末如有余额,必定是在借方,表示期末资产的余额。该类账户的结构如图 3-5 所示。

借方　　　　资产类账户　　　　贷方

借方		贷方	
期初余额	×××		
(1)本期增加额	×××	(1)本期减少额	×××
(2)本期增加额	×××	(2)本期减少额	×××
……		……	
本期借方发生额	×××	本期贷方发生额	×××
期末余额	×××		

图 3-5　资产类账户结构

资产类账户的"本期借方发生额"为一定会计期间借方登记金额增加的合计数,"本期贷方发生额"为一定会计期间贷方登记金额减少的合计数。

资产类账户期末余额可根据下列计算公式计算：

期末借方余额＝期初借方余额＋本期借方发生额－本期贷方发生额　　(3-3)

【例 3-5】 某公司 20××年 5 月 1 日库存商品 250 000 元，本期完工入库产成品 170 000 元，本期销售产品 185 000 元，则该公司 5 月末结存的库存商品为：

月末结存的库存商品(235 000 元)＝月初借方余额(250 000 元)
＋本月借方发生额(170 000 元)
－本月贷方发生额(185 000 元)

该笔业务用 T 形账户表示，如图 3-6 所示。

借方	库存商品		贷方
期初余额	250 000		
本期增加额	170 000	本期减少额	185 000
本期借方发生额	170 000	本期贷方发生额	185 000
期末余额	235 000		

图 3-6 "库存商品"T 形账户

(二)负债类账户的结构

反映各项负债的账户称为负债类账户。由会计等式"资产＝负债＋所有者权益"所决定，负债类账户的结构与资产类账户的结构正好相反，即其贷方登记负债的增加额，借方登记负债的减少额；由于负债的增加额与期初余额之和，通常也要大于其本期减少额，所以，这类账户期末如有余额，必定在贷方，表示期末负债的余额。该类账户的结构如图 3-7 所示。

借方	负债类账户		贷方
		期初余额	×××
(1)本期减少额	×××	(1)本期增加额	×××
(2)本期减少额	×××	(2)本期增加额	×××
……		……	
本期借方发生额	×××	本期贷方发生额	×××
		期末余额	×××

图 3-7 负债类账户结构

负债类账户的"本期借方发生额"为一定会计期间借方登记金额减少的合计数，"本期贷方发生额"为一定会计期间贷方登记金额增加的合计数。

负债类账户期末余额可根据下列计算公式计算：

期末贷方余额＝期初贷方余额＋本期贷方发生额－本期借方发生额　　(3-4)

【例 3-6】 某公司 20××年 5 月 1 日"短期借款"账户期初余额为 50 000 元，5 月 15 日为了资金周转的需要，从银行取得临时借款 60 000 元，5 月 28 日用银行存款归还短期借款 85 000 元，则该公司 5 月末短期借款的余额为：

月末短期借款的贷方余额(25 000 元)＝期初贷方余额(50 000 元)
＋本期贷方发生额(60 000 元)
－本期借方发生额(85 000 元)

该笔业务用 T 形账户表示，如图 3-8 所示。

借方	短期借款		贷方
		期初余额	50 000
本期减少额	85 000	本期增加额	60 000
本期借方发生额	85 000	本期贷方发生额	60 000
		期末余额	25 000

图 3-8 “短期借款”T 形账户

(三)所有者权益类账户的结构

反映各项所有者权益的账户称为所有者权益类账户。由会计等式“资产＝负债＋所有者权益”所决定，所有者权益类账户的结构与资产类账户的结构正好相反，而与负债类账户的结构相同，即其贷方登记所有者权益的增加额，借方登记所有者权益的减少额，账户如有余额，一般为贷方余额，表示期末所有者权益的余额。该类账户的结构如图 3-9 所示。

借方	所有者权益类账户		贷方
		期初余额	×××
(1)本期减少额	×××	(1)本期增加额	×××
(2)本期减少额	×××	(2)本期增加额	×××
……		……	
本期借方发生额	×××	本期贷方发生额	×××
		期末余额	×××

图 3-9 所有者权益类账户结构

所有者权益类账户期末余额的计算公式与负债类账户期末余额的计算公式相同：

期末贷方余额＝期初贷方余额＋本期贷方发生额－本期借方发生额 (3-5)

(四)成本类账户的结构

企业在生产经营过程中发生的资金耗费而形成的费用可以分为以下两种，一是计入产品成本并形成企业资产的生产费用，二是直接计入当期损益的期间费用。其中，计入产品成本并形成企业资产的生产费用，习惯上又称之为成本费用，反映这一成本费用的账户称为成本类账户。

由于企业在生产经营中所发生的各项成本，是企业在生产经营过程中各种资产耗费的转化形态，所以可将其视为一种特殊资产，因此成本类账户的结构与资产类账户基本相同。在成本类账户中，“生产成本”“劳务成本”等账户的借方登记相关成本的增加额，贷方登记相关成本的减少(或结转)额；期末如有余额，也是借方余额，表示期末尚未结转的成本。成本类账户中的“制造费用”账户，由于在会计期末要把汇集的制造费用按照一定的标准分配到生产成本中去，因此，“制造费用”账户期末一般没有余额。成本类账户的结构如图 3-10 所示。

借方	成本类账户		贷方
期初余额	×××		
(1)本期增加额	×××	(1)本期减少额	×××
(2)本期增加额	×××	(2)本期减少额	×××
……		……	
本期借方发生额	×××	本期贷方发生额	×××
期末余额	×××		

图 3-10　成本类账户结构

成本类账户期末余额可根据下列计算公式计算：

期末借方余额＝期初借方余额＋本期借方发生额－本期贷方发生额　　(3-6)

(五)损益类账户的结构

损益类账户是指与企业的损益计算直接相关的账户，具体又可分为以下两类探讨其账户结构。

1. 收入类账户的结构

收入类账户包括“主营业务收入”“其他业务收入”“投资收益”等账户。企业取得的收入最终会导致所有者权益发生变化，收入的增加可视同所有者权益的增加，因此，收入类账户的结构与负债及所有者权益类账户的结构类似，其账户的贷方登记收入的增加额，借方登记收入的减少或结转额；由于贷方登记的收入增加额一般要通过借方转出，以便确定一定期间的利润，因此这类账户通常没有期末余额。该类账户的结构如图 3-11 所示。

借方	收入类账户		贷方
本期减少(或结转)额	×××	(1)本期增加额	×××
		(2)本期增加额	×××
……		……	
本期借方发生额	×××	本期贷方发生额	×××

图 3-11　收入类账户结构

2. 费用类账户的结构

费用类账户包括“主营业务成本”“管理费用”等账户。费用类账户结构的借方和贷方发生额的登记方法与资产和成本类账户的结构基本相同，即其账户的借方登记费用支出的增加额，贷方登记费用支出的减少(或结转)额；为了确定一定期间的利润，这类账户要将其借方发生额通过贷方转出，因此，该类账户通常也没有期末余额。该类账户的结构如图 3-12 所示。

借方	费用类账户		贷方
(1)本期增加额	×××	本期减少(或结转)额	×××
(2)本期增加额	×××		
……		……	
本期借方发生额	×××	本期贷方发生额	×××

图 3-12　费用类账户结构

综合以上对各类账户结构的说明，可将借贷记账法下各类账户的借方和贷方所记录的经济内容归纳为图 3-13 所示。

借方	账户名称		贷方
(1)资产的增加额 (2)成本、费用的增加额 (3)负债的减少额 (4)所有者权益的减少额 (5)收入的减少(或结转)额		(1)资产的减少额 (2)成本、费用的减少(或结转)额 (3)负债的增加额 (4)所有者权益的增加额 (5)收入的增加额	
期末余额	资产或成本余额	期末余额	负债、所有者权益余额

图 3-13 借贷记账法下各类账户结构

从上述分析不难看出，“借”“贷”作为记账符号所记录的经济内容随着账户的经济性质不同而不同，但是各类账户的期末余额应与记录该账户增加额的方向是一致的。因此，根据账户余额所在方向来判断账户的性质，是借贷记账法的一个重要特点。也就是说，账户若是借方余额，则为资产(也包括有余额的成本)类账户；账户若是贷方余额，则为负债或所有者权益类账户。

四、借贷记账法的记账规则

记账规则是指运用记账方法记录经济业务时应当遵守的规律，是记账方法本质特征的具体体现。记账规则因记账方法不同而不同。按照复式记账的原理，任何经济业务都要以相等的金额，同时在两个或两个以上相互联系的账户中进行记录。那么，在借贷记账法下，如何记录经济业务呢？

正如本教材第二章关于会计等式一节中所阐述的，在企业的生产经营过程中，每天都会发生大量的经济业务，这些经济业务虽然千差万别、错综复杂，但归纳起来不外乎四种类型，细分之下又分为九种具体情况。下面将通过举例来说明和总结出借贷记账法的记账规则。

【例 3-7】 假设华威公司在 20××年 11 月发生下列经济业务。

(1)外购原材料，但由于资金周转紧张，购料款 60 000 元尚未支付，材料已入库(假设不考虑增值税，材料采用实际成本进行日常核算)。

该项业务属于资产与负债同时增加的经济业务，应设置资产类账户的“原材料”账户和负债类账户的“应付账款”账户。同时根据借贷记账法的账户结构，记入“原材料”账户的借方及“应付账款”账户的贷方，且记入借方的金额应与记入贷方的金额相等。用 T 形账户表示，如图 3-14 所示。

借方	应付账款 贷方		借方	原材料 贷方
	(1) 60 000	←→	(1) 60 000	

图 3-14 账户记录示意图(1)

(2)收到投资者追加投入的资本 200 000 元，手续已办妥，款项已存入银行(假设全部为实收资本)。

该项业务属于资产与所有者权益同时增加的经济业务，应设置资产类账户的“银行存款”账户和所有者权益类账户的“实收资本”账户。同时根据借贷记账法的账户结构，记入“银行存款”账户的借方及“实收资本”账户的贷方，且记入借方的金额应与记入贷方的金额相等。用 T 形账户表示，如图 3-15 所示。

借方	实收资本	贷方	借方	银行存款	贷方
		(2) 200 000 ←→	(2) 200 000		

图 3-15　账户记录示意图(2)

(3)以银行存款归还于本月到期的银行短期借款 50 000 元。

该项业务属于资产与负债同时减少的经济业务，应设置资产类账户的“银行存款”账户和负债类账户的“短期借款”账户。同时根据借贷记账法的账户结构，记入“银行存款”账户的贷方及“短期借款”账户的借方，且记入借方的金额应与记入贷方的金额相等。用 T 形账户表示，如图 3-16 所示。

借方	银行存款	贷方	借方	短期借款	贷方
		(3) 50 000 ←→	(3) 50 000		

图 3-16　账户记录示意图(3)

(4)经批准减少资本 100 000 元，以银行存款退还投资者。

该项业务属于资产与所有者权益同时减少的经济业务，应设置资产类账户的“银行存款”账户和所有者权益类账户的“实收资本”账户。同时根据借贷记账法的账户结构，记入“银行存款”账户的贷方及“实收资本”账户的借方，且记入借方的金额应与记入贷方的金额相等。用 T 形账户表示，如图 3-17 所示。

借方	银行存款	贷方	借方	实收资本	贷方
		(4) 100 000 ←→	(4) 100 000		

图 3-17　账户记录示意图(4)

(5)公司以银行存款 30 000 元购入设备一台。

该项业务属于资产内部有增有减的经济业务，应设置同属于资产类账户的“银行存款”账户和“固定资产”账户。同时根据借贷记账法的账户结构，记入“银行存款”账户的贷方及“固定资产”账户的借方，且记入借方的金额应与记入贷方的金额相等。用 T 形账户表示，如图 3-18 所示。

借方	银行存款	贷方	借方	固定资产	贷方
		(5) 30 000 ←→	(5) 30 000		

图 3-18　账户记录示意图(5)

(6)向银行申请取得短期借款 60 000 元,直接偿还前欠的购料款。

该项业务属于负债内部有增有减的经济业务,应设置同属于负债类账户的“短期借款”账户和“应付账款”账户。同时根据借贷记账法的账户结构,记入“短期借款”账户的贷方及“应付账款”账户的借方,且记入借方的金额应与记入贷方的金额相等。用 T 形账户表示,如图 3-19 所示。

借方 短期借款	贷方	↔	借方 应付账款	贷方
	(6) 60 000	↔	(6) 60 000	

图 3-19　账户记录示意图(6)

(7)按法定程序将资本公积 60 000 元转增资本金。

该项业务属于所有者权益内部有增有减的经济业务,应设置同属于所有者权益类账户的“实收资本”账户和“资本公积”账户。同时根据借贷记账法的账户结构,记入“实收资本”账户的贷方及“资本公积”账户的借方,且记入借方的金额应与记入贷方的金额相等。用 T 形账户表示,如图 3-20 所示。

借方 实收资本	贷方	↔	借方 资本公积	贷方
	(7) 60 000	↔	(7) 60 000	

图 3-20　账户记录示意图(7)

(8)按法定程序将应支付给投资者的利润 20 000 元转增资本金。

该项业务属于负债与所有者权益之间增减变化的经济业务,应设置负债类账户的“应付利润”账户和所有者权益类账户的“实收资本”账户。同时根据借贷记账法的账户结构,记入“应付利润”账户的借方及“实收资本”账户的贷方,且记入借方的金额应与记入贷方的金额相等。用 T 形账户表示,如图 3-21 所示。

借方 实收资本	贷方	↔	借方 应付利润	贷方
	(8) 20 000	↔	(8) 20 000	

图 3-21　账户记录示意图(8)

(9)与新欣公司的联营合同到期,应向其归还投资款 80 000 元,但款项尚未支付。

该项业务属于负债与所有者权益之间增减变化的经济业务,应设置负债类账户的“其他应付款”账户和所有者权益类账户的“实收资本”账户。同时根据借贷记账法的账户结构,记入“其他应付款”账户的贷方及“实收资本”账户的借方,且记入借方的金额应与记入贷方的金额相等。用 T 形账户表示,如图 3-22 所示。

借方	其他应付款	贷方	借方	实收资本	贷方
		(9) 80 000 ←	→ (9) 80 000		

图 3-22 账户记录示意图(9)

(10)以库存现金 800 元购买办公用品。

该项业务属于资产与费用之间增减变化的经济业务,应设置资产类账户的“库存现金”账户和费用类账户的“管理费用”账户。同时根据借贷记账法的账户结构,记入“库存现金”账户的贷方及“管理费用”账户的借方。用 T 形账户表示,如图 3-23 所示。

借方	库存现金	贷方	借方	管理费用	贷方
		(10) 800 ←	→ (10) 800		

图 3-23 账户记录示意图(10)

(11)销售产品一批,取得销售收入 100 000 元,货款尚未收到(假设不考虑增值税)。

该项业务属于资产与收入同时增加的经济业务,应设置资产类账户的“应收账款”账户和收入类账户的“主营业务收入”账户。同时根据借贷记账法的账户结构,记入“应收账款”账户的借方及“主营业务收入”账户的贷方。用 T 形账户表示,如图 3-24 所示。

借方	主营业务收入	贷方	借方	应收账款	贷方
		(11) 100 000 ←	→ (11) 100 000		

图 3-24 账户记录示意图(11)

(12)向某供应商销售产品一批,价值 150 000 元,全部款项用于抵偿应付的材料款(假设不考虑增值税)。

该项业务属于负债与收入之间增减变化的经济业务,应设置负债类账户的“应付账款”账户和收入类账户的“主营业务收入”账户。同时根据借贷记账法的账户结构,记入“应付账款”账户的借方及“主营业务收入”账户的贷方。用 T 形账户表示,如图 3-25 所示。

借方	主营业务收入	贷方	借方	应付账款	贷方
		(12) 150 000 ←	→ (12) 150 000		

图 3-25 账户记录示意图(12)

(13)本月应付水电费 1 000 元(行政管理部门用),款项尚未支付。

该项业务属于负债与费用同时增加的经济业务,应设置负债类账户的“其他应付款”账户和费用类账户的“管理费用”账户。同时根据借贷记账法的账户结构,记入“管理费用”账户的借方及“其他应付款”账户的贷方。用 T 形账户表示,如图 3-26 所示。

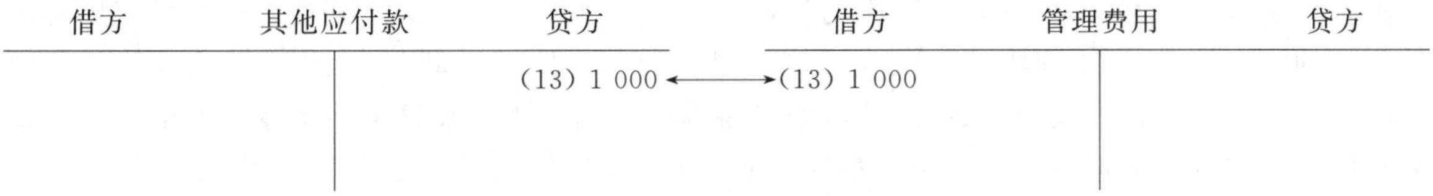

图 3-26　账户记录示意图(13)

(14)将上述管理费用 1 800 元(本例中第(10)和第(13)笔业务中管理费用之和)转入本年利润。

该项业务属于所有者权益与费用同时减少的经济业务,应设置费用类账户的“管理费用”账户和所有者权益类账户的“本年利润”账户。同时根据借贷记账法的账户结构,记入“管理费用”账户的贷方及“本年利润”账户的借方。用 T 形账户表示,如图 3-27 所示。

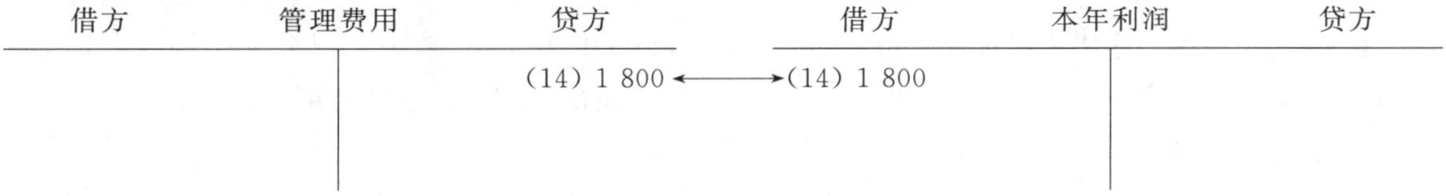

图 3-27　账户记录示意图(14)

从以上例 3-7 中可以观察得到:无论哪种类型的经济业务,每一项经济业务发生之后,运用借贷记账法进行账务处理时,都必须是在记入某一个账户借方的同时记入另一个账户的贷方,而且记入借方与记入贷方的金额总是相等的。因此,我们可以总结归纳出借贷记账法的记账规则是:“有借必有贷,借贷必相等”。

五、账户对应关系和会计分录

(一)账户对应关系

账户对应关系是指企业发生经济业务所引起的账户之间的应借应贷关系。根据借贷记账法“有借必有贷,借贷必相等”的记账规则,记录发生的经济业务,必须在不同账户上分别登记借方和贷方。一笔经济业务不能同时在涉及的所有账户中全部登记在借方或全部登记在贷方,而是既要登记在反映经济业务内容的相关账户的借方,同时又要登记在与之相关联的账户的贷方。这种运用借贷记账法的记账规则,在账户中登记所发生的每一笔经济业务后,在有关账户之间形成的应借应贷的相互关系,即称为账户对应关系。存在着对应关系的账户,叫作对应账户。账户的对应关系既反映了记账时账户之间的相互联系,同时也反映了经济业务的发生引起资金运动的来龙去脉。

一笔经济业务所产生的账户对应关系是固定的,其正确与否应以会计准则和账户的核算内容为依据进行判断,因企业会计准则和账户的核算内容反映了会计信息使用者的要求,也可以说是以会计信息使用者的要求来判断。如果账户对应关系错误,就不能反映经济业务的实质,或者有可能隐藏着违纪违法行为。

例如,企业销售商品获得销售收入 10 000 元存入银行,对于该笔经济业务,根据企业会计准则和账户核算内容,本应借记“银行存款 10 000 元”,贷记“主营业务收入 10 000 元”。如果将发生的这笔经济业务记录为借记“银行存款 10 000 元”,贷记“库存商品 10 000 元”,这样就没有反映企业销售商品经济业务的实质，因为贷记"主营业务收入"的目的是满足会计信息使用者了解收入的实现情况，期末应将该项收入反映在利润表中；同时，如果不贷记"主营业务收入"，也就不能依据其计算相关税金，从而隐藏着偷逃税款的行为。因此在这笔经济业务的记录中，"银行存款"与"主营业务收入"之间的关系就是正确的账户对应关系，它们之间即为正确的对应账户。

不同的经济业务具有不同的账户对应关系，不同的账户之间可以有对应关系，也可能没有对应关系。只有正确确定对应账户，才能如实反映经济业务的内容。通过分析账户的对应关系，一方面有助于了解经济业务的内容，另一方面还可以检验经济业务的发生是否符合有关的会计法规。

(二)会计分录

账户对应关系对于会计核算工作具有重要的意义，在实际工作中，经济业务一般比较复杂，为了提高工作效率，同时又保证账户记录的正确性，在采用借贷记账法登记某项经济业务时，应先通过编制会计分录来确定其所涉及的账户及其对应关系，然后据以登记账户。

1.会计分录的定义

会计分录(简称分录)是指根据经济业务发生或完成情况，在登记入账前确定所涉及的账户的名称、登记入账的方向和金额的一种记录。它是会计语言的表达方式。编制会计分录是会计工作的初始阶段，是编制记账凭证的主要内容。在借贷记账法下，一笔完整的会计分录主要包括以下三个要素：借贷记账方向、账户的名称和所记金额。

2.会计分录的格式

会计分录应按照如下规定的格式编制：

借：××××(账户名称)　　　　××××(金额)

　贷：××××(账户名称)　　　　××××(金额)

书写会计分录时应注意规范要求：①在确定了应借记和贷记的账户后，编写时应先写借后写贷，借方记录在上，贷方记录在下。②借方与贷方必须错开一个字符，不能齐头并进。当借方或贷方涉及多个账户时，应先将所有借方各占一行，上下对齐，记录完毕后，再向下向右退一格或两格，记录贷方，所有贷方各占一行，上下对齐。③借方金额与贷方金额的书写也必须错开位置，不可上下对齐，也不可以写在同一行，但每一账户与其对应的金额必须在同一行。

3.会计分录的编制步骤

编制会计分录是一项技术性较强的工作，一般应按以下步骤进行：

第一，根据发生的经济业务设置相应的会计账户并判断其性质；

第二，确定该项经济业务所涉及账户的金额是增加还是减少；

第三，根据账户的结构类型，确定各账户应记录的方向是借方还是贷方及其金额；

第四，按照会计分录书写格式要求编制会计分录；

第五，根据"有借必有贷，借贷必相等"的记账规则，检查会计分录中的应借、应贷账户是否正确，借贷双方金额是否相等。

4.会计分录编制应用举例

【例 3-8】 现将例 3-7 中的华威公司在 20××年 11 月发生的各笔经济业务用会计分录分别记录如下：

(1)借:原材料	60 000	
贷:应付账款		60 000
(2)借:银行存款	200 000	
贷:实收资本		200 000
(3)借:短期借款	50 000	
贷:银行存款		50 000
(4)借:实收资本	100 000	
贷:银行存款		100 000
(5)借:固定资产	30 000	
贷:银行存款		30 000
(6)借:应付账款	60 000	
贷:短期借款		60 000
(7)借:资本公积	60 000	
贷:实收资本		60 000
(8)借:应付利润	20 000	
贷:实收资本		20 000
(9)借:实收资本	80 000	
贷:其他应付款		80 000
(10)借:管理费用	800	
贷:库存现金		800
(11)借:应收账款	100 000	
贷:主营业务收入		100 000
(12)借:应付账款	150 000	
贷:主营业务收入		150 000
(13)借:管理费用	1 000	
贷:其他应付款		1 000
(14)借:本年利润	1 800	
贷:管理费用		1 800

另外,会计分录有简单会计分录和复合会计分录之分。如果某项经济业务只涉及一个账户的借方与另一个账户的贷方相对应,这种会计分录称为简单会计分录。以上例 3-8 中每笔会计分录,都只有一"借"一"贷",故均属于简单会计分录。如果某项经济业务涉及一个账户的借方与多个账户的贷方相对应或多个账户的借方与一个账户的贷方相对应,这种会计分录称为复合会计分录。

在实际工作中,不允许将多项经济业务合并编制为复合会计分录,但若是一项经济业务时可编制复合会计分录。复合会计分录,实际上是由几个简单会计分录组成的,因而必要时也可将其分解为若干个简单会计分录。编制复合会计分录,既可以简化记账手续,又能集中反映某项经济业务的全面情况。现举例说明如下:

【例 3-9】 某公司购入原材料一批,共计应支付 100 000 元,其中以银行存款支付 58 000 元,其余款项尚未支付(假设不考虑增值税),原材料已入库。

该项业务涉及资产类账户的“原材料”账户、“银行存款”账户及负债类账户的“应付账款”账户，可编制复合会计分录如下：

借：原材料　　　　　　　　　　　　100 000
　　贷：银行存款　　　　　　　　　　　　58 000
　　　　应付账款　　　　　　　　　　　　42 000

将上述复合会计分录分解可得如下两笔简单会计分录：

(1)借：原材料　　　　　　　　　　58 000
　　　　贷：银行存款　　　　　　　　　58 000

(2)借：原材料　　　　　　　　　　42 000
　　　　贷：应付账款　　　　　　　　　42 000

应该指出的是，为了使账户对应关系一目了然，在借贷记账法下，一般编制一借一贷、一借多贷或一贷多借的会计分录，而不提倡编制多借多贷的会计分录。这是因为，多借多贷的会计分录容易使账户之间的对应关系模糊不清，难以据此分析经济业务的实际情况。

六、借贷记账法的试算平衡

根据上述分析可知，在采用借贷记账法时，对任何经济业务都是按照“有借必有贷，借贷必相等”的记账规则记入各有关账户的，所以不仅每一笔会计分录借贷发生额相等，而且当一定会计期间的全部经济业务都记入相关账户后，全部账户的借方发生额合计数必然等于其贷方发生额合计数；同时，期末结账后，全部账户借方余额合计数也必然等于其贷方余额合计数。这就形成了账户之间的一系列平衡关系，因此，可对所有账户借贷两方本期发生额和余额进行试算，如果借贷两方金额相等，则可以认为账户记录基本正确；如果借贷两方金额不相等，则表明账户记录或计算肯定有错误，这就是借贷记账法下的试算平衡。

所谓试算平衡就是指根据资产与权益的恒等关系及借贷记账法的记账规则，通过对所有账户的发生额和余额进行汇总计算和比较，检查账户记录是否正确的一种验证方法。试算平衡工作一般是在月末结出各个账户的本月发生额和月末余额后，通过编制总分类账户发生额试算平衡表和总分类账户余额试算平衡表来进行的。

(一)发生额试算平衡

账户的发生额试算平衡是根据本期所有账户借方发生额合计与贷方发生额合计的恒等关系，来检验本期账户发生额记录是否正确的方法。其理论依据是借贷记账法“有借必有贷，借贷必相等”的记账规则。发生额试算平衡公式可表示为：

全部账户本期借方发生额合计＝全部账户本期贷方发生额合计　　(3-7)

【例 3-10】 下面以本章例 3-8 编制的第(1)～(9)笔会计分录为例，来说明发生额试算平衡方法。

首先，根据华威公司 20××年 11 月份的期初余额(资料来源：第二章例 2-1)及 11 月份发生的第(1)～(9)笔经济业务编制的会计分录(资料来源：本章例 3-8)分别登记 T 形账户，并结算出各账户的期末余额，如图 3-28 所示。

银行存款

借方		贷方	
期初余额	50 000		
	(2)200 000		(3)50 000
			(4)100 000
			(5)30 000
本期借方发生额	200 000	本期贷方发生额	180 000
期末余额	70 000		

应收账款

借方		贷方	
期初余额	80 000		
本期借方发生额	0	本期贷方发生额	0
期末余额	80 000		

原材料

借方		贷方	
期初余额	80 000		
	(1)60 000		
本期借方发生额	60 000	本期贷方发生额	0
期末余额	140 000		

固定资产

借方		贷方	
期初余额	250 000		
	(5)30 000		
本期借方发生额	30 000	本期贷方发生额	0
期末余额	280 000		

无形资产

借方		贷方	
期初余额	60 000		
本期借方发生额	0	本期贷方发生额	0
期末余额	60 000		

应付利润

借方		贷方	
		期初余额	40 000
	(8)20 000		
本期借方发生额	20 000	本期贷方发生额	0
		期末余额	20 000

应付账款

借方		贷方	
		期初余额	100 000
	(6)60 000		(1)60 000
本期借方发生额	60 000	本期贷方发生额	60 000
		期末余额	100 000

短期借款

借方		贷方	
		期初余额	100 000
	(3)50 000		(6)60 000
本期借方发生额	50 000	本期贷方发生额	60 000
		期末余额	110 000

其他应付款

借方		贷方	
		期初余额	0
			(9)80 000
本期借方发生额	0	本期贷方发生额	80 000
		期末余额	80 000

资本公积

借方		贷方	
		期初余额	80 000
	(7)60 000		
本期借方发生额	60 000	本期贷方发生额	0
		期末余额	20 000

实收资本

借方		贷方	
		期初余额	200 000
	(4)100 000		(2)200 000
	(9)80 000		(7)60 000
			(8)20 000
本期借方发生额	180 000	本期贷方发生额	280 000
		期末余额	300 000

图 3-28　登记 T 形账户

然后，将以上各T形账户中汇总的各账户的本期借方发生额和本期贷方发生额分别登记到“总分类账户发生额试算平衡表”中的相应项目中，编制总分类账户发生额试算平衡表，如表3-5所示。

表3-5　总分类账户发生额试算平衡表　　单位：元

账户名称	本期发生额	
	借方	贷方
银行存款	200 000	180 000
原材料	60 000	
固定资产	30 000	
短期借款	50 000	60 000
应付账款	60 000	60 000
其他应付款		80 000
应付利润	20 000	
实收资本	180 000	280 000
资本公积	60 000	
合计	660 000	660 000

(二)余额试算平衡

账户的余额试算平衡是根据本期所有账户借方余额合计数与贷方余额合计数的恒等关系，来检验本期记录是否正确的方法。这是由“资产＝负债＋所有者权益”的恒等关系决定的。余额试算平衡又可分为期初余额平衡与期末余额平衡两类，用公式表示如下：

全部账户的借方期初余额合计＝全部账户的贷方期初余额合计　　(3-8)

全部账户的借方期末余额合计＝全部账户的贷方期末余额合计　　(3-9)

【例3-11】 根据例3-10登记的各T形账户的资料，编制华威公司20××年11月份的总分类账户期末余额试算平衡表，如表3-6所示。

表3-6　总分类账户期末余额试算平衡表　　单位：元

账户名称	借方余额	贷方余额
银行存款	70 000	
应收账款	80 000	
原材料	140 000	
固定资产	280 000	
无形资产	60 000	
短期借款		110 000
应付账款		100 000
其他应付款		80 000
应付利润		20 000
实收资本		300 000
资本公积		20 000
合计	630 000	630 000

在实际工作中，为了方便起见，还可将总分类账户发生额试算平衡表和总分类账户期末余额试算平衡表合并在一起，并结合各账户的期初余额数，编制总分类账户发生额及余额试算平衡表（见表3-7）。这样，在一张表上既可进行总分类账户借贷发生额平衡的试算，又能进行总分类账户借贷余额平衡的试算。

表3-7　总分类账户发生额及余额试算平衡表　　单位：元

账户名称	期初余额		本期发生额		期末余额	
	借方	贷方	借方	贷方	借方	贷方
银行存款	50 000		200 000	180 000	70 000	
应收账款	80 000				80 000	
原材料	80 000		60 000		140 000	
固定资产	250 000		30 000		280 000	
无形资产	60 000				60 000	
短期借款		100 000	50 000	60 000		110 000
应付账款		100 000	60 000	60 000		100 000
其他应付款				80 000		80 000
应付利润		40 000	20 000			20 000
实收资本		200 000	180 000	280 000		300 000
资本公积		80 000	60 000			20 000
合计	520 000	520 000	660 000	660 000	630 000	630 000

通过编制试算平衡表，如果试算不平衡，即借方发生额（或余额）合计不等于贷方发生额（或余额）合计，则账户的记录或计算肯定有错误。但还应认识到，即使试算平衡表中借贷金额相等，也不足以说明账户记录完全没有错误。因为有些错误并不会影响借贷双方的平衡关系，如一项经济业务在有关账户中全部重记或全部漏记或多记、少记，且金额一致，这样在试算平衡时仍会保持借贷平衡关系；又如，某项经济业务记录的应借、应贷账户相互颠倒，这样也能在试算平衡时保持借贷平衡关系。因此，根据试算平衡的结果，只能确认账户记录是否基本正确。也就是说只要账务处理是正确的，试算一定是平衡的，但不能反过来说，试算是平衡的，账务处理就一定是正确的。尽管这样，试算平衡仍然是会计人员每期期末用来检验总分类账户本期发生额及余额是否正确的常用方法。

本章小结

会计科目是对会计要素进行分类所形成的具体项目，每一个会计科目都明确地反映一定的经济内容。会计科目是设置账户的依据。会计科目是通过会计制度规定的。

账户是根据会计科目开设的，具有一定格式和结构，用来分类、连续地记录和反映会计要素增减变动情况及其结果的载体。设置账户是会计的又一核算方法。会计科目和账户是两个不同的概念，二者既有联系又有区别。

所谓记账方法，是指按照一定的规则，使用特定的记账符号，在账户中登记各项经济业务的技术方法。记账方法有单式记账法和复式记账法。复式记账法是指对发生的每一笔经济业务，都要用相等的金额，在两个或两个以上相互联系的账户中同时登记的一种记账方法，即对于发生的每一笔经济业务都要以相等的金额在其相关联的账户中做双重记录。根据有关制度规定，我国的企业、事业等单位一律采用借贷记账法。

借贷记账法是以“借”和“贷”两字作为记账符号，对每项经济业务都以相等的金额在两个或两个以上相关账户中进行记录的一种复式记账方法。借贷记账法下各类账户有其相应的账户结构，借贷记账法的记账规则是：有借必有贷，借贷必相等。

在借贷记账法下，一笔业务所涉及的几个账户之间必然存在着某种相互依存的对应关系，这种关系称为账户对应关系。我们可通过编制会计分录来反映这种对应关系，然后据以登记账户。在借贷记账法下可对所有账户借贷两方本期发生额和余额进行试算平衡，如果借贷两方金额相等，则可以认为账户记录基本正确；如果借贷两方金额不相等，则表明账户记录或计算肯定发生错误。

关键概念

会计科目　会计科目的分类　账户　账户结构　记账方法　复式记账
借贷记账法　记账符号　记账规则　会计分录　账户对应关系
对应账户　试算平衡

思考与讨论

1. 什么是会计科目？对会计科目应当如何进行分类？
2. 什么是账户？为什么设置了会计科目后还要开设账户？
3. 什么是账户结构？简述账户结构的内容。
4. 什么是复式记账法？复式记账法的理论依据是什么？
5. 什么是借贷记账法？借贷记账法下的各类账户结构是怎样的？
6. 举例说明借贷记账法的记账规则。
7. 什么是账户的对应关系及对应账户？
8. 简述借贷记账法下编制会计分录的规范要求及步骤。
9. 借贷记账法有哪些平衡关系？如何进行试算平衡？

练习题

一、单项选择题

1. 对会计要素的具体内容进行会计分类核算的项目是（　　）。

A. 会计科目　B. 账簿名称　C. 会计对象　D. 会计本质

2. 按反映的经济内容分类，制造费用属于（　　）科目。

A. 资产类　B. 负债类　C. 损益类　D. 成本类

3. 复式记账法是指每一项经济业务发生，都要在（　　）相互关联的账户，以相同的金额同时进行登记。

A. 一个　B. 两个　C. 两个以上　D. 两个或两个以上

4. 下列各项中，（　　）不仅应有明确的核算内容，而且还应当具备一定的格式和结构。

A. 会计科目　B. 会计账户
C. 会计对象　D. 会计要素

5. 会计科目按其所提供信息的详细程度及其统驭关系不同，分为（　　）。

A. 一级科目和二级科目　B. 一级科目和明细科目
C. 总账科目和二级科目　D. 二级科目和三级科目

6. 在借贷记账法下，下列说法正确的是（　　）。

A. 资产增加记借方，负债和所有者权益减少记贷方

B. 资产增加记借方，负债和所有者权益增加记贷方

C. 资产减少记借方，负债和所有者权益增加记贷方

D. 资产减少记贷方，负债和所有者权益增加记借方

7. 下列会计科目中，不属于所有者权益类科目的是（　　）。

A. 投资收益　　B. 盈余公积　　C. 实收资本　　D. 资本公积

8.“应付账款”账户期初贷方余额为1 000元，本期贷方发生额为5 000元，本期贷方余额为2 000元，该账户借方发生额为（　　）。

A. 4 000元　　B. 3 000元　　C. 2 000元　　D. 1 000元

9. 在借贷记账法下，将账户划分为借贷两方，哪一方记增加额，哪一方记减少额，是根据（　　）。

A. 凡借方都记增加额，贷方都记减少额

B. 账户的性质决定

C. 记账方法决定

D. 核算方法决定

10. 余额试算平衡的直接依据是（　　）。

A. 借贷记账法的记账规则　　B. 资产＝负债＋所有者权益

C. 账户的结构　　D. 账户对应关系

二、多项选择题

1. 会计科目按反映的经济内容可分为（　　）科目。

A. 资产类　　B. 负债类

C. 所有者权益类　　D. 成本、损益类

2. 会计科目与会计账户的一致性表现在（　　）。

A. 两者名称一致　　B. 两者结构一致

C. 两者反映的经济内容一致　　D. 会计科目是设置账户的依据

3. 每一个账户都有（　　）。

A. 期初余额　　B. 期末余额

C. 本期增加发生额　　D. 本期减少发生额

4. 下列属于所有者权益的账户有（　　）。

A. 管理费用　　B. 本年利润　　C. 无形资产　　D. 盈余公积

5. 下列各项中，关于会计分录的表述正确的有（　　）。

A. 一笔会计分录主要包括三个要素，即会计科目、记账符号和金额

B. 根据账户对应关系的不同情况，会计分录可以分为简单会计分录和复合会计分录

C. 存在对应关系的账户被称为总分类账户与明细分类账户

D. 不能将两项或两项以上不同类型的经济业务合在一起编制复合会计分录

6. 根据借贷记账法的账户结构，账户贷方登记的内容有（　　）。

A. 收入的增加　　B. 所有者权益的增加

C. 费用的减少　　D. 负债的增加

7. 下列错误中，能够通过试算平衡发现的有（　　）。

A. 一项经济业务被漏记了贷方金额

B. 应借应贷科目的方向颠倒

C. 借方多记了金额

D. 借贷双方同时多记了金额

8. 下列会计科目中，属于资产类科目的有(　　)。

A. 预收账款　　B. 预付账款　　C. 原材料　　D. 短期借款

9. 下列各项中，关于复式记账法的说法正确的有(　　)。

A. 以资产与权益平衡关系作为记账基础

B. 不能够全面反映经济业务内容和资金运动的来龙去脉

C. 对于发生的每一项经济业务，都要在两个账户中登记

D. 能够进行试算平衡，便于查账和对账

10. 损益类账户一般具有以下特点(　　)。

A. 费用类账户的增加额记借方

B. 收入类账户的减少额记借方

C. 期末一般无余额

D. 该类账户一般没有明细账户

三、判断题

1. 账户的功能在于连续、系统、完整地提供企业经济活动中各会计科目增减变动及其结果的具体信息。(　　)

2. 企业只能使用国家统一的会计制度规定的会计科目，不得自行增减或合并。(　　)

3. 会计科目和会计账户口径一致，性质相同，都具有一定的格式和结构，所以在实际工作中，对会计科目和账户不加以严格区分。(　　)

4. 实际工作中，具体会计科目的设置与会计要素的分类相同，分为资产、负债、所有者权益、收入、费用、利润六大类。(　　)

5. 明细科目是对总分类科目的进一步分类，能提供更详细的会计信息。(　　)

6. 会计期末凡是没有余额的账户均为损益类账户。(　　)

7. 资产类账户的余额一般在借方，权益类账户的余额一般在贷方。(　　)

8. 通过试算平衡检查账簿记录后，如果左右平衡就可以确定账簿记录完全正确。(　　)

9. 在发生经济业务时，单式记账法只在一个账户中登记，复式记账法则在两个账户中登记。(　　)

10. 生产成本及主营业务成本都属于成本类科目。(　　)

四、业务题

(一)目的：熟悉会计科目按提供指标详细程度的分类。

1. 资料：某制造业企业现用部分会计科目、子目和细目如下：

(1)原材料　　(2)短期借款　　(3)B 产品生产成本

(4)应收乙公司货款　　(5)原料及主要材料　　(6)辅助材料

(7)应付丙工厂货款　　(8)应付账款　　(9)临时借款

(10)固定资产　　(11)甲材料　　(12)乙材料

(13)生产成本　　(14)基本生产成本　　(15)润滑油

(16)交通运输工具　　(17)生产用厂房　　(18)生产用固定资产设备

(19)A 产品生产成本　　(20)机器设备　　(21)应收账款

(22)辅助生产成本　　(23)应收甲公司货款　　(24)应付丁公司货款

2. 要求：分析以上会计科目中哪些属于一级科目，哪些属于二级科目，哪些属于三级科目，将其分别列示于表 3-8 中，列示方法如表 3-8 中举例。

表 3-8 会计科目分类

一级总账科目	二级子目	三级细目
原材料	原料及主要材料	甲材料 乙材料
……	……	……

（二）目的：熟悉借贷记账法下的账户结构。

1. 资料：如图 3-29 所示。

2. 要求：分析计算填列图 3-29 中各 T 形账户中括号里应填列的数据。

（1）

借方　　原材料　　贷方

期初余额	258 000		
本期增加额	70 000	本期减少额	185 000
本期发生额	(　　)	本期发生额	(　　)
期末余额	(　　)		

（2）

借方　　应付账款　　贷方

		期初余额	120 000
本期减少额	92 000	本期增加额	78 000
本期发生额	(　　)	本期发生额	(　　)
		期末余额	(　　)

（3）

借方　　盈余公积　　贷方

		期初余额	(　　)
本期减少额	50 000	本期增加额	60 000
本期发生额	50 000	本期发生额	60 000
		期末余额	225 000

（4）

借方　　长期借款　　贷方

		期初余额	150 000
本期减少额	(　　)	本期增加额	30 000
本期发生额	(　　)	本期发生额	30 000
		期末余额	25 200

（5）

借方　　生产成本　　贷方

期初余额	320 000		
本期增加额	(　　)	本期减少额	285 000
本期发生额	(　　)	本期发生额	285 000
期末余额	255 000		

图 3-29 填列 T 形账户中的数据

(三)目的:练习借贷记账法下的会计分录及试算平衡表的编制。

资料:

1.美林公司20××年3月初会计科目的余额如表3-9所示。

表3-9 美林公司期初余额

20××年3月1日　　单位:元

会计科目	借方余额	贷方余额
银行存款	30 000	
应收账款	50 000	
原材料	40 000	
短期借款		40 000
应付账款		30 000
实收资本		50 000
合计	120 000	120 000

2.3月份发生如下业务:

(1)收回应收账款40 000元并存入银行。

(2)用银行存款20 000元购入原材料,原材料已验收入库(假定不考虑增值税,材料用实际成本进行日常核算)。

(3)用银行存款偿还短期借款30 000元。

(4)从银行借入短期借款10 000元直接用于偿还应付账款。

(5)收到投资方的投资款50 000元并存入银行(假定全部为实收资本)。

(6)购入原材料,货款30 000元尚未支付,原材料已验收入库(假定不考虑增值税,材料用实际成本进行日常核算)。

要求:

(1)根据该公司3月份发生的经济业务编制相关会计分录。

(2)开设T形账户,登记各账户的期初余额和上述各项业务。

(3)编制美林公司3月31日的本期发生额及期末余额试算平衡表。

第四章

制造业企业主要经济业务的核算

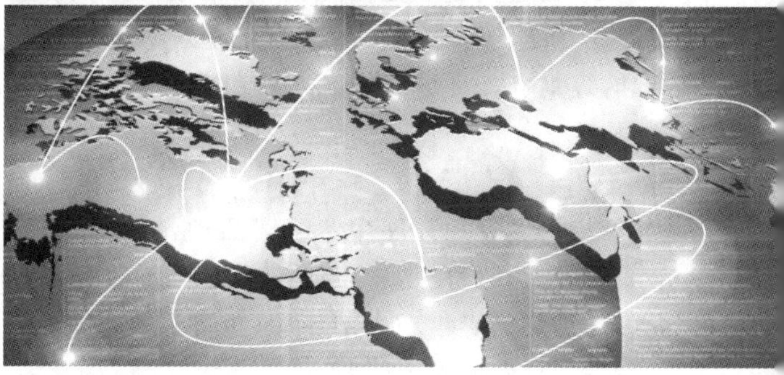

KUAIJIXUE YUANLI

学习目的

本章主要介绍借贷记账法在制造业企业主要经济业务核算中的运用，目的是使学生通过对本章内容的学习，了解制造业企业资金筹集、供应过程、生产过程、销售过程及利润的形成与分配等主要经济业务的内容，明确制造业企业资金周转各环节应设置的会计账户的核算内容、性质、账户结构和应设置的明细账，掌握制造业企业资金周转各环节主要经济业务会计处理的方法，以达到能熟练运用借贷记账法的学习目的。

第一节 制造业企业主要经济业务概述

制造业企业也称工业加工制造企业，是主要通过生产并销售市场需要的产品，以赚取利润的经济组织。因此，制造业企业的主要经济业务就是产品的生产经营过程，其基本业务内容包括筹集资金、供应过程、生产过程、销售过程以及利润的形成与分配。

一、筹集资金

企业要想开展生产经营活动，就必须拥有生产经营活动所必需的资金，有资金才能购买固定资产和原材料，支付职工工资和各种费用，才能维持企业的持续运营。企业资金主要有两个来源：外部筹集和内部积累(也即留存收益)。企业筹集资金的渠道也有两个：一是向投资人筹集，二是向债权人借款。

二、生产制造

(一)供应过程

制造业企业要进行生产经营活动，必须首先要有厂房、设备和各种材料物资等生产资料。由于厂房、设备等生产资料的购建主要是通过基本建设完成的，因此，供应过程主要是采购和储存生产经营所需的各种材料物资，为生产经营活动的正常进行做好准备工作，但零星的设备购置应该说也是供应过程的一部分。在供应过程中，企业的资金由货币形式转化为材料储备资金形式。

(二)生产过程

制造业企业的生产过程是工人操作机器设备将原材料加工成产成品的过程，也就是从领用材料到产品完工入库的过程。在这个过程中，要消耗材料物资，要耗费工人和管理人员的劳动，从而要支付工资及其他费用，要发生房屋、机器设备等资产的磨损，这些形成了制造业企业的生产费用。在生产过程中，企业的材料储备资金、货币资金及有关财产资金首先转化为在产品资金，然后由在产品资金转化为产成品资金形式。

(三)销售过程

销售过程是将产品销售出去，取得销售收入的过程。销售过程使企业的资金从产成品资金形式转化为货币资金形式，又回到了生产经营过程的起点，使生产经营完成了一次循环。

在企业的产品制造过程中，供应过程、生产过程和销售过程永不间断地交替进行着，而且经常并存。在这个过程中，企业资金从货币资金形式开始依次经过供应、生产、销售三个阶段，分别转化为原材料资金、在产品资金、产成品资金，最后又回到货币资金形式。这种周而复始的资金循环，会计上称之为“资金周转”。

三、利润形成与分配

企业利润是指企业在一定会计期间进行了生产经营活动与其他活动所取得的收入超过其所发生的费用的差额，如果收入不足以弥补费用则发生亏损。利润或亏损称为企业的财务成果，因为这是企业进行理财活动的最终成果。按照有关财经法规的规定，企业实现净利润后，按照法定程序应将净利润在企业与投资者之间分配，一部分留归企业形成留存收益(包括盈余公积和未分配利润)，作为企业扩大再生产的资金来源，另一部分则要向企业的所有者进行分配。

第二节　筹集资金业务的核算

一、接受投资业务的核算

(一)接受投资业务的核算内容

《中华人民共和国公司法》规定，现代企业应建立资本金制度。企业成立时，投资者必须首先按照其占企业注册资本的份额向企业投入财产物资，形成企业的资本，作为企业从事生产经营活动的基础，同时也作为企业未来向投资者分配利润的依据。投资者投入的资本在企业经营期内，除法律、法规另有规定的以外，投资人一般不能要求收回。企业扩大规模增效或收缩规模减资都要报经有关部门批准。

投资人投入的所认缴的资本金称为实收资本，在股份有限公司称为股本。投资人投入的超过其所认缴的资本金的数额，不能计入实收资本或股本，而只能作为资本溢价计入资本公积。如溢价发行股票，应当按股票面值作为股本入账，而溢价款则作为资本公积入账。

(二)接受投资业务核算的账户设置

为了核算和监督接受投资业务，应设置两个主要账户：“实收资本”账户(股份有限公司称“股本”)和“资本公积”账户。现对“实收资本”账户、“资本公积”账户以及投入资本核算要涉及的“银行存款”“固定资产”“无形资产”等账户的核算内容、性质和结构做简要介绍。

1.实收资本

(1)核算内容：核算企业接受投资者投入的资本增减变动及结余情况。

(2)性质：所有者权益类账户。

(3)结构：贷方登记实际收到的资本金，借方登记因减资退还的资本金；余额在贷方，表示实有的资本金。

(4)本账户应按投资者(股东)名册设置明细账进行明细分类核算。

2.资本公积

(1)核算内容：核算企业收到投资者出资额超出其在注册资本或股本中所占份额的部分。

(2)性质:所有者权益类账户。

(3)结构:贷方登记资本公积的增加数,借方登记资本公积的减少数;余额在贷方,表示期末资本公积的实有数。

(4)本账户应按照资本公积的来源设置"资本溢价"(或"股本溢价")、"其他资本公积"两个明细账户。

3. 银行存款

(1)核算内容:核算企业存入银行或其他金融机构的各种款项增减变动及结存情况。

(2)性质:资产类账户。

(3)结构:借方登记银行存款的增加,贷方登记银行存款的减少;余额在借方,表示银行存款实有数。

(4)本账户按开户银行和其他金融机构及存款种类分别设置"银行存款日记账"。有外币存款的业务,还应分别按人民币和各种外币设置"银行存款日记账"进行明细核算。

4. 固定资产

(1)核算内容:核算企业固定资产原价的增减变动及结存情况。固定资产的原价是指购置或建造固定资产所发生的全部支出。

固定资产在使用过程中,由于有形及无形损耗,其价值要逐渐减少,并转移到产品成本或期间费用中去,称为折旧。固定资产折旧不在本账户核算,而另设"累计折旧"账户核算。关于"累计折旧"账户,在本章第四节生产过程业务的核算部分介绍。

(2)性质:资产类账户。

(3)结构:借方登记各种来源固定资产原价的增加,贷方登记各种原因减少的固定资产的原价;余额在借方,表示企业现有固定资产的原价。

(4)本账户按固定资产的类别设置二级账,按固定资产项目设置明细账进行明细分类核算。明细账采用卡片账形式。

5. 无形资产

(1)核算内容:核算企业持有的无形资产增减变动及结余情况。

(2)性质:资产类账户。

(3)结构:借方登记无形资产的增加,贷方登记无形资产的减少;余额在借方,表示企业无形资产的成本。

(4)本账户按无形资产的项目设置明细账进行明细分类核算。

(三)接受投资业务核算举例

一般企业接受投资业务的基本会计处理如下:

借:银行存款、固定资产、无形资产等资产账户

　　贷:实收资本

本章以蓝天公司作为会计核算主体,以其20××年12月份发生的经济业务为例,说明制造业企业主要经济业务的会计核算。

【例4-1】 12月1日蓝天公司接受飞天公司货币投资200 000元。

该项经济业务的发生，使得蓝天公司的货币资金增加 200 000 元，应记入“银行存款”账户的借方；同时，公司的实收资本增加 200 000 元，应记入“实收资本”账户的贷方。该笔经济业务应编制如下会计分录：

借：银行存款　　200 000
　　贷：实收资本　　200 000

【例 4-2】 12 月 1 日蓝天公司接受康华公司投入的设备一台，双方协议投资额为 450 000 元，该设备账面价值 620 000 元，市场公允价值为 550 000 元(假设不考虑相关税费)。

该项经济业务的发生，一方面使得蓝天公司固定资产增加了 550 000 元，应记入“固定资产”账户的借方；另一方面投资者认缴的出资额使其实收资本增加了 450 000 元，应记入“实收资本”的贷方；同时，该设备的公允价值大于投资者的出资额部分使蓝天公司的资本公积增加了 100 000 元，应记入“资本公积”的贷方。该笔经济业务应编制如下会计分录：

借：固定资产　　550 000
　　贷：实收资本　　450 000
　　　　资本公积——资本溢价　　100 000

二、借入资金业务的核算

(一)借入资金业务的核算内容

企业为维持生产经营活动正常进行，除了要吸收投资者的投资以外，还经常向银行或其他金融机构借款。以借款方式筹集的资金称为负债。借款按偿还时间的长短，分为短期借款和长期借款。短期借款是指偿还期在一年以内(含一年)的借款，一般用作流动资金；长期借款是指偿还期在一年以上(不含一年)的借款，一般用作特定的项目，如购置大型设备、技术改造等。

(二)借入资金业务核算的账户设置

1. 短期借款与长期借款

为了核算和监督企业向银行或其他金融机构借入资金形成的债务，要设置“短期借款”和“长期借款”两个账户。这两个账户的性质和结构都相似，因此一并介绍如下：

(1)核算内容：核算企业短期(或长期)借款的增减变动及结余情况。

(2)性质：负债类账户。

(3)结构：贷方登记借入的款项，借方登记偿还的款项；余额在贷方，表示尚未偿还的借款。

(4)两账户都按借款种类设置明细账进行明细分类核算。

2. 应付利息

(1)核算内容：核算企业会计期末对短期借款与分期付息的长期借款和应付债券按合同计算的应付利息。对一次还本付息的长期借款和应付债券，计算的应付利息应在“长期借款”和“应付债券”下设“应计利息”明细科目进行核算。

(2)性质：负债类账户。

(3)结构：贷方登记计算应付的利息，借方登记偿还的利息；余额在贷方，表示企业应付未付的利息。

(4)本账户可按债权人进行明细核算。

3. 财务费用

为了核算借款利息费用，还要设“账务费用”账户。

(1)核算内容：核算企业为筹集生产经营活动所需资金发生的费用，包括利息支出(减利息收入)、汇兑损失(减汇兑收益)以及相关的手续费等。为购建固定资产而筹集资金所发生的借款利息，在固定资产达到预定可使用状态前发生的，可按规定计入固定资产的购建成本；在此后发生的借款利息，记入本账户。

(2)性质：费用类账户。

(3)结构：借方登记发生的利息支出、汇兑损失及相关手续费，贷方登记利息收入、汇兑收益及期末结转数；期末，本账户余额应转入“本年利润”账户，结转后本账户无余额。

(4)本账户采用多栏式账页，其借方按费用项目设置专栏。

(三)借入资金业务核算举例

【例 4-3】 蓝天公司 12 月 1 日向工商银行借入长期借款 20 000 元，期限 3 年，年利率为 5%，款项已存入银行，约定每年支付一次利息。

该项经济业务的发生，使得蓝天公司的银行存款增加 20 000 元，应记入“银行存款”账户的借方；同时，公司负债项目中的长期借款也增加 20 000 元，应记入“长期借款”账户的贷方。该笔经济业务应编制如下会计分录：

借：银行存款　　　　20 000

　　贷：长期借款　　　　20 000

【例 4-4】 12 月 31 日，蓝天公司计算本月应付工商银行的长期借款利息 1 000 元。

该项经济业务的发生，使得公司财务费用增加 1 000 元，应记入“财务费用”账户的借方；同时，应付利息增加 1 000 元，应记入“应付利息”账户的贷方。该笔经济业务应编制如下会计分录：

借：财务费用　　　　1 000

　　贷：应付利息　　　　1 000

【例 4-5】 12 月 1 日，蓝天公司以银行存款偿还工商银行已到期的短期借款 10 000 元，支付利息 600 元。

该项经济业务的发生，使得蓝天公司的短期借款减少 10 000 元，应计入“短期借款”账户的借方；使得应付利息减少 600 元，应计入“应付利息”账户的借方；同时，使得公司银行存款减少，应记入“银行存款”账户的贷方。该笔经济业务应编制如下会计分录：

借：短期借款　　　　10 000

　　应付利息　　　　600

　　贷：银行存款　　　　10 600

筹集资金业务的核算程序如图 4-1 所示。

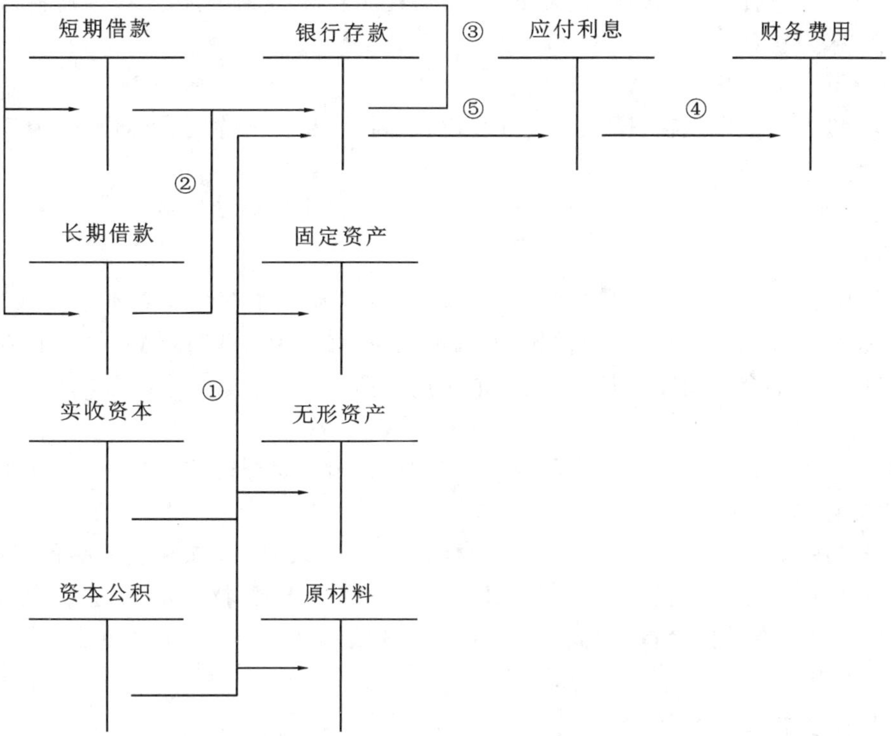

图 4-1 筹集资金业务的核算程序简图

说明：
①投入资本 ②借入长、短期借款 ③偿还长、短期借款 ④计算应付利息 ⑤支付利息

第三节 供应过程业务的核算

一、供应过程业务的核算内容

制造业企业供应过程业务的主要核算内容有：正确计算材料物资的采购成本；按照结算制度与经济合同的规定，办理与供应单位的结算工作。

材料物资采购的实际成本包括材料物资买价、途中运杂费（运输费、装卸费、保险费、包装费等）、入库前的整理挑选费、运输途中的合理损耗等。

二、供应过程业务核算的账户设置

供应过程核算需要设置两类账户：材料物资类账户和结算类账户。

（一）材料物资类账户

这一类账户主要包括“在途物资”“原材料”“周转材料”“库存商品”等。

1. 在途物资

（1）核算内容：核算企业购入尚未到达或尚未验收入库的各种材料物资的实际成本。“在途物资”账户只核算在途的各种材料、包装物、低值易耗品和商品，不包括工程用材料物资，后者应在“工程物资”账户核算。

（2）性质：资产类账户。

（3）结构：借方登记在途物资增加，贷方登记在途物资验收入库的实际成本；余额在借方，表示期末在途物资结余额。

（4）本账户可按供应单位和物资品种设置明细账进行明细分类核算。

2. 原材料

（1）核算内容：核算企业库存材料实际成本的增减变动及结存情况。本账户核算的库存材料包括各种原材料及主要材料、辅助材料、外购半成品、修理用备用件、燃料等。低值易耗品、包装物、外购商品，分别在有关账户核算，不在本账户核算。

（2）性质：资产类账户。

（3）结构：借方登记入库材料的实际成本，贷方登记出库材料的实际成本；余额在借方，表示库存材料的实际成本。

（4）本账户按原材料的保管地点（仓库）、材料类别设置二级账，按材料的品种和规格设置明细账。原材料的明细账要根据收料凭证（入库单）和发料凭证（领料单）逐笔进行登记。

“周转材料”（或者单独设置的“低值易耗品”和“包装物”）账户的性质和结构均与“原材料”账户相同，不再赘述。

（二）结算类账户

结算类账户是反映债权、债务关系的账户。供应过程核算所涉及的结算类账户主要包括“应付账款”“应付票据”“预付账款”“应交税费”等。

1. 应付账款

（1）核算内容：核算企业因购买材料、商品或接受劳务等而应付给供应单位的款项。

（2）性质：负债类账户。

（3）结构：贷方登记因购买材料、商品或接受劳务等而发生的应付未付的款项，借方登记偿付或抵付的应付款项；余额在贷方，表示尚未偿还的应付账款的结余额。

（4）本账户按供应单位设置明细账进行明细分类核算。

2. 应付票据

（1）核算内容：核算企业因购买材料、商品和接受劳务等而开出、承兑的商业汇票，包括商业承兑汇票和银行承兑汇票。

我国的商业汇票根据承兑人的不同分为商业承兑汇票和银行承兑汇票两种，其中，承兑人是购货企业的为商业承兑汇票；承兑人是购货企业的开户银行的为银行承兑汇票。我国商业汇票的付款期由双方协商确定，但最长不超过 6 个月。

（2）性质：负债类账户。

（3）结构：贷方登记开出、承兑的商业汇票，借方登记到期付款或转出的商业汇票（商业汇票到期无款支付，应转为应付账款）；余额在贷方，表示尚未到期的商业汇票。

（4）本账户应设置“应付票据备查簿”，详细登记每一应付票据的种类、号数、签发日期、到期日、票面金额、票面利率、合同交易号、收款人姓名或单位以及付款日期和金额等资料。应付票据到期结算时，应在备查簿内逐笔注销。

3. 预付账款

(1)核算内容：核算因购买材料、商品或接受劳务按合同规定预先支付给供给单位的款项。

(2)性质：资产类账户。

(3)结构：借方登记预付或补付给供应单位的款项，贷方登记所购材料、商品或接受劳务的金额及退回多预付的款项；余额在借方，表示实际预付的款项，如果出现贷方余额，则表示尚未补付的款项。

(4)本账户按供应单位设置明细账进行明细分类核算。

4. 应交税费

(1)核算内容：核算公司应交纳的各种税金，如增值税、消费税、所得税、城市维护建设税、教育费附加等。印花税、耕地占用税以及其他不需要预计应交数的税金，不在本账户核算。

(2)性质：负债类账户。

(3)结构：贷方登记应交的税费，借方登记实际交纳的税费；余额在贷方，表示应交未交的税费，如余额在借方，则表示多交或尚未抵扣的税金。

(4)本账户按税种设置明细账进行明细分类核算。

(5)关于增值税的账务处理。增值税是对在我国境内销售货物、进口货物或提供加工、修理修配等劳务的增值额所征收的一种流转税。

对于增值税一般纳税人而言，当期应纳税额等于当期销项税额减当期进项税额。销项税额是指纳税人销售货物或者提供应税劳务，按照销售额或应税劳务收入和规定的税率计算并向购买方收取的增值税税额；进项税额是指企业在购进货物或者接受应税劳务时支付的增值税税额。

企业为了核算增值税，需在“应交税费”科目下设置“应交增值税”二级科目，其一般结构是：贷方登记销项税额，借方登记进项税额和已交税金，贷方余额为欠交的增值税税额，借方余额为尚未抵扣的增值税税额。“应交增值税”采用多栏式账页，设置“进项税额”“销项税额”“已交税金”等专栏。

三、供应过程业务核算举例

【例 4-6】 蓝天公司从飞燕公司购入甲材料 200 吨，每吨 300 元，增值税税率为 13%。12 月 5 日发票账单已到，当即用银行存款支付货款及增值税，材料已由光华厂发出但尚未到达蓝天公司。

该项经济业务的发生，使蓝天公司在途物资增加 60 000 元，应记入“在途物资”账户的借方；支付的增值税税额 7 800 元，可予抵扣，应记入“应交税费——应交增值税”明细账户的借方；银行存款减少 67 800，应记入“银行存款”账户的贷方。该笔经济业务应编制如下会计分录：

借：在途物资——甲材料　　60 000

　　应交税费——应交增值税(进项税额)　　7 800

　贷：银行存款　　67 800

【例 4-7】 12 月 8 日，例 4-6 中的甲材料到达并验收入库。

验收后，该批甲材料的采购成本就由“在途物资”账户转入“原材料”账户。该笔经济业务应编制如下会计分录：

借:原材料——甲材料　　　　60 000

　　贷:在途物资——甲材料　　　　60 000

【例 4-8】 蓝天公司 12 月 9 日从飞燕公司购入甲材料 100 吨,每吨 300 元,增值税税率为 13%,取得了增值税专用发票并注明了增值税税额。货款、增值税均用银行存款付清,材料已入库。

该项经济业务的发生,因购入的甲材料已入库,使蓝天公司的原材料增加 30 000 元,应记入"原材料"账户的借方;购入材料支付的增值税进项税额 3 900 元,可予抵扣,应记入"应交税费——应交增值税"明细账户的借方;同时,公司银行存款减少 33 900 元,应记入"银行存款"账户的贷方。该笔经济业务应编制如下会计分录:

借:原材料——甲材料　　　　30 000

　　应交税费——应交增值税(进项税额)　　　　3 900

　　贷:银行存款　　　　33 900

【例 4-9】 蓝天公司 12 月 10 日从飞燕公司购入乙材料 200 吨,每吨 200 元,增值税税率为 13%。材料已验收入库,货款尚未支付。

该项经济业务的发生,使蓝天公司原材料增加 40 000 元,应记入"原材料"账户的借方;支付的增值税 5 200 元,可予抵扣,应记入"应交税费——应交增值税"明细账户的借方;款项未付,表示公司负债增加 45 200 元,应记入"应付账款"账户的贷方。该笔经济业务应编制如下会计分录:

借:原材料——乙材料　　　　40 000

　　应交税费——应交增值税(进项税额)　　　　5 200

　　贷:应付账款——飞燕公司　　　　45 200

【例 4-10】 12 月 12 日,蓝天公司以银行存款支付飞燕公司货款 45 200 元。

该项经济业务的发生,使蓝天公司银行存款减少 45 200 元,应记入"银行存款"账户贷方;同时使公司应付账款减少 45 200 元,应记入"应付账款"账户借方。该笔经济业务应编制如下会计分录:

借:应付账款——飞燕公司　　　　45 200

　　贷:银行存款　　　　45 200

【例 4-11】 12 月 15 日,蓝天公司从银行汇给红星厂 18 000 元,作为采购 100 吨丙材料(每吨 200 元)的预付款。

该项经济业务的发生,使蓝天公司增加一笔债权预付账款 18 000 元,应记入"预付账款"账户的借方;同时,银行存款减少 18 000 元,应记入"银行存款"账户的贷方。该笔经济业务应编制如下会计分录:

借:预付账款——红星厂　　　　18 000

　　贷:银行存款　　　　18 000

【例 4-12】 12 月 20 日,蓝天公司收到红星厂发来的 100 吨丙材料,并收到增值税专用发票,增值税税率为 13%。材料已验收入库,不足款项当即从银行汇出。

该项经济业务的发生,使蓝天公司的原材料增加 20 000 元,应记入"原材料"账户的借方;支付的增值税 2 600 元,可予抵扣,应记入"应交税费——应交增值税"明细账户的借方;货款和增值税税额共计应支付 22 600 元,应记入"预付账款"账户的贷方。同时,由于在例 4-11 中蓝天公司已预付了货款 18 000 元，在该笔业务中不足款额 4 600 元用银行存款补付，应记入“银行存款”账户的贷方。该笔经济业务应编制如下会计分录：

借：原材料——丙材料　　20 000

　应交税费——应交增值税（进项税额）　　2 600

　贷：预付账款——红星厂　　22 600

借：预付账款——红星厂　　4 600

　贷：银行存款　　4 600

供应过程业务的核算程序如图 4-2 所示。

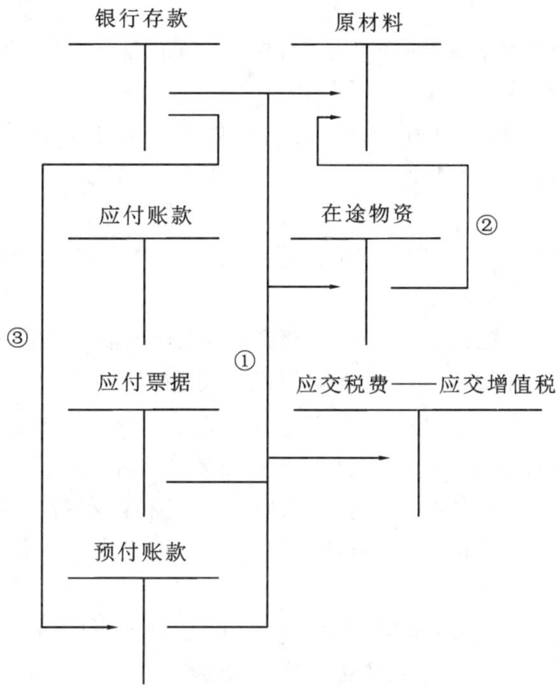

图 4-2　供应过程业务的核算程序简图

说明：①购入材料（入库或在途）　②在途物资入库　③预付货款

第四节　生产过程业务的核算

一、生产过程业务核算的内容

生产过程是制造业最具特色的阶段，在这一阶段企业劳动者运用机器设备，将原材料加工成设计要求的产品，按照马克思的劳动价值学说，这一过程是物化劳动（劳动资料和劳动对象）和活劳动的消耗过程，也是企业价值增值的创造过程。简单地理解，制造业企业的生产过程就是通过消耗原材料费用、人工费用及其他有关费用，生产出符合产品质量要求的产品并入库的过程。因此，生产过程业务核算的内容，一是各项生产费用的发生与归集；二是产品生产成本的计算。

二、生产过程业务核算的账户设置

为了核算和监督生产费用的发生并进行合理归集，一般要设置归集生产费用的“生产成本”“制造费用”两个主要账户，此外还要设置核算工资和福利费的“应付职工薪酬”等负债类账户以及“原材料”“累计折旧”“库存商品”等资产类账户。“原材料”账户已在上节做了介绍，现将其他账户介绍如下。此外，“管理费用”账户虽不直接核算生产过程的费用，但管理费用的发生常常与生产费用相互交叉，故也在本节中做一介绍。

1. 生产成本

(1)核算内容：核算企业生产各种产成品、自制半成品、提供工业性劳务及自制材料、工具、设备等所发生的全部生产费用。

生产过程中发生的各项生产费用，属于直接材料、直接人工等直接费用，直接记入本账户；制造费用是间接费用，分配记入本账户。

(2)性质：成本类账户。

(3)结构：借方归集全部生产费用，贷方登记转出完工产品的生产成本；如有余额，在借方，表示期末在产品的生产成本。

(4)本账户按基本生产和辅助生产分设二级账，再按成本核算对象（产品品种、批别或步骤）设明细账。采用多栏式账页，其借方按成本项目设置专栏。

2. 制造费用

(1)核算内容：核算企业为生产产品、提供劳务而发生的各项间接费用，一般是车间或分厂发生的组织和管理生产的费用，包括车间管理人员的工资和福利费、车间固定资产折旧费、办公费、水电费、机物料消耗、劳动保护费、季节性的停工损失等。

(2)性质：成本类账户。

(3)结构：借方登记发生的制造费用，贷方登记月末分配转入“生产成本”账户的制造费用；除季节性生产企业外，本账户一般月末结转后应无余额。

(4)本账户一般按不同的车间、生产部门设置明细账进行明细分类核算。“制造费用”明细账采用多栏式账页，在其借方按费用项目设置专栏。

3. 应付职工薪酬

(1)核算内容：核算企业根据有关规定应付给职工的各种薪酬。

职工薪酬是指企业为获得职工提供的服务而给予各种形式的报酬或补偿，主要包括短期薪酬、离职后福利、辞退福利和其他长期职工福利。企业提供给职工配偶、子女、受赡养人，已故员工遗属及其他受益人等的福利，也属于职工薪酬。

(2)性质：负债类账户。

(3)结构：贷方登记应付给职工的各种薪酬，借方登记实际支付的职工薪酬；余额在贷方，表示企业应付未付的职工薪酬。

(4)本账户可按职工薪酬的组成内容（如工资、职工福利等）等设置明细账进行明细分类核算。

4. 累计折旧

(1)核算内容：核算企业固定资产的累计折旧。

(2)性质:资产类账户。

(3)结构:贷方登记折旧的增加,借方登记折旧的减少,即各种原因转出的固定资产(如出售、报废、盘亏等)注销的折旧;余额在贷方,表示现有固定资产的累计折旧。

“累计折旧”账户是“固定资产”的抵减账户,“固定资产”账户反映的是固定资产的原价,“累计折旧”反映的是固定资产价值的减少(折旧)额,两者之差,就是固定资产的净值或折余价值。

(4)本账户可按固定资产的类别或项目进行明细核算。

(5)每月月末将计提的累计折旧进行分配,分配去向分别是:

①对生产产品用的固定资产计提的折旧,计入制造费用;

②对独立销售机构专用的固定资产计提的折旧,计入销售费用;

③对行政管理用的固定资产计提的折旧,计入管理费用;

④对研发无形资产用的固定资产计提的折旧,计入研发支出;

⑤对其他业务用的固定资产计提的折旧,计入其他业务成本。

5. 管理费用

(1)核算内容:核算企业为组织和管理企业生产经营所发生的管理费用,包括企业在筹建期间发生的开办费、董事会和行政管理部门在企业的经营管理中发生的或者应由企业统一负担的公司经费(包括行政管理部门职工工资及福利费、物料消耗、低值易耗品摊销、办公费和差旅费)、工会经费、董事会费(包括董事会成员津贴、会议费和差旅费等)、聘请中介机构费、咨询费(含顾问费)、诉讼费、业务招待费、技术转让费、研究费用以及企业生产车间(部门)和行政部门等发生的固定资产修理费用等。

(2)性质:费用类账户。

(3)结构:借方登记管理费用的发生,贷方登记期末转入“本年利润”账户的管理费用;期末结转后本账户无余额。

(4)本账户按费用项目设置明细账,可采用多栏式账页。

6. 库存商品

(1)核算内容:核算企业外购商品和自制产成品与半成品的实际成本。

(2)性质:资产类账户。

(3)结构:借方登记外购入库的商品和自制入库的产成品与半成品的实际成本,贷方登记出库商品、产成品和自制半成品的实际成本;余额在借方,表示库存商品、产成品和自制半成品的实际成本。

(4)本账户按库存商品的保管地点(仓库)、库存商品的类别设置二级账,按库存商品的品种和规格设置明细账。库存商品的明细账要根据入库单和出库单逐笔进行登记。

三、生产费用发生和归集的核算

(一)材料费用的核算

材料费用金额按照领料凭证上的数量和单位价格计算得出,最后按材料的用途进行分配。直接用于生产产品的材料,材料费用计入该产品的生产成本;间接用于生产产品的材料,材料费用计入制造费用;管理部门领用的原材料,材料费用计入管理费用;独立销售机构领用的原材料,材料费用计入销售费用。

【例 4-13】 蓝天公司只有一个从投入材料到生产出完工产品的封闭式生产车间,生产 A、

B两种产品。根据发出材料汇总表，12月领用材料情况如表4-1所示。

表4-1 发出材料汇总表

20××年12月31日 单位：元

材料名称	领用金额	用途			
		A产品	B产品	车间一般耗用	管理用
甲材料	90 000	60 000	30 000		
乙材料	40 000	20 000	20 000		
丙材料	60 000	20 000	20 000	10 000	10 000
合计	190 000	100 000	70 000	10 000	10 000

根据表4-1提供的资料，12月蓝天公司的库存材料减少190 000元，应记入"原材料"账户的贷方；车间领用材料，形成生产费用，其中直接用于产品生产的应记入"生产成本"账户的借方，生产A产品耗用材料100 000元，生产B产品耗用材料70 000元；车间一般耗用的材料10 000元则记入"制造费用"账户的借方；公司管理耗用的材料应记入"管理费用"账户借方。该笔经济业务应编制如下会计分录：

借：生产成本——A产品 100 000
　　　　　——B产品 70 000
　制造费用 10 000
　管理费用 10 000
　贷：原材料——甲材料 90 000
　　　　　——乙材料 40 000
　　　　　——丙材料 60 000

(二)人工费用的核算

每月月末将应付的职工薪酬根据人员服务的部门进行分配，分配去向是：

(1)生产工人的薪酬计入生产成本；

(2)车间管理人员的薪酬计入制造费用；

(3)行政管理部门人员薪酬计入管理费用；

(4)独立销售机构人员薪酬计入销售费用；

(5)在建工程人员工资计入在建工程成本；

(6)研发人员薪酬计入研发支出；

(7)因解除与职工的劳动关系给予的补偿计入管理费用；

(8)除以上的其他职工薪酬计入当期损益或相关成本。

【例4-14】 根据职工薪酬汇总表，蓝天公司12月应发工资66 000元，其中：生产部门直接生产人员工资40 000(A产品生产工人工资30 000元，B产品生产工人工资10 000元)；生产部门管理人员工资8 000元；公司管理部门人员工资10 000元；公司专设产品销售机构的人员工资8 000元(假设不考虑其他福利和社会保险)。

该项经济业务的发生，使蓝天公司的负债应付职工薪酬增加66 000元，应记入"应付职工薪酬"账户的贷方。同时，车间生产费用增加40 000元，根据用途，生产工人薪酬应记入"生产成本"账户的借方，其中A产品30 000元，B产品10 000元；车间管理人员的薪酬8 000元，应记入“制造费用”账户的借方;公司管理部门人员薪酬 10 000 元应记入“管理费用”账户的借方;公司专设销售机构的人员薪酬 8 000 元,应记入“销售费用”账户的借方。该笔经济业务应编制如下会计分录:

借:生产成本——A 产品　　30 000
　　　　　——B 产品　　10 000
　　制造费用　　8 000
　　管理费用　　10 000
　　销售费用　　8 000
　　贷:应付职工薪酬——工资　　66 000

【例 4-15】 12 月 31 日,蓝天公司通过银行转账发放本月工资。

该项经济业务的发生,使得蓝天公司银行存款减少 66 000 元,应记入“银行存款”账户的贷方;同时使得公司负债应付职工薪酬减少 66 000 元,应记入“应付职工薪酬”账户的借方。该笔经济业务应编制如下会计分录:

借:应付职工薪酬——工资　　66 000
　　贷:银行存款　　66 000

(三)固定资产折旧的核算

【例 4-16】 根据固定资产折旧计算表,12 月车间固定资产折旧 30 000 元,公司管理用固定资产折旧 10 000 元。

车间固定资产折旧形成公司的生产费用,应记入“制造费用”账户的借方;公司管理用固定资产折旧应记入“管理费用”账户的借方;累计折旧的增加,应记入“累计折旧”账户的贷方。该笔经济业务应编制如下会计分录:

借:制造费用——折旧费　　30 000
　　管理费用——折旧费　　10 000
　　贷:累计折旧　　40 000

(四)其他制造费用及管理费用的核算

【例 4-17】 12 月 7 日,以现金 1 000 元购买办公用品,交给管理部门使用。

该项经济业务使蓝天公司的管理费用增加,应记入“管理费用”账户的借方;同时使现金减少,应记入“库存现金”账户的贷方。该笔经济业务应编制如下会计分录:

借:管理费用——办公费　　1 000
　　贷:库存现金　　1 000

【例 4-18】 12 月 31 日以银行存款支付水电费,车间应负担 5 000 元,公司管理部门应负担 1 000 元。

该项经济业务增加了蓝天公司的制造费用和管理费用,同时减少银行存款,应分别记入“制造费用”和“管理费用”账户的借方及“银行存款”账户的贷方。该笔经济业务应编制如下会计分录:

借:制造费用——水电费　　5 000
　　管理费用——水电费　　1 000
　　贷:银行存款　　6 000

【例 4-19】 12 月 20 日，以银行存款支付车间机器设备维修费 3 000 元，公司办公楼维修费 1 000 元。

该项经济业务使蓝天公司管理费用增加 4 000 元，应记入“管理费用”账户的借方；同时银行存款减少 4 000 元，应记入“银行存款”账户的贷方。该笔经济业务应编制如下会计分录：

借：管理费用——修理费　　　　4 000

　　贷：银行存款　　　　　　　　4 000

四、产品生产成本计算

(一)产品成本计算概述

制造业企业在其生产产品的过程中，会发生各种各样的耗费，比如耗用的各种材料费用、支付给职工的薪酬、固定资产的折旧费用及其他费用。这些耗费都是为了生产产品而发生的，因此被称为生产费用。

在会计中，企业发生的生产费用应按照一定的产品成本计算对象进行归集和分配，以便确定某种(或某批、某类)产品成本计算对象的总成本和单位成本，这一过程即称为产品成本计算过程。所谓产品成本计算对象，是指生产费用归集和分配的对象，即所发生的生产费用最终应由某种具体产品来负担，这种产品即为产品成本计算对象。例如，某生产车间 3 月份发生了生产费用共计 50 万元，同时生产了甲、乙两种产品，则月末应将发生的这 50 万元的生产费用采用一定的计算方法分别计入甲、乙产品成本中，这时的甲产品和乙产品就是生产费用归集和分配的对象，即产品成本计算对象。所以也可以说，产品成本是生产费用的“对象化”。

生产费用按计入产品成本计算对象的方法不同，可分为直接费用和间接费用。所谓直接费用，是指可以分清是哪种产品所耗用、可以直接计入该种产品成本的生产费用；所谓间接费用，是指不能分清具体是哪种产品所耗用、不能直接计入某种产品成本，而必须按照一定的标准分配计入有关各种产品成本的生产费用。

在会计中还应将计入产品成本计算对象的生产费用，按其经济用途进行分类，可分为直接材料、直接人工和制造费用三个项目，这三个项目又被称为产品成本项目。这种分类能够提供产品成本的经济构成，查明成本升降的原因，是制造业企业生产过程业务会计处理的主要内容。

1. 直接材料

直接材料是指直接用于产品生产、构成产品实体的原料、主要材料以及有助于产品形成的辅助材料。一旦原材料被产品的生产所耗用，其价值就一次性地转移到产品中去，并构成产品成本的一个组成部分。一般来说，凡属于某种产品单独耗用的直接材料，其价值就应直接归结到该产品的成本中；凡属于几种产品共同耗用的直接材料，则应采用适当的计算方法，将其价值分配计入各产品的成本中。

2. 直接人工

直接人工是指直接参加产品生产的工人的薪酬费用。如果是单独生产某一种产品的生产工人的工资薪酬，应直接归集到该产品的成本中；如果是同时生产多种产品的生产工人的工资薪酬，则应当采用适当的计算方法将人工费用分配计入各产品的成本中。

3. 制造费用

制造费用是间接费用，它是指企业各生产单位为组织和管理生产而发生的各项生产费用，即除直接材料、直接人工之外的其他费用，主要包括生产单位管理人员的工资和福利费、办公费、固定资产的折旧费、修理费、水电费、机物料消耗、劳动保护费等。在一般情况下，需要将这些费用进行汇总，然后采用一定的计算方法在各产品之间进行分配，才能计入相关产品的成本中。

(二)产品成本计算方法应用举例

在会计实务中，存在多种产品成本计算方法，企业应根据其生产类型和管理要求选择适合的方法。这些成本计算方法，将在“成本会计”课程中做详细介绍。本章此处通过举例简单介绍产品成本归集与分配的过程。

蓝天公司只有一个封闭式车间，20××年 12 月同时生产 A、B 两种产品，按两种产品设置生产成本明细账，定期(按月)计算产品成本。其产品成本计算的具体步骤如下：

1. 归集生产费用

这一步骤账务处理内容在本节第三部分已经完成，根据例 4-13、例 4-14、例 4-16 和例 4-18，我们可以得出：A、B 两种产品发生的直接生产费用——直接材料费用和直接人工费用已经分别归集记入两种产品的“生产成本”明细账，A 产品为 130 000 元(100 000 元＋30 000 元)，B 产品为 80 000 元(70 000 元＋10 000 元)。制造费用也归集记入“制造费用”账户，全月发生额为 53 000 元(10 000 元＋8 000 元＋30 000 元＋5 000 元)。

2. 分配制造费用

月末，制造费用需在各种产品之间进行分配。本例中需将制造费用在 A、B 两种产品之间进行分配。假设以生产工人工资作为分配标准，现将全月发生的制造费用总额 53 000 元在 A、B 两种产品之间进行分配。

【例 4-20】 蓝天公司车间 12 月份制造费用 53 000 元，在 A、B 产品间进行分配。A、B 产品生产工人工资(分配标准)合计为：30 000 元＋10 000 元＝40 000 元。

制造费用分配率＝53 000 元÷40 000 元＝1.325

A 产品应分配的制造费用＝30 000 元×1.325＝39 750 元

B 产品应分配的制造费用＝10 000 元×1.325＝13 250 元

月末应将计算分配的制造费用结转到生产成本，分别记入“制造费用”账户的贷方和“生产成本”账户的借方。根据计算分配的结果，该笔经济业务应编制如下会计分录：

借：生产成本——A 产品　　39 750
　　　　　　——B 产品　　13 250
　贷：制造费用　　53 000

3. 计算完工产品成本

将发生的生产费用按 A、B 两种产品进行归集和分配以后，就可分别计算出 A、B 两种产品的成本了。其产品成本总额是各自承担的直接材料、直接人工与制造费用的合计数。

蓝天公司车间生产 A、B 两种产品，假设两种产品期初和期末都没有在产品。因此，本期发生的生产费用，全部都是完工产品的成本，根据上述核算资料，A 产品成本共计 169 750 元(100 000 元＋30 000 元＋39 750 元)，B 产品成本共计 93 250 元(70 000 元＋10 000 元＋13 250 元)。

【例 4-21】 产品生产完工入库，结转生产成本。A 产品总成本 169 750 元，B 产品总成本 93 250 元。

此项业务使公司库存商品增加，生产成本减少，应记入“库存商品”账户的借方和“生产成本”账户的贷方。该笔经济业务应编制如下会计分录：

借：库存商品——A 产品　　169 750
　　　　　　——B 产品　　93 250
　贷：生产成本——A 产品　　169 750
　　　　　　　——B 产品　　93 250

费用分配完毕，计算出完工产品的总成本后，还要编制“产品制造成本汇总计算表”，计算出单位成本。

A、B 两种产品的“生产成本明细分类账”与“产品制造成本汇总计算表”如表 4-2 至表 4-4 所示。

表 4-2　生产成本明细分类账

期初在产品 0
本期投入 1 000 件
完工产量 1 000 件

产品名称：A 产品

20××年		凭证号	摘要	直接材料	直接人工	制造费用	合计
月	日						
12	1		月初在产品	0	0	0	0
12	31	略	材料费用	100 000			100 000
		略	职工薪酬		30 000		30 000
			分配制造费用			39 750	39 750
			本月生产费用合计	100 000	30 000	39 750	169 750
			结转完工产品成本	100 000	30 000	39 750	169 750

表 4-3　生产成本明细分类账

期初在产品 0
本期投入 1 000 件
完工产量 1 000 件

产品名称：B 产品

20××年		凭证号	摘要	直接材料	直接人工	制造费用	合计
月	日						
12	1		月初在产品	0	0	0	0
12	31	略	材料费用	70 000			70 000
		略	职工薪酬		10 000		10 000
			分配制造费用			13 250	13 250
			本月生产费用合计	70 000	10 000	13 250	93 250
			结转完工产品成本	70 000	10 000	13 250	93 250

表 4-4　产品制造成本汇总计算表

20××年 12 月　　　　单位:元

成本项目	A 产品 1000 件		B 产品 1000 件	
	总成本	单位成本	总成本	单位成本
直接材料	100 000	100.00	70 000	70.00
直接人工	30 000	30.00	10 000	10.00
制造费用	39 750	39.75	13 250	13.25
合计	169 750	169.75	93 250	93.25

生产成本明细账的格式都是多栏式,即按成本项目在借方设专栏。表 4-2 和表 4-3 的生产成本明细账只设了借方专栏,没设贷方和余额栏,这种格式是实际工作常用的一种格式。其登记方法要注意,贷方发生额只能以红字在借方登记,期末余额也只能在借方栏列示。

生产过程业务的核算程序如图 4-3 所示 。

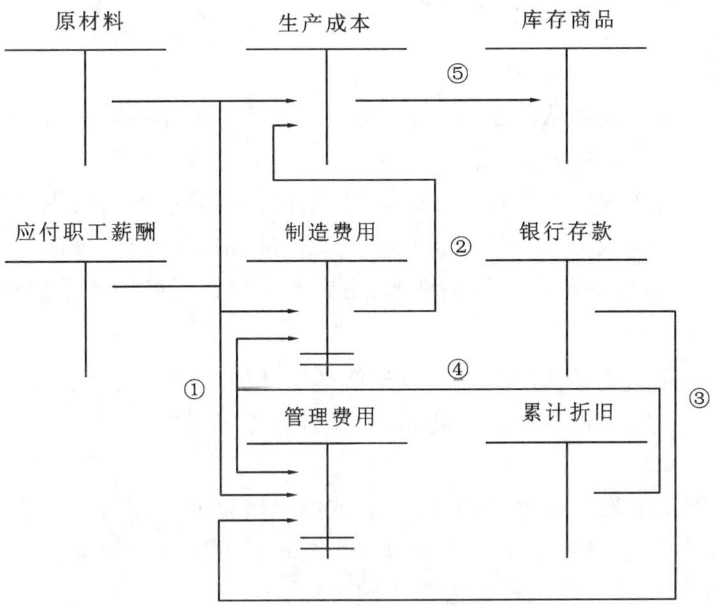

图 4-3　生产过程业务的核算程序简图

说明:画双横线的账户期末无余额。

①发生材料、职工薪酬等费用　②提取固定资产折旧　③支付固定资产维修费用　④分配制造费用　⑤完工产品入库

第五节　销售过程业务的核算

一、销售过程业务核算的内容

制造业企业销售过程的主要经济业务是:销售产品取得营业收入;做好销售结算工作,以便

尽快收回货款。由此决定销售过程核算的主要内容包括：正确核算营业收入；正确核算营业成本和销售费用；正确核算增值税销项税额与营业税金；正确核算应收账款与应收票据，监督货款早日收回。

二、销售过程业务核算的账户设置

对制造业企业销售过程业务的会计核算，应设置的账户主要有：核算营业收入的“主营业务收入”和“其他业务收入”账户；核算营业成本、费用及税金的“主营业务成本”“其他业务成本”“营业税金及附加”“销售费用”等账户；核算结算业务的“应收账款”“应收票据”“预收账款”等账户。

(一)核算营业收入的账户

企业的营业收入包括主营业务收入和其他业务收入。制造业企业的主营业务收入主要包括销售产成品、自制半成品、代制品、代修品及提供工业性劳务等取得的收入；其他业务收入主要包括销售材料、技术转让(包括转让无形资产的使用权)取得的收入以及出租固定资产、包装物的租金收入等。

1. 主营业务收入

(1)核算内容：核算企业确认的销售产品、提供劳务等主营业务的收入。

(2)性质：收入类账户。

(3)结构：贷方登记实现的主营业务收入，借方登记销售退回冲销的主营业务收入及期末结转数；期末，应将本账户余额转入“本年利润”账户，结转后本账户应无余额。

(4)本账户按主营业务的种类设置明细账，主要产品销售还可按产品品种设置明细账。

2. 其他业务收入

(1)核算内容：核算企业确认的除主营业务活动以外的其他经营活动实现的收入，包括出租固定资产、出租无形资产、出租包装物和商品、销售材料等实现的收入。

(2)性质：收入类账户。

(3)结构：贷方登记实现的其他业务收入，借方登记销售退回冲销的其他业务收入及期末结转数；期末，应将本账户余额转入“本年利润”账户，结转后本账户应无余额。

(4)本账户可按其他业务收入种类进行明细核算。

(二)核算营业成本、费用及税金的账户

1. 主营业务成本

(1)核算内容：核算企业确认的销售产品、提供劳务等主营业务收入时应结转的成本。销售外购商品的成本，就是外购商品的采购成本；销售产品或自制半成品的成本，就是其生产成本；提供工业性劳务，就是劳务的实际成本。根据配比原则，主营业务成本的确认必须以收入的确认为前提。

(2)性质：费用类账户。

(3)结构：借方登记已确认收入的主营业务的实际成本，贷方登记销售退回的商品成本及期末结转数；期末，应将本账户余额转入“本年利润”账户，结转后本账户应无余额。

(4)本账户与“主营业务收入”账户对应设置明细账。

2. 其他业务成本

(1)核算内容:核算企业确认的除主营业务活动以外的其他经营活动所发生的支出,包括销售材料的成本、出租固定资产的折旧额、出租无形资产的摊销额、出租包装物的成本或摊销额等。

(2)性质:费用类账户。

(3)结构:借方登记已确认收入的其他业务的实际成本,贷方登记销售退回冲销的材料成本及期末结转数;期末,应将本账户余额转入"本年利润"账户,结转后本账户应无余额。

(4)本账户按其他业务的种类,如"材料销售""固定资产出租""无形资产出租""包装物出租"等设置明细账。

3. 营业税金及附加

(1)核算内容:核算企业经营活动发生的消费税、城市维护建设税、资源税和教育费附加等相关税费,不含增值税和所得税。

(2)性质:费用类账户。

(3)结构:借方登记按税法规定计算出的税金及附加,贷方登记冲销数;期末,应将本账户借方余额转入"本年利润"账户,结转后本账户无余额。

(4)按税种及附加项目设置多栏式明细账。

4. 销售费用

(1)核算内容:核算企业销售商品、提供劳务的过程中发生的各种费用,包括保险费、包装费、展览费和广告费、商品维修费、预计产品质量保证损失、运输费、装卸费等,以及为销售本企业商品而专设的销售机构(含销售网点、售后服务网点等)的职工薪酬、业务费、折旧费等经营费用。

(2)性质:费用类账户。

(3)结构:借方登记销售费用的发生,贷方登记冲销数;期末,应将本账户余额转入"本年利润"账户,结转后本账户无余额。

(4)本账户可按费用项目设置多栏式明细账。

(三)核算结算业务的账户

1. 应收账款

(1)核算内容:核算因销售商品、产品及提供劳务等,应向购货单位或接受劳务单位收取的款项,包括应收的货款或劳务价款、应收的增值税销项税额及代垫的包装费、运杂费等。

(2)性质:资产类账户。

(3)结构:借方登记应收账款的增加,贷方登记应收账款的减少;余额在借方,表示尚未收回的应收账款。

(4)本账户按客户名称设置明细账。

2. 应收票据

(1)核算内容:核算因销售商品、产品及提供劳务而收到的商业汇票。商业汇票是指由收款人或存款人(或承兑申请人)签发,由承兑人承兑,并于到期日向收款人或被背书人支付款项的一种票据,分为银行承兑汇票和商业承兑汇票两种。

(2)性质:资产类账户。

(3)结构:借方登记收到的商业汇票,贷方登记汇票到期收回货款或转销(商业汇票到期对方无款支付要转为应收账款);余额在借方,表示尚未到期兑现的商业汇票。

(4)本账户要设置“应收票据备查簿”,对收到的票据进行备查登记。

3.预收账款

(1)核算内容:核算按照合同规定向购货单位预收的款项。

(2)性质:负债类账户。

(3)结构:贷方登记收到的预收款项,借方登记销售实现时清偿的预收款项及退回多收的款项。余额在贷方,为收到的预收款项;在借方,则为购货单位应补的款项,形成应收账款。

(4)本账户按客户名称设置明细账进行明细分类核算。

三、销售过程业务核算举例

销售过程的业务分为三部分:产品销售的核算、销售费用和营业税金的核算及其他相关业务的核算。

(一)产品销售的核算

这里的产品销售,包括产品的销售和对外提供工业性劳务。对这类业务,确认销售实现的基本账务处理步骤如下:

1.确认销售收入

借:银行存款、应收账款、应收票据等账户

　　贷:主营业务收入

　　　　应交税费——应交增值税(销项税额)

2.结转销售成本

借:主营业务成本

　　贷:库存商品等账户

【例 4-22】 蓝天公司 12 月 10 日向神州公司销售 A 产品 500 件,每件 300 元,增值税税率为 13%,货已发出,款项已收存银行。

该项业务的发生使蓝天公司银行存款增加 169 500 元(500×300 元+500×300×13%元),应记入“银行存款”账户的借方;产品销售收入增加 150 000 元,应记入“主营业务收入”账户的贷方;增值税销项税额增加 19 500 元,应记入“应交税费——应交增值税”账户的贷方。该笔经济业务应编制如下会计分录:

借:银行存款　　169 500

　　贷:主营业务收入　　150 000

　　　　应交税费——应交增值税(销项税额)　　19 500

【例 4-23】 蓝天公司 12 月 13 日向大地公司销售 A 产品 200 件,每件 300 元,增值税税率为 13%。代垫运输费 200 元,以现金付清。已办妥托收手续。

在该项经济业务中,蓝天公司因销售 A 产品发生销售收入 60 000 元,增值税 7 800 元,代垫运费 200 元,全部款项共计 68 000 元,尚未收到,应收账款增加,应记入“应收账款”账户的借方；产品销售收入增加，应记入“主营业务收入”账户的贷方，增值税销项税额应记入“应交税费——应交增值税”账户的贷方，支付代垫运费减少了库存现金，应记入“库存现金”账户的贷方。该笔经济业务应编制如下会计分录：

借：应收账款——大地公司　　68 000
　贷：主营业务收入　　60 000
　　应交税费——应交增值税（销项税额）　　7 800
　　库存现金　　200

【例 4-24】　蓝天公司 12 月 15 日向神州公司销售 B 产品 300 件，每件 200 元，增值税税率为 13%。货已发出，神州公司向蓝天公司出具一张 3 个月期的商业承兑汇票，票面金额为 67 800 元。

在该项经济业务中，蓝天公司因销售 B 产品发生销售收入 60 000 元，增值税 7 800 元，全部款项共计 67 800 元。收到一张商业承兑汇票，应记入“应收票据”账户的借方；产品销售收入增加，应记入“主营业务收入”账户的贷方，增值税销项税额应记入“应交税费——应交增值税”账户的贷方。该笔经济业务应编制如下会计分录：

借：应收票据——神州公司　　67 800
　贷：主营业务收入　　60 000
　　应交税费——应交增值税（销项税额）　　7 800

【例 4-25】　蓝天公司 12 月 20 日收到大地公司所欠款项 68 000，存入银行。

该项经济业务使蓝天公司银行存款增加 68 000 元，应记入“银行存款”账户的借方；同时对大地公司债权予以转销，应记入“应收账款”账户的贷方。该笔经济业务应编制如下会计分录：

借：银行存款　　68 000
　贷：应收账款——大地公司　　68 000

【例 4-26】　蓝天公司 12 月 21 日向长江公司销售 B 产品 200 件，每件 200 元，增值税税率为 13%。长江公司上月已预先汇来货款 10 000 元，剩余款项已收存银行。

蓝天公司已于上月预收了长江公司汇来的货款 10 000 元，此款当时已记入“预收账款”账户的贷方，形成一笔负债。此项销售业务就是清偿前次的预收货款，故应记入“预收账款”账户的借方。只不过因此次货款、增值税总数 45 200 元超过原预收账款 10 000 元，剩余款项已收存银行，应记入“银行存款”账户的借方。同时产品销售收入增加 40 000 元，应记入“主营业务收入”账户的贷方，增值税销项税额应记入“应交税费——应交增值税”账户的贷方。该笔经济业务应编制如下会计分录：

借：预收账款——长江公司　　45 200
　贷：主营业务收入　　40 000
　　应交税费——应交增值税（销项税额）　　5 200
借：银行存款　　35 200
　贷：预收账款——长江公司　　35 200

【例 4-27】　12 月 31 日，结转 A、B 两种产品的销售成本。全月销售 A 产品 700 件，每件生产成本 200 元；销售 B 产品 500 件，每件生产成本 100 元。

产品销售成本的结转，实际就是把两种产品的生产成本从“库存商品”账户转入“主营业务成本”账户，故应记入“主营业务成本”账户的借方，同时记入“库存商品”账户的贷方。该笔经济业务应编制如下会计分录：

借：主营业务成本——A 产品　　140 000
　　　　　　　　——B 产品　　50 000
　贷：库存商品——A 产品　　140 000
　　　　　　　——B 产品　　50 000

（二）销售费用的核算

【例 4-28】 12 月 10 日，蓝天公司用银行存款支付广告费 20 000 元。

该项业务的发生使蓝天公司的销售费用（广告费）增加 20 000 元，应记入“销售费用”账户的借方；支付广告费使银行存款减少，应记入“银行存款”账户的贷方。该笔经济业务应编制如下会计分录：

借：销售费用——广告费　　20 000
　贷：银行存款　　20 000

【例 4-29】 12 月 20 日，蓝天公司赴北京参加商品博览会，参展团归来，参展的各项开支共计 4 500 元。参展团 11 月 20 日出发前已预借 5 000 元，余款已交回现金。

参展团出发前预借 5 000 元，形成公司的债权，预借时已记入“其他应收款”账户的借方。参展团归来，报销支出，形成销售费用，应记入“销售费用”账户的借方，交回多余现金，应记入“库存现金”账户的借方；结清原借款，应冲销“其他应收款”，记入该账户的贷方。该笔经济业务应编制如下会计分录：

借：销售费用——展览费　　4 500
　　库存现金　　500
　贷：其他应收款——参展团　　5 000

（三）其他业务收入及其他业务成本的核算

【例 4-30】 12 月 16 日，蓝天公司将 100 吨甲材料销售给黄河公司，每吨 400 元，增值税税额 5 200 元，已通过银行收款入账。该批甲材料成本每吨 300 元。

该项经济业务的发生使蓝天公司银行存款增加 45 200 元，应记入“银行存款”账户的借方；甲材料销售收入应记入“其他业务收入”账户的贷方，增值税销项税额应记入“应交税费——应交增值税”账户的贷方。该笔经济业务应编制如下会计分录：

借：银行存款　　45 200
　贷：其他业务收入——材料销售　　40 000
　　　应交税费——应交增值税（销项税额）　　5 200

同时，该批甲材料成本从“原材料”账户转入“其他业务成本”，记入“其他业务成本”账户的借方，同时记入“原材料”账户的贷方。该笔经济业务应编制如下会计分录：

借：其他业务成本——材料销售　　30 000
　贷：原材料——甲材料　　30 000

（四）营业税费的核算

【例 4-31】 12 月 31 日，蓝天公司计算出本月应交城市维护建设税 5 000 元，教育费附加 2 400 元。

蓝天公司计算出本月应交城市维护建设税和教育费附加，一方面使营业税金及附加增加，应记入“营业税金及附加”账户的借方；另一方面税费尚未交纳，形成负债，应记入“应交税费”账户贷方。该笔经济业务应编制如下会计分录：

借：营业税金及附加　　7 400
　贷：应交税费——应交城市维护建设税　　5 000
　　　　　　——应交教育费附加　　2 400

【例 4-32】 12 月 31 日，蓝天公司预缴本月增值税 10 000 元，城市维护建设税 4 000 元，教育费附加 2 000 元。

该项经济业务的发生一方面使蓝天公司银行存款减少 16 000 元，应记入“银行存款”账户的贷方；另一方面应交税费减少，应记入“应交税费”账户的借方。该笔经济业务应编制如下会计分录：

借：应交税费——应交增值税（已交税金）　　10 000
　　　　　　——应交城市维护建设税　　4 000
　　　　　　——应交教育费附加　　2 000
　贷：银行存款　　16 000

销售过程业务的核算程序如图 4-4 所示。

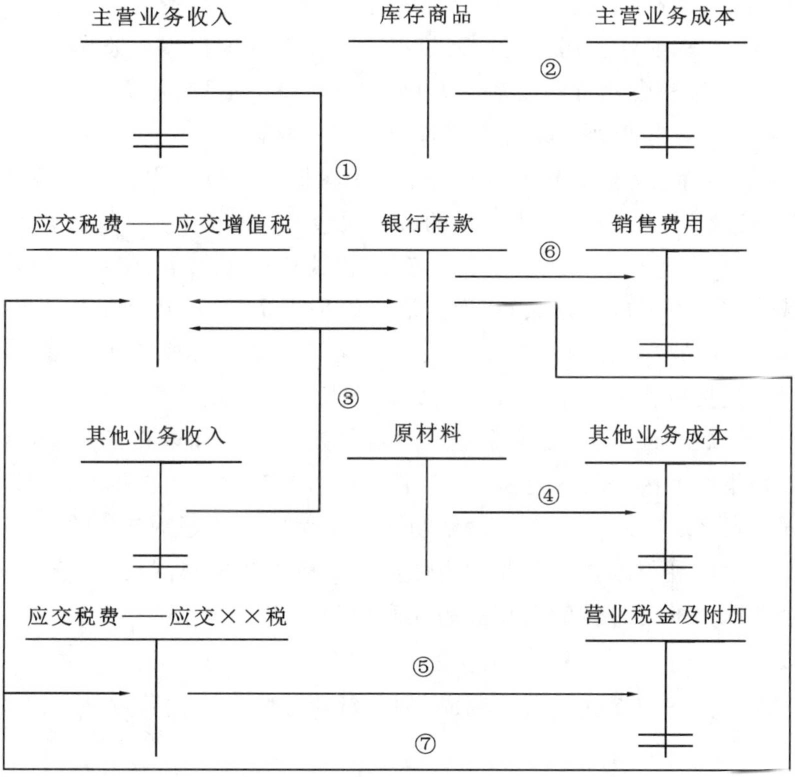

图 4-4　销售过程业务的核算程序简图

说明：画双横线的账户期末应无余额。

①确认主营业务收入　②结转主营业务成本　③确认其他业务收入　④结转、发生其他业务成本　⑤计算营业税金及附加　⑥发生销售费用　⑦交纳税费

第六节　利润形成与分配业务的核算

一、利润形成与分配业务的核算内容

(一)利润的形成

利润是指企业在一定会计期间的经营成果。利润包括收入减去费用后的净额、直接计入当期利润的利得和损失等。直接计入当期利润的利得和损失，是指企业非日常活动产生的、应当计入当期损益、会导致所有者权益发生增减变动但与所有者投入资本或者向所有者分配利润无关的经济利益流入或者经济利益流出。利润分为营业利润、利润总额和净利润。

利润相关计算公式如下：

1. 营业利润

营业利润是指企业在一定期间日常活动取得的利润，其具体计算公式如下：

营业利润＝营业收入－营业成本－税金及附加－销售费用－管理费用
－财务费用－资产减值损失－信用减值损失＋公允价值变动收益
(－公允价值变动损失)＋投资收益(－投资损失)
＋资产处置收益(－损失)＋其他收益

其中，营业收入包括主营业务收入和其他业务收入；营业成本包括主营业务成本和其他业务成本；税金及附加是指应由企业营业收入补偿的各种税金及附加费，主要包括消费税、城市维护建设税、资源税、房产税、车船税、土地使用税、印花税和教育费附加等；资产减值损失是指企业计提的各项资产减值准备所形成的损失；信用减值损失是指企业按照《企业会计准则第 22 号——金融工具确认和计量》的要求计提的各项金融工具减值准备所形成的预期信用损失；公允价值变动收益(或损失)是指以公允价值计量且其变动计入当期损益的金融资产由于公允价值变动而形成的损益；投资收益(或损失)是指企业从事对外投资活动而取得的收益(或损失)；资产处置收益(或损失)是指企业因处置固定资产、无形资产、持有待售的非流动资产以及其他未划分为持有待售的固定资产、在建工程、生产性生物资产及无形资产等所产生的损益，债务重组中因处置非流动资产产生的利得或损失和非货币性资产交换中换出非流动资产产生的利得或损失；其他收益是指企业取得的与日常活动相关的政府补助。

2. 利润总额

利润总额是指企业一定期间的营业利润，加上营业外收入减去营业外支出的所得税税前利润总额，即：

利润总额＝营业利润＋营业外收入－营业外支出

其中，营业外收入是指企业取得的与日常生产经营活动没有直接关系的各项利得，营业外支出是指企业发生的与日常生产经营活动没有直接关系的各项损失。

3. 净利润

净利润是指企业在一定期间的利润总额减去所得税费用后的净额，即：

净利润=利润总额-所得税费用

其中,所得税费用是指企业确认的应从当期利润总额中扣除的所得税费用。

(二)利润的分配

利润的分配是指企业对当年实现的净利润,应按照我国《公司法》及公司章程的有关规定和程序在有关方面进行分配。利润的分配应按下列顺序进行:

1. 提取法定盈余公积

根据《公司法》的规定,企业应按照当年实现的净利润的10%提取法定盈余公积。盈余公积是企业的一种公共积累资金,主要用于企业扩大生产经营规模、弥补亏损或用于转增资本。当法定盈余公积累计金额超过注册资本的50%以上时,可以不再提取。

2. 提取任意盈余公积

企业可以按照股东大会或者类似机构的决议,按照批准的比例从净利润中提取任意盈余公积。任意盈余公积的提取减少了当期可分配股利的利润额,其目的在于企业可通过此种方法保持财力,以应付未来可能会发生的特殊情况。如果企业估计将来有足够的现金流入,也可以不提取任意盈余公积。

3. 向投资者分配股利或利润

企业当年提取了盈余公积后的净利润,加上年初未分配利润,即为当年可供分配的利润。企业应根据可供分配的利润,按股东大会或类似机构批准的利润分配方案向股东分配现金股利(或者是非股份公司向投资者分配利润)。企业也可根据股东大会或类似机构批准的利润分配方案向股东发放股票股利,即分派转作股本的股利(或者是非股份公司向投资者分配转作资本的利润)。

4. 未分配利润

企业可供分配的利润,经过上述分配后,即为未分配利润(或未弥补亏损)。企业一般为了稳妥考虑,不会把利润全部分配完毕,而是会保留一部分利润,留待以后年度使用。企业若发生亏损可以按照规定由以后年度实现的利润进行弥补,也可以用以前年度提取的盈余公积弥补。

未分配利润是所有者权益的一个重要组成部分,相对于所有者权益的其他项目而言,企业对未分配利润有较大的使用自主权。

二、利润形成与分配业务核算的账户设置

为了核算利润的形成与分配,企业除了应设置"本年利润"和"利润分配"账户,还要运用损益类账户,主要有"主营业务收入""其他业务收入""投资收益""公允价值变动损益""资产处置损益""营业外收入"和"主营业务成本""其他业务成本""营业税金及附加""资产减值损失""信用减值损失""营业外支出""销售费用""管理费用""财务费用""所得税费用"等;此外还要涉及"盈余公积"和"应付股利"等账户。有些账户在前面已经介绍过,本节就不再介绍。

(一)所有者权益类账户

1. 本年利润

(1)核算内容:核算企业实现的利润(或发生的亏损)的净额。

(2)性质:所有者权益类账户。

(3)结构:贷方汇集全部收益,包括主营业务收入、其他业务收入、投资净收益、公允价值变动收益、营业外收入等;借方汇集全部费用或损失,包括主营业务成本、其他业务成本、营业税金及附加、销售费用、管理费用、财务费用、投资净损失、公允价值变动损失、所得税费用、营业外支出等。平时余额在贷方,为从年初至本月底止累计实现的净利润;如余额在借方,则为累计亏损。年终要将本账户反映的净利润或净亏损转入"利润分配"账户中的"未分配利润"明细账户,结转后本账户无余额。

(4)本账户一般不设明细账。

2. 利润分配

(1)核算内容:核算企业利润的分配(或亏损的弥补)和历年分配(或弥补)后的累计余额。

(2)性质:所有者权益类账户。

(3)结构:借方登记利润的分配去向和从"本年利润"账户转入的亏损数额,利润分配去向包括提取法定盈余公积、提取任意盈余公积、应付现金股利或利润、转作股本的股利等;贷方登记从"本年利润"账户转入的全年实现的净利润以及盈余公积补亏等。年末余额如在贷方,反映公司历年积存的未分配利润;年末余额如在借方,为未弥补亏损。

(4)设置的主要明细账户有:①提取法定盈余公积;②提取任意盈余公积;③应付现金股利或利润;④转作股本的股利;⑤盈余公积补亏;⑥未分配利润。

这些明细账户中,第①②③④这四个账户如有经济业务发生,都会是借方余额;第⑤账户是用来核算盈余公积弥补亏损的业务,为贷方余额。①~⑤明细账户余额,年末都要转入"未分配利润"明细账户,与从"本年利润"账户转入的净利润或亏损对冲划转,年终转账后,只有"未分配利润"明细账户有余额,其他明细账户均无余额。

3. 盈余公积

(1)核算内容:核算企业从净利润中提取的盈余公积,包括法定盈余公积、任意盈余公积,以及其使用情况。

(2)性质:所有者权益类账户。

(3)结构:贷方登记从本年实现的净利润中提取的盈余公积,借方登记用盈余公积弥补亏损或转增资本;余额在贷方,反映企业提取的盈余公积累计结余额。

(4)本账户设置的主要明细账户有法定盈余公积、任意盈余公积等。

(二)损益类账户

利润形成所涉及的损益类账户本节只介绍"投资收益""公允价值变动损益""营业外收入""营业外支出""所得税费用"等账户。"主营业务收入"和"其他业务收入"在本章第五节中已做介绍。

1. 投资收益

(1)核算内容:核算企业确认的投资收益或投资损失。

(2)性质:收入类账户。

(3)结构:贷方登记对外投资所取得的收益,包括投资分得的利润或股利,购买债券获得的利息以及转让股权或债权所获得的差价收入;借方登记对外投资发生的损失,如转让股权或债权发生的差价损失。余额在贷方为投资净收益,在借方为投资净损失,期末转入"本年利润"账户后本账户无余额。

(4)本账户可按投资项目进行明细核算。

2. 公允价值变动损益

(1)核算内容:核算企业交易性金融资产、交易性金融负债,以及采用公允价值模式计量的投资性房地产、衍生工具、套期保值业务等因公允价值变动形成的应计入当期损益的利得或损失。

(2)性质:收入类账户。

(3)结构:贷方登记上述资产在资产负债表日公允价值上升形成的应计入当期损益的利得,借方登记上述资产在资产负债表日公允价值下降形成的应计入当期损益的损失;余额在贷方为公允价值变动收益,在借方为公允价值变动损失,期末转入"本年利润"账户后本账户无余额。

(4)本账户可按交易性金融资产、交易性金融负债、投资性房地产等进行明细核算。

3. 营业外收入

(1)核算内容:核算企业发生的在日常经营业务以外取得的各项收益,主要包括债务重组利得、与企业日常活动无关的政府补助、盘盈利得、捐赠利得、非流动资产毁损报废利得等。

(2)性质:收入类账户。

(3)结构:贷方登记取得的各项营业外收入,借方登记期末转入"本年利润"账户的营业外收入;期末结转后本账户无余额。

(4)本账户可按营业外收入项目进行明细核算。

4. 营业外支出

(1)核算内容:核算企业在日常经营业务以外发生的各项损失,包括非流动资产毁损报废损失、债务重组损失、公益性捐赠支出、非常损失、盘亏损失、罚款支出等。

(2)性质:费用类账户。

(3)结构:借方登记企业发生的各项损失,贷方登记期末转入"本年利润"账户的营业外支出;期末结转后本账户无余额。

(4)本账户按营业外支出的项目设置明细账。

5. 所得税费用

(1)核算内容:核算企业确认的应从当期利润总额中扣除的所得税费用。

(2)性质:费用类账户。

(3)结构:借方登记企业按税法规定计算确定的当期应交所得税和当期增加所得税费用的递延所得税;贷方登记企业当期减少所得税费用的递延所得税和期末转入"本年利润"的所得税费用,期末结转后本账户无余额。

(4)本账户可按"当期所得税费用""递延所得税费用"进行明细核算。

(三)负债类账户

本节中,此类业务只涉及"应付股利"账户。

(1)核算内容:核算企业股东大会决议确定分配的现金股利或利润。公司分配的股票股利,不通过本账户核算。

(2)性质:负债类账户。

(3)结构:贷方登记企业根据股利分配方案应向股东支付的现金股利,借方登记实际支付的现金股利;余额在贷方,表示尚未支付的现金股利。

(4)本账户可按投资者进行明细核算。

(四)资产类账户

本节中,此类业务只涉及"交易性金融资产"账户。

(1)核算内容:核算企业为交易目的所持有的债券投资、股票投资、基金投资等交易性金融资产的公允价值。

(2)性质:资产类账户。

(3)结构:借方登记交易性金融资产的增加和公允价值的上升,贷方登记交易性金融资产的减少和公允价值的下降;余额在借方,反映企业持有的交易性金融资产的公允价值。

(4)该账户可按交易性金融资产的类别和品种,分别按"成本""公允价值变动"等进行明细核算。"成本"明细账户核算企业持有的交易性金融资产购入时的公允价值,"公允价值变动"明细账户核算由于公允价值发生变动而带来的交易性金融资产账面价值的变动。

三、利润形成与分配业务核算举例

【例 4-33】 12 月 31 日蓝天公司收到子公司红光公司分得利润 5 000 元,款已收存银行。

该项经济业务的发生,使蓝天公司的银行存款增加,应记入"银行存款"账户的借方;同时投资收益也增加,应记入"投资收益"账户的贷方。该笔经济业务应编制如下会计分录:

借:银行存款　　　　5 000
　　贷:投资收益　　　　5 000

【例 4-34】 12 月 31 日,蓝天公司持有的 A 公司股票(划为交易性金融资产)公允价值上升 2 000 元。

该项经济业务的发生,应调增蓝天公司交易性金融资产的账面价值,记入"交易性金融资产"账户的借方;同时确认公允价值变动收益,记入"公允价值变动损益"账户的贷方。该笔经济业务应编制如下会计分录:

借:交易性金融资产　　　　2 000
　　贷:公允价值变动损益　　　　2 000

【例 4-35】 蓝天公司与天宇公司签订的货物运输合同,天宇公司因工作失误未按规定时间将货物送达目的地,按合同规定天宇公司应支付赔偿金 2 000 元,12 月 25 日天宇公司已同意赔偿,但尚未支付赔款。

该项经济业务的发生,使蓝天公司增加一笔应收款项,应收赔偿款 2 000 元,应记入"其他应收款"账户的借方;公司取得的赔偿金,是一种偶然所得,不是日常生产经营活动产生的收益,应记入"营业外收入"账户的贷方。该笔经济业务应编制如下会计分录:

借:其他应收款——天宇公司　　　　2 000
　　贷:营业外收入　　　　2 000

【例 4-36】 12 月 22 日,蓝天公司向希望小学捐赠 10 000 元,用银行存款支付。

向希望小学捐赠，应记入“营业外支出”账户的借方；以银行存款支付，应记入“银行存款”账户的贷方。该笔经济业务应编制如下会计分录：

借：营业外支出　　10 000

　贷：银行存款　　10 000

【例 4-37】 蓝天公司 12 月 31 日计算出本年应交所得税 50 000 元，假设无税收调整事项。

该项经济业务的发生，使蓝天公司的所得税费用增加 50 000 元，应记入“所得税费用”账户的借方；此项税金尚未交纳，形成一项负债，应记入“应交税费”账户的贷方。该笔经济业务应编制如下会计分录：

借：所得税费用　　50 000

　贷：应交税费——应交所得税　　50 000

【例 4-38】 蓝天公司 12 月份损益类账户期末结账前的余额如表 4-5 所示。

表 4-5　损益类账户余额　　单位：元

账户	借方余额	贷方余额
主营业务收入		310 000
主营业务成本	190 000	
其他业务收入		40 000
其他业务成本	30 000	
营业税金及附加	7 400	
销售费用	32 500	
管理费用	36 000	
财务费用	1 000	
投资收益		5 000
公允价值变动损益		2 000
营业外收入		2 000
营业外支出	10 000	
所得税费用	50 000	

12 月 31 日根据蓝天公司损益类账户的期末余额进行转账，就是要将各收入类账户的贷方余额转入“本年利润”账户贷方，将各费用类账户的借方余额转入“本年利润”账户的借方。应编制如下两组会计分录：

(1)结转收入类账户：

借：主营业务收入　　310 000

　其他业务收入　　40 000

　投资收益　　5 000

　公允价值变动损益　　2 000

　营业外收入　　2 000

　贷：本年利润　　359 000

(2)结转费用类账户：

借：本年利润　　356 900
　贷：主营业务成本　　190 000
　　其他业务成本　　30 000
　　营业税金及附加　　7 400
　　销售费用　　32 500
　　管理费用　　36 000
　　财务费用　　1 000
　　营业外支出　　10 000
　　所得税费用　　50 000

【例 4-39】 12 月 31 日，蓝天公司将全年实现的净利润 200 000 元由“本年利润”账户转入“利润分配”账户中的“未分配利润”明细账户。

该笔经济业务应编制如下会计分录：

借：本年利润　　200 000
　贷：利润分配——未分配利润　　200 000

【例 4-40】 12 月 31 日，蓝天公司股东大会决议通过利润分配方案，按蓝天公司全年实现的净利润的 10%提取法定盈余公积 20 000 元，任意盈余公积 20 000 元，向股东派发现金股利 100 000 元。

公司董事会制订分配预案，然后交由股东大会审议。只有股东大会决议通过的利润分配方案，才能进行会计账务处理。未提交股东大会审议的分配预案，不能在会计报表中反映，只是在会计报表附注中反映。本例中，提取法定盈余公积和任意盈余公积及向股东发放现金股利，均属于利润分配去向，应分别记入“利润分配”账户各相关明细账户的借方；提取法定盈余公积和任意盈余公积使所有者权益项目的“盈余公积”增加，应记入“盈余公积”账户的贷方；向股东分配股利尚未支付，形成公司的一项负债，应记入“应付股利”账户的贷方。该笔经济业务应编制如下会计分录：

借：利润分配——提取法定盈余公积　　20 000
　　　　——提取任意盈余公积　　20 000
　　　　——应付现金股利　　100 000
　贷：盈余公积——法定盈余公积　　20 000
　　　　——任意盈余公积　　20 000
　　应付股利　　100 000

【例 4-41】 年终，将“利润分配”账户反映利润分配去向的明细账户与“未分配利润”明细账户对冲。

“利润分配”账户中反映利润分配去向的各明细账户只是过渡性账户，最终都要结转至“未分配利润”明细账户，与从“本年利润”账户转入的净利润或亏损对冲划转，对冲划转后的“未分配利润”账户期末余额就是累积下来的未分配利润。

该笔经济业务应编制如下会计分录：

借:利润分配——未分配利润　　　　140 000
　贷:利润分配——提取法定盈余公积　　　　20 000
　　　　　　——提取任意盈余公积　　　　20 000
　　　　　　——应付现金股利　　　　100 000

利润形成与分配业务核算程序简图如图 4-5 所示。

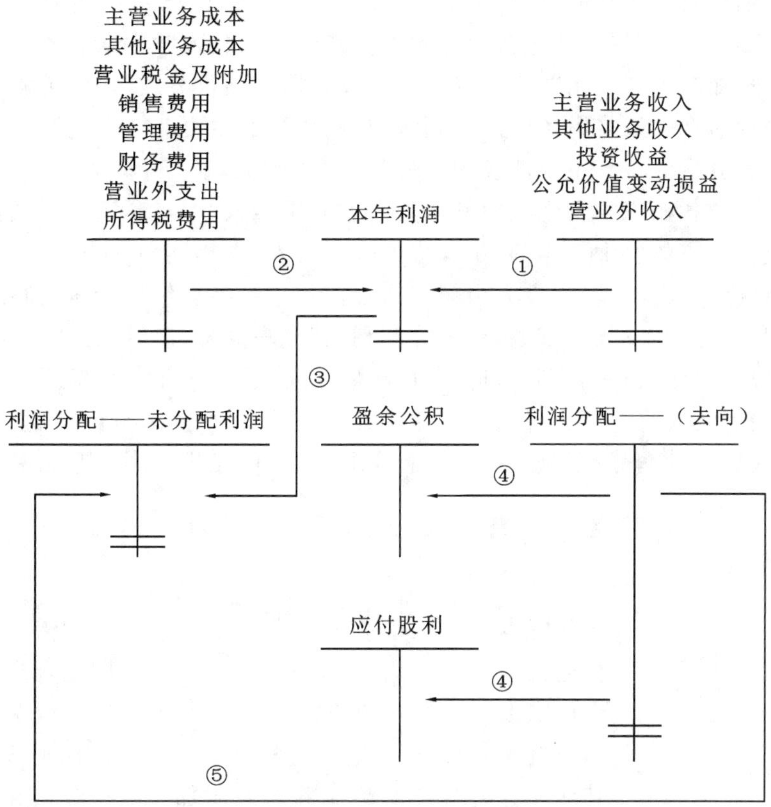

图 4-5　利润形成与分配业务的核算程序简图

说明:画双横线的账户期末无余额。

①结转收入　②结转费用　③年末,将全年实现净利润转入“利润分配——未分配利润”明细账户　④进行利润分配　⑤年终,“利润分配”的相关明细账相互对冲划转

本章小结

本章主要介绍账户、复式记账原理和借贷记账法在制造业企业的主要经济业务中的运用。制造业企业主要经济业务会计核算包括筹集资金、供应过程、生产过程、销售过程、利润形成及分配等环节业务的核算。每一部分都对需要设置的账户进行了介绍,并举例说明其账务处理过程和方法。

筹集资金是企业生产经营活动的首要条件,是资金运动过程的起点。企业的资金主要是接受投资者投入和接受债权人投入而形成的。对这一环节经济业务的核算主要运用“实收资本”“资本公积”“银行存款”“固定资产”“短期借款”“长期借款”“财务费用”等账户。

供应过程的经济业务主要包括固定资产的购建和购买原材料两个部分。对于这一环节发生的经济业务除了上述“固定资产”等账户外，主要运用“在途物资”“原材料”“库存商品”“应付账款”“应付票据”“预付账款”“应交税费”等账户。

生产过程是费用发生的过程，核算业务主要涉及生产费用的归集和分配，并在此基础上计算产品生产成本。对于此环节发生的经济业务主要运用“生产成本”“制造费用”“累计折旧”“应付职工薪酬”等账户。

销售过程是销售收入实现的过程，也是计算销售税金、结转已销产品成本的过程。销售过程业务的核算主要运用的账户有“主营业务收入”“其他业务收入”“主营业务成本”“其他业务成本”“营业税金及附加”“销售费用”“应收账款”“应收票据”“预收账款”等有关账户。

企业生产经营活动的最终财务成果是利润，利润核算的主要业务有利润形成及利润分配的核算。利润形成和分配的核算主要涉及的账户是“本年利润”和“利润分配”账户。期末应将损益类账户中的收入类各账户的发生额净额从其借方分别转入“本年利润”账户的贷方，将损益类账户中的费用类各账户的发生额净额，从其贷方分别转入“本年利润”账户的借方。“本年利润”账户若有贷方余额即为利润，若为借方余额则为亏损。年终将全年累计净利润从“本年利润”账户的借方转入“利润分配”及其明细账户“未分配利润”账户的贷方，转账后“本年利润”账户无余额。年终，企业应对当年实现的净利润进行分配，将已分配的利润计入“利润分配”及其相关明细账户的借方，最后还应将“利润分配”中其他明细账户的余额与“未分配利润”明细账户进行对冲划转，对冲划转后，“利润分配”账户中除“未分配利润”明细账户外，其他各明细账户均应无余额。

关键概念

制造业企业	实收资本	银行存款	短期借款
长期借款	在途物资	原材料	固定资产
累计折旧	应付账款	预付账款	应交税费
生产成本	制造费用	主营业务收入	主营业务成本
其他业务收入	其他业务成本	营业税金及附加	投资收益
公允价值变动损益	销售费用	管理费用	财务费用
营业外收入	营业外支出	本年利润	利润分配

思考与讨论

1. 产品制造企业的经济业务主要包括哪些？具体内容是什么？

2. 筹集资金业务的核算要设置哪些账户？其核算内容、性质和结构如何？应如何进行账务处理？

3. 供应过程业务的核算要设置哪些账户？其核算内容、性质和结构如何？应如何进行账务处理？

4. 生产过程业务的核算要设置哪些账户？其核算内容、性质和结构如何？应如何进行账务处理？

5. 简述“生产成本”与“制造费用”账户的作用、性质、结构特点。

6. 销售过程业务的核算要设置哪些账户？其核算内容、性质和结构如何？应如何进行账务处理？

7. 利润是如何形成的？利润分配的程序和步骤是怎样的？

8. 利润形成与分配业务的核算要设置哪些账户？其核算内容、性质和结构如何？应如何进行账务处理？

练习题

一、单项选择题

1. “实收资本”账户一般按(　　)设置明细账户。

A. 货币资金的种类　　B. 投资者

C. 捐赠者　　D. 受资企业

2. 为了反映企业固定资产的(　　)，应设置“固定资产”账户。

A. 磨损价值　　B. 累计折旧　　C. 原始价值　　D. 净值

3. 短期借款的应计利息支出应记入(　　)账户的借方。

A. 管理费用　　B. 制造费用　　C. 生产成本　　D. 财务费用

4. “在途物资”账户是用来核算(　　)的账户。

A. 库存材料的增减变动及其结果

B. 外购材料发生的实际成本

C. 自制材料的生产成本

D. 购入材料时应付账款的发生和偿还情况

5. “制造费用”账户是用来核算(　　)的账户。

A. 生产产品所发生的各项直接费用

B. 发生在生产车间用来生产产品的全部费用

C. 车间为生产产品而发生的各项间接生产费用

D. 企业为生产产品而发生的间接费用和直接费用

6. “固定资产”账户的借方余额减去“累计折旧”账户的贷方余额的差额是(　　)。

A. 固定资产的损耗价值

B. 固定资产的现有原始价值

C. 固定资产的折余价值，即净值

D. 固定资产的重置价值

7. 用银行存款支付购买材料价款及增值税税额。对这笔经济业务编制会计分录中的账户(　　)。

A. 都是资产类账户

B. 有两个资产类账户，一个负债类账户

C. 有一个资产类账户，两个负债类账户

D. 都是负债类账户

8. “预收账款”账户属于(　　)账户。

A. 负债类　　B. 资产类　　C. 收入类　　D. 成本类

9. “预付账款”账户属于(　　)账户。

A. 资产类　　B. 负债类　　C. 所有者权益类　　D. 成本类

10. “累计折旧”账户属于(　　)账户。

A. 负债类　　B. 资产类　　C. 费用类　　D. 成本类

二、多项选择题

1. 下列费用项目中属于制造费用的有(　　)。

A. 车间生产工人的工资及福利费

B. 车间管理人员的工资及福利费

C. 车间办公费及其物料消耗

D. 车间机器设备的折旧费

2. 核算期间费用的账户有(　　)。

A. 销售费用　　B. 管理费用

C. 财务费用　　D. 制造费用

3. 下列费用应记入“管理费用”账户的有(　　)。

A. 企业行政管理部门固定资产的折旧费

B. 车间辅助人员的工资及福利费

C. 企业行政管理部门的办公费和差旅费

D. 企业行政管理部门人员的工资费用

4. 下列账户中一般月末应无余额的有(　　)。

A. “财务费用”账户　　B. “管理费用”账户

C. “生产成本”账户　　D. “制造费用”账户

5. 以下应在“营业税金及附加”账户中核算的是(　　)。

A. 增值税　　B. 消费税

C. 城市维护建设税　　D. 教育费附加

三、判断题

1. 为了反映各种材料的收入、发出和结存情况，在“原材料”总分类账户下，应按材料的品种和规格设置明细分类账。(　　)

2. 应付账款明细账应按供应单位设置。(　　)

3. 计提车间房屋、机器设备的折旧费应直接记入“生产成本”账户。(　　)

4. 企业只能设置“实收资本”账户来核算实际收到的投资者投入的资本。(　　)

5. 企业从事生产经营活动所取得的一切收入都应记入“主营业务收入”账户。(　　)

6. “累计折旧”账户的贷方登记折旧额的增加，借方登记折旧额的减少，因此属于负债类账户。(　　)

7. 增值税是价外税，因此一般纳税企业购入材料时支付的增值税不计入材料的采购成本。(　　)

8. 车间设备耗用的材料费用应记入“制造费用”账户的借方。(　　)

9. 营业利润等于主营业务收入减去主营业务成本。(　　)

10. 投入资本的资产形式，既可以用货币性资产，也可以用实物资产或无形资产作价投资。(　　)

四、业务题

目的：通过练习掌握借贷记账法在制造业企业主要经济业务中的应用。

1. 资料：泰丰公司20××年4月发生下列经济业务：

(1)1 日,收到阳光公司投入的旧机器一台,双方评估作价 180 000 元。

(2)3 日,收到蓝天公司投入的货币资金 240 000 元,存入银行。

(3)6 日,向建设银行取得借款 120 000 元,期限为 6 个月,年利率为 7.2%。利息每季度结算一次,所得借款存入银行。

(4)7 日,以银行存款 1 200 元支付广告费。

(5)8 日,开出转账支票一张,购买办公用品 520 元,交公司总部使用。

(6)9 日,购入甲材料 10 吨,每吨 2 000 元,运费 600 元,装卸费 150 元,增值税进项税额 2 600 元,以上款项均以银行存款支付,材料尚未入库。

(7)结转入库甲材料的实际采购成本。

(8)11 日,从建华公司购入甲、乙、丙三种材料,买价共计 80 000 元,增值税税率为 13%,货款及税金尚未支付。

甲材料 10 吨,单价 2 000 元,计 20 000 元

乙材料 40 吨,单价 1 000 元,计 40 000 元

丙材料 20 吨,单价 1 000 元,计 20 000 元

合计 80 000 元

(9)14 日,以银行存款支付甲、乙、丙三种材料的运费及装卸费 4 000 元。(按重量分配)

(10)15 日,甲、乙、丙三种材料验收入库,计算并结转入库材料的实际成本。

(11)16 日,仓库发出材料,发料情况如表 4-6 所示。

表 4-6 16 日仓库发料情况

项目	甲材料	乙材料	丙材料	合计
生产产品耗用	24 000	13 000	9 800	46 800
其中:A 产品	14 000	5 000	3 800	22 800
B 产品	10 000	8 000	6 000	24 000
车间一般耗用	7 000	3 000		10 000
厂部一般耗用	3 000		1 000	4 000
合计	34 000	16 000	10 800	60 800

(12)16 日,结算本月职工工资,其中:

生产工人工资 34 000 元

其中:A 产品工人工资 18 000 元

B 产品工人工资 16 000 元

车间管理人员工资 7 000 元

行政管理人员工资 5 000 元

合计 46 000 元

(13)17 日,开出现金支票一张,从银行提取现金 46 000 元,并于当日支付工资。

(14)17 日,以银行存款支付 11 日的购料款及增值税税额。

(15)18 日,财务处张明报销差旅费 550 元,张明出差时预借差旅费 700 元,余款退回现金。

(16)19 日,用银行存款 280 元支付厂部办公用品费用。

(17)20 日,企业将一批丁材料销售给某公司,价款为 4 000 元,款项已收存银行。该批材料

的成本为 2 500 元，同时结转其成本。增值税税率为 13%。

(18)21 日，收到购买单位华兴公司偿还的前欠货款 36 000 元。

(19)22 日，销售 A 产品一批，货款 40 000 元，增值税税率 13%，代垫运费 1 200 元，款已收到，存入银行。

(20)28 日，企业销售给永兴公司 B 产品一批，货款 50 000 元，增值税的销项税额 6 500 元，货款及税金尚未收回。

(21)30 日，预提本月应负担的借款利息 400 元。

(22)30 日，支付公司本月商场展销专柜租金 900 元。

(23)30 日，计提本月固定资产折旧费，其中车间 4 800 元，厂部 1 500 元。

(24)30 日，计算并分配结转本月发生的制造费用。(按生产工时的比例分配，其中 A 产品的工时 3000 小时，B 产品的工时 2000 小时)

(25)30 日，本月 A 产品投入 100 件全部完工，B 产品投入 200 件全部未完工，30 日结转 A 产品的生产成本。

(26)30 日，按规定计算本月应负担的城市维护建设税 4 000 元，教育费附加 2 000 元。

(27)月末结转已售商品的成本 4 200 元。

(28)月末结转各损益类账户，计算本期的利润总额。

(29)计算并结转应交纳的所得税(税率 25%)。

(30)分别按上述净利润的 10%计提法定盈余公积、按 20%向投资者分配利润。

2. 要求：根据上述资料编制相关会计分录。

第五章

账户的分类

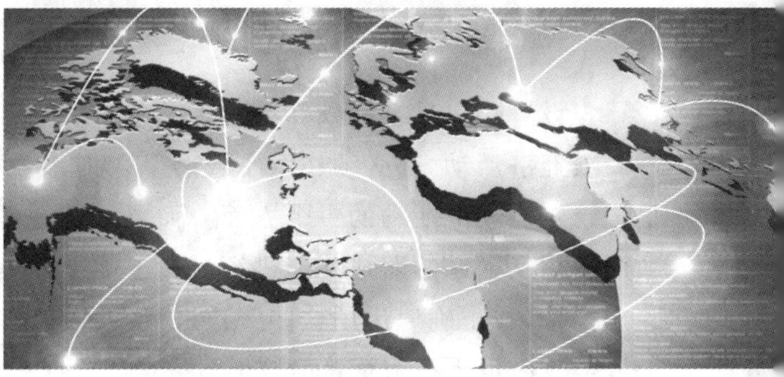

KUAIJIXUE YUANLI

学习目的

为了核算复杂的经济业务，我们需要设置一系列的账户。每个账户都有不同的核算内容，其用途和结构也不尽相同，但彼此间却存在着密切的联系，构成一个完整的账户体系。通过本章学习，了解账户分类的意义；理解账户在不同标准下的具体分类；掌握账户的用途、结构及其反映的经济内容，以便能更好地运用账户进行经济业务核算。

第一节　账户分类的意义和原则

一、账户分类的意义

设置账户是会计核算的一种基本方法。根据复式记账法我们了解到，会计核算企业的任何一项经济活动，都必须在两个或两个以上相互联系的账户中加以反映。因此，每一个账户只能记录企业经济活动的一个方面。而要核算企业全部的经济业务，需要运用数量众多、内容各异而又相互联系的账户才能进行。为了能更好地理解各账户之间的相互联系，建立一套完整的账户体系，并正确地运用这些账户进行会计核算，我们需要对全部账户进行分类。概括起来，账户分类具有以下三方面的意义：

(1)进行账户分类，可以深入地了解账户的内容、用途和结构，正确掌握账户的使用方法，有助于正确运用账户核算企业的经济业务。

(2)进行账户分类，了解账户之间的联系和区别，有助于掌握账户的设置规律，为完整地反映企业的经济活动，设计一套完善的账户体系。

(3)进行账户分类，明确不同账户之间的界限，能更好地满足会计核算的需要，为企业经济管理提供有用的会计信息。

二、账户分类的原则

一个完整而又严密的账户体系是由数量众多、作用各不相同的账户共同构成。这些账户都有不同的核算内容，其用途和结构也不尽相同，但彼此之间存在着密切的联系。为了更好地理解各个账户的共性和差异，有必要对账户进行科学的、合理的分类。一般账户的分类应遵循以下原则。

1. 账户的分类应分析其本质特征

各个账户反映企业不同的经济内容，账户的经济内容不仅决定着各个账户在整个核算体系中的位置，也决定着各个账户的本质。根据经济业务内容对账户进行分类，将账户体系条理化、系统化，能体现出账户的本质特征。一般研究账户的本质特征，主要从账户的性质、用途、结构和提供经济指标的详细程度等四个方面进行分析。因此，合理地进行账户的分类，需要充分地分析各个账户的本质特征，以便能更好地反映企业的经济业务，提供对管理决策更为有用的信息。

2.账户的分类应分析其所提供核算信息的共性和差异

每个账户的设置和运用都有各自的目的,都是为了提供一定的核算指标。通过第三章的学习,我们知道,设置账户是会计核算的基础。为了记录企业的经济业务活动,提供相应的核算指标,我们需要设置一系列的账户,构成一个完整而严密的账户体系。对所设置的账户如何使用,账户应当提供什么指标,账户如何提供这些指标,以及这些账户之间有没有联系,有什么样的联系等问题,都需要我们认真分析账户的用途和结构。因此,研究账户的分类,应探求其在用途和结构上的共性和差异,进一步加深对账户的认识和运用,以满足各个方面对会计信息的要求。

从账户分类的意义和原则中,可以看到账户最本质的特征在于它所能反映的经济内容。账户的经济内容是账户分类的基础,是最基本的分类。因此,我们在研究账户的分类时,应先按账户的经济内容分类,然后在此基础上再按账户的用途和结构分类。可见账户按用途和结构分类是账户按经济内容分类的必要补充。由于企业经济管理的需要和会计核算工作的需要,我们还可以按账户的其他特征进行分类,如按账户提供核算指标的详细程度分类、按账户期末有无余额分类、按账户提供编制会计报表的资料分类等。

总之,通过账户的分类,可以解释账户的特征,表明账户在整个账户体系中的地位和作用,加深对账户的认识,更好地发挥账户对企业的经济活动进行反映的能力。

第二节 账户按经济内容的分类

账户按经济内容分类是账户分类的基础。账户的经济内容是指会计核算对象的具体内容,也就是会计的基本要素:资产、负债、所有者权益、收入、费用和利润。因此,账户按经济内容的分类,也就是账户按会计要素的分类。在实践中,为了提供对决策有用的会计信息,在分类上可做适当的调整,以便能充分地体现各类账户的特征。例如,企业在一定期间实现的利润,最终都要归属于所有者权益,因此,可以将反映企业利润所得的账户,如"本年利润""利润分配"等账户,并入所有者权益类账户。一般制造业企业都要进行成本核算,而成本核算的内容繁多、工作量大,所以有必要专门设置用于成本计算的账户,如"生产成本""制造费用"等账户。又如,企业在一定期间所取得的收入,以及所发生的需要直接从当期收入或收益中扣除的各项费用或损失,都要体现在当期损益的计算中,因此,也可将这类账户归为一类,即损益类账户。基于这种认识,账户按经济内容的分类,就可以分为以下五类:资产类账户、负债类账户、所有者权益类账户、成本类账户和损益类账户。

一、资产类账户

资产类账户是用来反映当期企业资产的增减变动及其期初期末结存情况的账户。按照资产的流动性不同,这类账户又可以分为两类:

(1)反映流动资产的账户,如"库存现金""银行存款""应收账款""交易性金融资产""原材料""库存商品"等账户。

（2）反映非流动资产的账户，如“长期股权投资”“固定资产”“累计折旧”“投资性房地产”“长期待摊费用”等账户。

资产类账户基本结构如图 5-1 所示。

借方	资产类账户　　　　贷方
期初余额：反映上期期末结转来的资产 发生额：反映本期增加的资产	发生额：反映本期减少的资产
期末余额：反映期末结存的资产	

图 5-1　资产类账户的基本结构

二、负债类账户

负债类账户是用来反映当期企业债务的增减变动及其期初期末结存情况的账户。此类账户按债务偿还期限的长短，可分为以下两类：

（1）反映流动负债的账户，如“短期借款”“应付账款”“应付职工薪酬”“应付票据”“应交税费”等账户。

（2）反映非流动负债的账户，如“长期借款”“应付债券”“长期应付款”等账户。

负债类账户基本结构如图 5-2 所示。

借方	负债类账户　　　　贷方
发生额：反映本期减少的负债	期初余额：反映上期期末结转来的负债 发生额：反映本期增加的负债
	期末余额：反映期末结存的负债

图 5-2　负债类账户的基本结构

三、所有者权益类账户

所有者权益类账户，是用来反映企业所有者权益增减变动及其结存情况的账户。按照其来源的不同，这类账户可以分为以下两类：

（1）反映所有者投资的账户，如“实收资本（或股本）”“资本公积”等账户。

（2）反映留存收益的账户，如“本年利润”“利润分配”“盈余公积”等账户。

所有者权益类账户基本结构如图 5-3 所示。

借方	所有者权益类账户　　　　贷方
发生额：反映本期减少的所有者权益	期初余额：反映上期期末结转来的所有者权益 发生额：反映本期增加的所有者权益
	期末余额：反映期末结存的所有者权益

图 5-3　所有者权益类账户的基本结构

四、成本类账户

成本类账户是用来归集在生产产品和提供劳务过程中发生的各项成本费用的账户。该类账户主要用来计算产品和劳务的成本。如“生产成本”“制造费用”“劳务成本”“研发支出”等账户。

成本类账户与资产类账户的关系十分密切,企业各项资源在耗费之前表现为资产,资产一经生产耗用就转化为成本费用。因此,成本类账户的期末余额属于资产。

成本类账户基本结构如图 5-4 所示。

借方　　　　　　　　成本类账户	贷方
期初余额:反映上期期末在产品的成本 发生额:反映本期增加的成本	发生额:反映本期减少的成本
期末余额:反映期末在产品的成本	

图 5-4　成本类账户的基本结构

五、损益类账户

损益类账户是指与损益的计算直接相关的账户,主要指那些用来反映各项收入和各类费用支出的账户。

(1)用来反映收入的账户,如“主营业务收入”“其他业务收入”“营业外收入”“投资收益”等账户。

(2)用来反映费用的账户,如“管理费用”“销售费用”“营业外支出”“财务费用”“主营业务成本”“其他业务成本”“所得税费用”等账户。

收入类账户基本结构如图 5-5 所示。

借方　　　　　　　　收入类账户	贷方
发生额:反映本期减少或结转的收入	发生额:反映本期增加的收入

期末无余额

图 5-5　收入类账户的基本结构

费用类账户基本结构如图 5-6 所示。

借方　　　　　　　　费用类账户	贷方
发生额:反映本期增加的费用	发生额:反映本期减少或结转的费用

期末无余额

图 5-6　费用类账户的基本结构

这类账户在期末必须将相关数据结转到“本年利润”的借方或贷方,因此,期末没有余额。

账户按经济内容进行分类,如表 5-1 所示。

表 5-1 账户按经济内容分类

项目	经济内容	账户的类别	账户的名称
账户	资产类	反映流动资产的账户	库存现金、银行存款、交易性金融资产、应收票据、应收账款、预付账款、其他应收款、坏账准备、材料采购、原材料、库存商品等账户
		反映非流动资产的账户	长期应收款、长期股权投资、固定资产、累计折旧、在建工程、固定资产清理、无形资产、长期待摊费用、商誉等账户
	负债类	反映流动负债的账户	短期借款、交易性金融负债、应付票据、应付账款、预收账款、其他应付款、应付职工薪酬、应交税费、应付股利等账户
		反映非流动负债的账户	长期借款、应付债券、长期应付款等账户
	所有者权益类	反映所有者投资的账户	实收资本、资本公积等账户
		反映留存收益的账户	盈余公积、本年利润、利润分配等账户
	成本类	反映生产过程成本费用的账户	生产成本、制造费用、劳务成本等账户
	损益类	反映收入的账户	主营业务收入、其他业务收入、营业外收入、投资收益等账户
		反映费用的账户	主营业务成本、其他业务成本、销售费用、营业税金及附加、管理费用、财务费用、营业外支出、所得税费用等账户

第三节 账户按用途和结构的分类

账户除了按经济内容分类外，还可以按用途和结构分类。所谓账户的用途，是指账户的具体作用，即通过账户记录，核算企业需要的经济信息。所谓账户的结构，是指在账户中如何登记经济业务，以取得经济管理所需的各种核算信息，即账户的借方登记什么，贷方登记什么，余额在哪一方，表示什么含义。账户的经济内容和账户的用途结构，是账户本身固有的两个特征。在这两个特征中，账户按经济内容分类是基本的、主要的分类；账户按用途结构分类是在按经济内容分类的基础上进一步的分类，是对按经济内容分类的必要补充。比如"固定资产"和"无形资产"，它们都是资产类账户，但是"固定资产"可以通过盘点来确定"固定资产"的存在状况，而"无形资产"因为没有实物形态而无法进行盘点，因此这两个账户所提供的信息存在着明显的差异，在必要的时候就要区别对待，进行汇总、分析。又比如"应收账款"，是资产类账户，主要反映企业因赊销而产生的应该收回的销货款。但是，有时候因为种种原因这些货款收不回来，产生坏账，因此有必要根据以往的经验对"应收账款"提取坏账准备金，来反映未来可能发生的坏账。对于这种坏账准备金，我们单独设置"坏账准备"账户来进行核算。很明显，只有在有"应收账款"的情况下，才会有"坏账准备"账户存在的必要。它们一起共同反映企业实际可能收回的应收账款。所以，这两个账户提供的信息各不相同，具有不同的作用，但它们又相互联系。因此，在一个完整的账户体系下，账户除了按经济内容进行分类外，还有必要按用途和结构进行分类。

在借贷记账法下，账户按用途结构可分为盘存账户、结算账户、调整账户、资本账户、期间账户、集合分配账户、成本计算账户、财务成果账户、计价对比账户等九类账户。

下面分别说明各类账户的用途、结构和特点。

一、盘存账户

盘存账户是用来核算和监督各项具有实物形态的财产物资的增减变动及其结存数额的账户。这类账户的结构是，借方登记各项财产物资的增加数，贷方登记各项财产物资的减少数；其余额在借方，表示期末各项财产物资的结存数。这类账户的结构，如图 5-7 所示。

借方　　　　盘存账户	贷方
期初余额：反映期初结存的财产物资	
发生额：反映本期增加的财产物资	发生额：反映本期减少的财产物资
期末余额：反映期末结存的财产物资	

图 5-7　盘存账户的基本结构

一般具有实物形态的资产如“库存现金”“银行存款”“原材料”“库存商品”“固定资产”等账户，都是盘存账户。

盘存账户的特点是：

(1)可以通过财产清查的方法，即实地盘点，来核对财产物资的账存数同实存数是否相等，货币资金可以通过银行对账的方法来清查。

(2)盘存账户中，除“库存现金”和“银行存款”以外，其他各账户通过设置明细账，可以提供实物数量和金额两种指标。

(3)盘存账户的余额总是在借方。

二、结算账户

结算账户是用来核算和监督企业同其他单位或个人之间的债权债务往来等结算业务的账户。由于结算业务的性质不同，决定了结算账户有着不同的用途和结构。结算账户按照用途和结构的不同，又可以分为债权结算账户和债务结算账户两类。

(一)债权结算账户

债权结算账户，又称资产结算账户，是用来核算和监督企业同其他单位或个人之间的债权结算业务的账户。这类账户的结构是，借方登记债权的增加额，贷方登记债权的减少额；其余额一般在借方，表示期末尚未收回的债权余额。这类账户的结构，如图 5-8 所示。

借方　　　　债权结算账户	贷方
期初余额：反映期初结存的债权余额	
发生额：反映本期债权的增加额	发生额：反映本期债权的减少额
期末余额：反映期末结存的债权余额	

图 5-8　债权结算账户的基本结构

属于债权结算账户的有“应收票据”“应收账款”“其他应收款”“预付账款”“长期应收款”等

账户。

(二)债务结算账户

债务结算账户,又称负债结算账户,是用来核算和监督企业同其他单位或个人之间的债务结算业务的账户。这类账户的结构是,贷方登记债务(借入款项和应付款项)的增加额,借方登记债务(借入款项和应付款项)的减少额,表示企业债务的偿还或转销;其余额一般在贷方,表示尚未偿还的债务(借入款项和应付款项)的实有数额。这类账户的结构,如图 5-9 所示。

借方	债务结算账户　　　　贷方
	期初余额:反映期初结存的债务余额
发生额:反映本期债务的减少额(如偿还数额)	发生额:反映本期债务的增加额
	期末余额:反映期末结存的债务余额

图 5-9　债务结算账户的基本结构

属于债务结算账户的有"应付票据""应付账款""预收账款""其他应付款""应付职工薪酬""短期借款""长期借款""应交税费""应付股利"等账户。

需要注意的是,债权或债务结算账户不是绝对的。比如我们根据与东方公司的主要业务设置了"应收账款"账户,与东方公司往来的业务都通过该账户核算,如收到东方公司的预付账款登记到"应收账款"账户的贷方,而不是单独设置"预收账款"账户来核算,实际销售时,再登记到"应收账款"账户的借方进行冲销。这样如果"应收账款"账户的期末余额在借方,就是企业的债权,反映公司应收东方公司的账款;如果期末余额在贷方,则反映企业收到的东方公司的预付款,从而成为企业的债务。因此,在编制会计报表时,对结算类账户通常是要根据明细账的余额分析填列。

结算账户的特点是:

(1)结算账户只提供货币指标;

(2)应按发生结算业务的对方单位或个人设置明细分类账户,以便及时进行结算和核对账目;

(3)对债权或债务结算账户,需根据总分类账户所属明细分类账户的余额方向分析判断其账户的性质。

三、调整账户

调整账户是用来调整主账户(也称被调整账户)的余额,以表示主账户的实际余额而设置的账户。在会计核算中,不同的信息对管理决策的影响不同,对某些项目,有时仅仅提供一个数字不能满足管理的需要,而需要用两种不同的数字来进行反映,因此需要设置两个账户。一个账户用来核算原始数字,另一个账户用来核算对原始数字的调整数字,即将原始数字与调整数字相加或相减,以求得调整后的实有数字。核算原始数字的账户,称为被调整账户或主账户;核算调整数字的账户,称为调整账户或辅助账户。

调整账户,由于调整的方式不同,又可分为备抵账户、附加账户和备抵附加账户三类。

(一)备抵账户

备抵账户,又称抵减账户,是用来抵减主账户的余额,反映主账户实际余额的账户。其调整方式，可用公式表示为：

$$主账户实际余额＝主账户余额－备抵账户余额 \quad (5\text{-}1)$$

备抵账户，按照被调整账户的性质，又可分为资产备抵账户和权益备抵账户两类。

1. 资产备抵账户

资产备抵账户是用来抵减某一资产账户（被调整账户）的总值余额，以确定该资产账户净值余额的账户。通过备抵账户的调整，可以更好地反映资产的实际价值，为管理决策提供更加有效的信息。这类账户的结构是：借方登记转销的备抵额，贷方登记计提的备抵额；余额通常在贷方，反映被抵减资产期末应抵减的数额。这类账户的结构，如图 5-10 所示。

借方　　　资产账户	贷方
期末余额：反映某类资产期末结存的总值余额	

借方　　　资产备抵账户	贷方
	期初余额：反映期初结存的备抵余额
发生额：反映本期转销减少的备抵额	发生额：反映本期增加计提的备抵额
	期末余额：反映期末结存的备抵余额

图 5-10　资产备抵账户的基本结构

由上可知：

$$期末资产账户的净值余额＝期末资产账户的总值余额－期末资产备抵账户的余额 \quad (5\text{-}2)$$

例如，“坏账准备”账户是“应收账款”账户的备抵账户。根据“应收账款”账户（被调整账户）的记录，可以取得应收账款的借方余额，从“坏账准备”账户可以取得应收账款预计可能发生坏账的贷方余额，将“应收账款”账户的借方余额减去“坏账准备”账户的贷方余额，其差额就是应收账款的实际价值（可收回应收账款的净额）。资产备抵账户“坏账准备”的基本结构如图 5 11 所示。

借方　　　应收账款	贷方
期末余额：应收账款期末总额　2 000 000	

借方　　　坏账准备	贷方
	期初余额：期初结存的坏账准备　80 000
发生额：本期转销的坏账准备　10 000	发生额：本期计提的坏账准备　30 000
	期末余额：期末结存的坏账准备　100 000

图 5-11　资产备抵账户“坏账准备”的基本结构

期末应收账款净值＝期末应收账款总额－期末坏账准备余额

＝2 000 000 元－100 000 元＝1 900 000 元

又如，“累计折旧”账户是“固定资产”账户的备抵账户。根据“固定资产”账户（被调整账户）的记录，可以取得固定资产原始价值的数据，从“累计折旧”账户中，可以取得固定资产损耗价值的数据，将“固定资产”账户的借方余额减去“累计折旧”账户的贷方余额，其差额就是固定资产的实际价值（净值）。通过“累计折旧”账户和固定资产净值这个指标的核算分析，可以了解固定资产的新旧程度。资产备抵账户“累计折旧”的基本结构如图 5-12 所示。

借方	固定资产 贷方
期末余额:固定资产总值 50 000	

借方	累计折旧 贷方
	期初余额:期初结存的累计折旧额 8 500
	发生额:本期计提的折旧额 1 500
	期末余额:期末结存的累计折旧额 10 000

图 5-12 资产备抵账户“累计折旧”的基本结构

期末固定资产净值=期末固定资产总值-期末累计折旧额

=50 000 元-10 000 元=40 000 元

2. 权益备抵账户

权益备抵账户是用来抵减某一权益(包括负债、所有者权益和收入)账户(被调整账户)的总值,以确定该权益账户净值的账户。通过备抵账户调整,可以更加客观真实地反映企业权益的实际价值。这类账户的结构是:借方登记发生的权益抵减额,贷方登记转销的权益抵减额;如果有余额,一般在借方,表示尚未结转的权益抵减额。这类账户的基本结构,如图 5-13 所示。

借方	权益账户 贷方
	期初余额:期初结存的权益余额
发生额:本期发生的权益减少额	发生额:本期发生的权益增加额
	期末余额:反映某类权益(负债或所有者权益)期末结存的余额

借方	权益备抵账户 贷方
期初余额:反映期初结存的备抵余额	
发生额:反映本期增加的备抵额	发生额:反映本期转销减少的备抵额
期末余额:反映期末结存的备抵余额	

图 5-13 权益备抵账户的基本结构

由上可知:

本期权益账户发生额净值=本期权益账户发生额总值-本期权益备抵账户的发生额 (5-3)

或者是:

期末权益账户净值余额=期末权益账户总值余额-期末权益备抵账户备抵余额 (5-4)

例如,“销售退回”账户是“主营业务收入”账户的备抵账户,“主营业务收入”账户用来核算本期发生的销售收入,而“销售退回”账户用来核算本期发生退回的销售额,是“主营业务收入”账户的抵减账户。将“主营业务收入”账户的发生额总计数,减去“销售退回”账户的发生额,就可以得到本期实际发生的销售收入的净值。企业同时设置这两个账户,一方面可以提供销售的总体信息,另一方面可以提供发生的销售退回的情况,为企业提供了更加详细的销售资料,也为企业分析销售退回的规模和原因提供了信息,为企业制订更加完善的销售策略提供了依据。权益备抵账户“销售退回”的基本结构如图 5-14 所示。

借方　　　　　　　　主营业务收入	贷方
	发生额:本期发生的主营业务收入总额　100 000

借方　　　　　　　　销售退回	贷方
发生额:反映本期增加的销售退回额　5 000	发生额:反映本期转销的销售退回额　5 000

图 5-14　权益备抵账户“销售退回”的基本结构

本期发生的主营业务收入净值＝本期发生的主营业务收入总值－本期发生的销售退回额
＝100 000 元－5 000 元＝95 000 元

又如“库存股”账户是“实收资本(或股本)”账户的备抵账户。“实收资本(或股本)”账户的期末贷方余额,反映期末结存的股东股本权益金额,“库存股”账户的借方余额,反映期末回购尚未使用的股本金额。用“实收资本(或股本)”账户的贷方余额减去“库存股”账户的借方余额,其差额表示企业期末已发行的股本金额。权益备抵账户“库存股”的基本结构如图 5-15 所示。

借方　　　　　　　　实收资本(或股本)	贷方
	期末余额:反映已发行的股本数　200 000

借方　　　　　　　　库存股	贷方
期末余额:反映已回购未使用的股本数　50 000	

图 5-15　权益备抵账户“库存股”的基本结构

期末结存的实收资本(或股本)数＝期末已发行的股本数－期末已回购未使用的股本数
＝200 000 元－50 000 元＝150 000 元

备抵账户的特点:主账户的余额同辅助账户的余额一定在不同(相反)的方向,如果主账户的余额在借方(或贷方),则备抵账户的余额一定在贷方(或借方)。

(二)附加账户

附加账户是用来增加被调整账户的余额,以求得被调整账户的实际余额的账户。其调整方式,可用公式表示为:

被调整账户余额＋附加账户余额＝被调整账户实际余额　　(5-5)

附加账户的特点:被调整账户的余额同附加账户的余额一定在相同的方向,也就是说,如果被调整账户的余额在借方(或贷方),则附加账户的余额同样也在借方(或贷方)。在实际的会计工作中,纯粹的附加账户很少运用。

(三)备抵附加账户

备抵附加账户是既用来抵减又用来增加被调整账户的余额,以求得被调整账户的实际余额的账户。这类账户兼有备抵账户和附加账户的功能,判断备抵或附加功能,取决于该账户的余额是否与被调整账户的余额方向一致。当其余额与被调整账户的余额方向相反时,该类账户起备抵账户的作用,其调整方式与备抵账户相同;当其余额与被调整账户的余额方向一致时,该账户起附加账户的作用,其调整方式与附加账户相同。

这类账户最典型的是“材料成本差异”账户。“材料成本差异”账户是用来反映采购的原材料的实际成本与企业制定的计划成本差异的账户。因此,被调整账户是“原材料”账户,调整账户是“材料成本差异”账户。若“材料成本差异”账户的余额在借方,则调整相加,反映被调整账户“原材料”的实际成本,这时该账户是附加账户;若“材料成本差异”账户的余额在贷方,则调整抵减被调整账户“原材料”的实际成本,此时该账户是抵减账户。这类账户与被调整账户的关系及调整方式可用图 5-16 加以说明。

借方　　　　　　原材料	贷方
期末余额:反映原材料的计划成本　50 000	

借方　　　　　　材料成本差异	贷方
期末余额:反映附加差异　5 000	期末余额:反映抵减差异　5 000

图 5-16　备抵附加账户的基本结构

如果材料成本差异的余额在借方,则反映的是附加差异,那么原材料的实际成本=计划成本+附加差异,即 50 000 元+5 000 元=55 000 元。

如果材料成本差异的余额在贷方,则反映的是抵减差异,那么原材料的实际成本=计划成本-抵减差异,即 50 000 元-5 000 元=45 000 元。

调整账户的特点是:

(1)调整账户与被调整账户所反映的经济内容相同,被调整账户反映的是原始数据,而调整账户反映对原始数据的调整数据。

(2)调整的方式是将原始数据同调整数据相加或相减,就可以求得实有数据。

(3)调整账户不能离开被调整账户而独立存在,有调整账户就有被调整账户。

四、资本账户

资本账户,也称所有者投资账户,是用来反映企业所有者投资的增减变动及其结存情况的账户。这类账户的贷方登记资本及公积金的增加数额或形成数额,借方登记资本及公积金的减少数额;其余额总是在贷方,表示各项资本、公积金的实有数额。资本账户的结构,如图 5-17 所示。

借方　　　　　　资本账户	贷方
	期初余额:反映期初结存的资本和公积金余额
发生额:反映本期资本和公积金的减少数额	发生额:反映本期资本和公积金的增加数额
	期末余额:反映期末结存的资本和公积金余额

图 5-17　资本账户的基本结构

属于资本账户的有“实收资本”“资本公积”等账户。

资本账户的特点是:

(1)该类账户的总分类账和明细分类账只提供货币指标；
(2)账户的余额总在贷方。

五、期间账户

期间账户，也称为损益计算账户，是用来核算企业生产经营期间发生的各项收入、费用的账户。这类账户的本期发生额最终都要结转到“本年利润”账户中去，期末没有余额，所以这类账户只能反映企业在经营期间的收支情况。随着经营期间的结束，账户发生额也随之结转，因而期末没有结存的数字。期间账户按用途可分为期间收入账户和期间费用账户。

(一)期间收入账户

期间收入账户是用来反映企业在一定会计期间内取得的各种收入的账户。收入具有广义和狭义之分。狭义上的收入仅指主营业务收入和其他业务收入。此处的收入是指广义上的收入，即不仅包括主营业务收入和其他业务收入，还包括投资收益和营业外收入等。这类账户的结构是，贷方登记本期发生的收入增加额；借方登记本期发生的收入减少额和期末转入“本年利润”账户的收入数额。期末结转后该类账户一般无余额。期间收入账户的结构，如图 5-18 所示。

借方　　　　期间收入账户　　　　贷方

发生额:(1)反映本期收入的减少数额 (2)反映期末转入“本年利润”账户的收入数额	发生额:反映本期收入的增加数额

期末无余额

图 5-18　期间收入账户的基本结构

属于期间收入账户的有“主营业务收入”“其他业务收入”“营业外收入”“投资收益”“补贴收入”等账户。

期间收入账户的特点是:该类账户的余额期末必须结转，结转后该类账户期末无余额。

(二)期间费用账户

期间费用账户是用来核算和监督企业在一定期间内发生的，应计入当期损益的各项费用的账户。期间费用有广义和狭义之分。狭义的期间费用仅指“三费”，即管理费用、销售费用和财务费用。此处的期间费用是广义的，即不仅包括为取得产品销售收入及经营管理而发生的各种耗费，如“主营业务成本”“其他业务成本”“管理费用”“销售费用”“财务费用”等，也包括营业外的支出和所得税费用。这类账户的结构是:借方登记本期费用的增加数额；贷方登记本期费用的减少数额或期末转入“本年利润”账户的费用数额。结转后该类账户一般无余额。期间费用账户的结构，如图 5-19 所示。

借方　　　　期间费用账户　　　　贷方

发生额:(1)反映本期费用的增加额 (2)反映期末转入“本年利润”账户的费用数额	发生额:反映本期费用的减少额

期末无余额

图 5-19　期间费用账户的基本结构

属于期间费用账户的有“主营业务成本”“其他业务成本”“营业税金及附加”“销售费用”“管理费用”“财务费用”“营业外支出”“所得税费用”等账户。

期间费用账户的特点是：由于当期发生的各项费用都在期末全部转入“本年利润”账户中，因此该类账户期末无余额。

六、集合分配账户

集合分配账户是用来汇集和分配企业生产经营过程中发生的各项费用的账户，借以核算和监督有关费用计划的执行情况和费用的分配情况。这类账户的结构是：借方登记各种费用的发生数额；贷方登记按照一定的分配标准分配记入各个成本计算对象的费用分配数额。一般业务完成结转后，这类账户无余额。集合分配账户的结构，如图 5-20 所示。

借方　　　　制造费用　　　　贷方

发生额：反映本期增加的各种费用数额	发生额：反映本期分配结转的各种费用数额

结转后期末无余额

图 5-20　集合分配账户的基本结构

属于集合分配账户的有“制造费用”等账户。

集合分配账户的特点是：该类账户是具有明显过渡性质的账户，平时用来归集那些不能直接记入某个成本计算对象的间接费用，一旦费用分配出去，业务完成，该类账户的使命就完成，所以结转后无余额。

七、成本计算账户

成本计算账户是用来核算和监督企业生产过程中某一阶段所发生的全部费用，并据此计算该阶段各个成本计算对象实际成本的账户。这类账户的结构是：借方登记应记入某一成本计算对象的全部费用（包括直接费用和通过集合分配账户分配转来的间接费用），贷方登记转出的已完成某一过程的成本计算对象的实际成本；期末如有余额，一定在借方，表示尚未完成某一过程的成本计算对象的实际成本。成本计算账户的结构如图 5-21 所示。

借方　　　　生产成本　　　　贷方

期初余额：反映期初结存在产品的生产成本 发生额：反映本期产品生产过程中增加的全部成本	发生额：反映本期结转减少的产成品的生产成本
期末余额：反映期末结存在产品的生产成本	

图 5-21　成本计算账户的基本结构

属于成本计算账户的有“生产成本”“在途物资”“在建工程”等账户。

成本计算账户的特点是：该类账户除了设置总分类账户之外，还应按各个成本计算对象分别设置明细分类账进行明细核算，既提供总体成本指标，又提供具体成本构成项目成本指标。

八、财务成果账户

财务成果账户是用来核算和监督企业在一定时期全部经营活动最终成果的账户。这类账户的贷方登记企业期末从各收入账户转入的本期发生的各项收入数额;借方登记期末从各费用账户转入的本期发生的、与本期收入相配比的各项费用数额。期末如为贷方余额,表示收入大于费用的差额,为企业本期实现的净利润额;若出现借方余额,则表示本期费用大于收入的差额,为本期发生的亏损额。年末,本年实现的利润或发生的亏损都要结转记入"利润分配"账户,结转后该类账户应无余额。财务成果账户的结构,如图 5-22 所示。

借方　　　　　　本年利润	贷方
发生额:反映转入的本期发生的各项费用数额	发生额:反映转入的本期发生的各项收入数额
期末余额:反映本期发生的亏损额	期末余额:反映本期实现的利润额

图 5-22　财务成果账户的基本结构

属于财务成果账户的有"本年利润"账户。

财务成果账户的特点是:在年度中间,账户的余额(无论是实现的利润还是发生的亏损)不转账,一直在该账户中保留,目的是提供截至本期累计实现的利润或发生的亏损,因此年度中间该账户有余额,可能在贷方,也可能在借方。年终结算,要将本年实现的利润或发生的亏损从"本年利润"账户转入"利润分配"账户。所以,年末转账后,该账户一般无余额。

九、计价对比账户

计价对比账户是指对某些业务按照两种不同的计价标准进行计价、对比,确定其业务成果的账户,如"本年利润"账户。该账户的特点是:借方登记本期发生的成本费用(第一种计价),贷方登记本期发生的收入(第二种计价),将借贷两方两种计价对比,就可以确定本期实现的财务成果是盈利还是亏损。若成本费用大于收入,为经营亏损;若成本费用小于收入,则为经营盈利。无论是亏损还是盈利,最终都要从"本年利润"账户结转记入"利润分配"账户。结转后,"本年利润"账户应无余额。如果有余额在借方,表示期末尚未结转的亏损;若有余额在贷方,表示期末尚未结转的盈利。计价对比账户的结构,如图 5-23 所示。

借方　　　　　　本年利润	贷方
发生额:期末结转来的期间成本费用(第一种计价)	发生额:期末结转来的期间收入(第二种计价)
期末余额:期末尚未结转的亏损	期末余额:期末尚未结转的盈利

图 5-23　计价对比账户的基本结构

属于计价对比账户的有"本年利润"账户、"材料采购"账户等。

账户按用途和结构的分类如表 5-2 所示。

表 5-2　账户按用途和结构的分类

账户类别		账户名称
盘存账户		库存现金、银行存款、原材料、库存商品、固定资产等账户
结算账户	债权结算账户	应收票据、应收账款、预付账款、其他应收款、长期应收款等账户
	债务结算账户	应付票据、应付账款、预收账款、短期借款、长期借款、应付职工薪酬、应交税费、应付股利等账户
调整账户	备抵账户	累计折旧、坏账准备、销售退回、库存股等账户
	附加账户	
	备抵附加账户	材料成本差异账户
资本账户		实收资本、资本公积等账户
期间账户	期间收入账户	主营业务收入、其他业务收入、投资收益、营业外收入等账户
	期间费用账户	营业税金及附加、销售费用、管理费用、财务费用、资产减值损失、营业外支出、所得税费用等账户
集合分配账户		制造费用账户
成本计算账户		生产成本、在途物资、在建工程等账户
财务成果账户		本年利润账户
计价对比账户		本年利润、材料采购等账户

第四节　账户的其他分类方法

账户除按会计要素、用途和结构分类外，还可以按提供信息的详细程度分类，按列入会计报表分类，按余额分类，按格式分类等。

一、账户按提供信息的详细程度分类

账户按提供信息的详细程度，分为总分类账户和明细分类账户。关于这个方面的内容我们在第三章已经做了详细的介绍，这里就不赘述了。

二、账户按与会计报表的关系分类

账户按与会计报表的关系分类，可以分为资产负债表账户和利润表账户。

(一)资产负债表账户

资产负债表账户是指编制资产负债表所要依据的账户。资产负债表账户包括资产类账户、负债类账户和所有者权益类账户三类，分别与资产负债表中的这三类项目相对应。如果“生产成本”账户期末有借方余额，表示在产品的成本，列入资产负债表的存货项目。

(二)利润表账户

利润表账户是指编制利润表所依据的账户。利润表账户包括收入类账户和费用类账户两类，这类账户是根据利润表的项目设置的。

研究账户按列入会计报表的分类，目的在于通过这些账户的具体核算，提供编制会计报表所需要的数据资料。

三、账户按期末余额分类

账户按期末余额分类，分为实账户、虚账户和混合账户三类。

（一）实账户

实账户，又称永久性账户，通常是指期末结账后有余额的账户。实账户的期末余额代表着企业的资产、负债和所有者权益。

实账户按期末余额的方向分类，又可以分为借方余额账户和贷方余额账户。借方余额账户是指账户的借方发生额表示增加，贷方发生额表示减少，期末余额一定在借方的账户。资产类账户一般都是借方余额账户。贷方余额账户是指账户的贷方发生额表示增加，借方发生额表示减少，期末余额一定在贷方的账户。负债类和所有者权益类账户的期末余额一般都在贷方。

（二）虚账户

虚账户，又称临时性账户，通常是指期末结账后无余额的账户。因为它们只在经营期间存在发生额，而在期末因结转而余额不存在，所以称为临时性账户。虚账户的发生额反映企业的损益情况，通常利润表账户都是虚账户。

（三）混合账户

一个账户兼有虚账户和实账户性质的，称为混合账户。

所谓兼有虚账户和实账户性质，是指该账户本身属于实账户，但是在会计期末，要将其中所含有的需要调整到虚账户的部分进行分离，也即须在期末通过调整分录将这种混合账户的虚账和实账部分分开。比如“待摊费用”，期初余额为 5 000 元，在会计期末，需要将其中的部分费用如 1 000 元摊销到相关费用如“管理费用”中去，这样，该账户的期末余额就调整为 4 000 元，这个调整分录是在会计期末根据配比原则来进行调整分配到费用中去，而费用账户属于虚账户，也就是说将原 5 000 元的资产，分离 1 000 元到虚账户“管理费用”中，另外的 4 000 元依然属于实账户“待摊费用”。

四、账户按格式分类

账户按格式可分为差额式账户和 T 形账户。

差额式账户，又称余额滚存式账户，通常我们常用的各类账户的正式格式，都是差额式账户，其基本格式如图 5-24 所示。

银行存款日记账

20××年		凭证		摘要	结算凭证	对应科目	借方	贷方	余额
月	日	字	号						
5	1			月初余额					20 000
	1	银	1	收到销货款	转支	主营业务收入	50 000		70 000
	2	银	2	支取现金	现支	现金		5 000	65 000
	2	银	3	归还借款	转支	短期借款		20 000	45 000
	3	银	4	付广告费	信汇	销售费用		10 000	35 000

图 5-24 差额式账户基本结构

由图 5-24 可知，差额式账户每次都要登记借方金额、贷方金额，并相应结存出余额。

T 形账户，又称丁字账，是差额式账户的简化，其基本格式如图 5-25 所示。

借　　银行存款	贷
期初余额：　20 000	
本期发生额：①50 000	本期发生额：② 5 000 ③20 000 ④10 000
本期发生额合计：　50 000 期末余额：　35 000	本期发生额合计：　35 000

图 5-25　T 形账户的基本结构

本章小结

研究账户的分类，可揭示账户的特征，有利于加深对账户的认识。本章在介绍了账户分类的意义和原则的基础上，主要讲述了账户按经济内容和按用途结构的分类，分别介绍了各类账户的基本结构、主要核算内容以及各类账户的特点。希望同学们通过本章的学习，能正确地认识和运用账户，进行经济业务核算。

关键概念

账户	资产类账户	负债类账户	所有者权益类账户
成本类账户	损益类账户	盘存账户	结算账户
调整账户	资本账户	集合分配账户	成本计算账户
计价对比账户	期间账户	财务成果账户	资产负债表账户
利润表账户	实账户	虚账户	

思考与讨论

1. 什么是账户的经济内容？账户按经济内容可分为哪几类？
2. 账户按用途和结构不同可分为哪几类？各账户结构是什么？
3. 试举例说明备抵账户的性质和作用。

练习题

一、单项选择题

1. 下列不属于账户基本结构的栏目是(　　)。

A. 借方　　B. 贷方　　C. 余额　　D. 登记方法

2. "利润分配"账户按其所反映的经济内容属于(　　)账户。

A. 资产类　　B. 所有者权益类　　C. 负债类　　D. 成本类

3. 反映企业初始投资资本的账户是(　　)。

A. 长期股权投资　　B. 资本公积
C. 实收资本　　D. 应付股利
4. 下列账户中，属于集合分配账户的是（　　）。
A. 管理费用　　B. 本年利润
C. 利润分配　　D. 制造费用
5. “累计折旧”账户属于（　　）。
A. 计价对比类账户　　B. 调整类账户
C. 财务成果类账户　　D. 成本计算类账户
6. 下列关于“未分配利润”的说法，不正确的是（　　）。
A. “未分配利润”是一级科目
B. “未分配利润”是资产负债表上的项目
C. “未分配利润”是利润分配的明细科目
D. “未分配利润”属于所有者权益
7. 下列属于备抵附加账户的是（　　）。
A. 公允价值变动损益　　B. 材料成本差异
C. 坏账准备　　D. 存货跌价准备
8. 关于“应收账款”账户，下列说法不正确的是（　　）。
A. 是资产类账户　　B. 按客户设置明细账
C. 是债权结算类账户　　D. 期末余额一定在借方
9. 关于“预收账款”账户，下列说法不正确的是（　　）。
A. 是债权结算类账户
B. 是债务结算类账户
C. 是负债类账户
D. 期末余额可能在借方，也可能在贷方
10. 下列属于会计要素收入的账户是（　　）。
A. 主营业务收入　　B. 营业外收入
C. 投资收益　　D. 公允价值变动收益

二、多项选择题

1.（　　）的说法是错误的。
A. 账户不一定必须分为左右两方　　B. 账户都应有期末余额
C. 会计科目就是账户的名称　　D. 账户既有结构又有名称
2. 在会计工作中，账户的格式设计一般包括以下内容（　　）。
A. 账户的名称　　B. 日期　　C. 摘要　　D. 凭证字号
3. 下列各项属于资产类账户的有（　　）。
A. 库存现金　　B. 固定资产　　C. 累计折旧　　D. 预收账款
4. 会计账户反映的内容包括（　　）。
A. 会计要素的增加额　　B. 会计要素的减少额
C. 会计要素的期初余额　　D. 会计要素的期末余额
5. 债权结算账户的贷方登记（　　）。

A. 应付账款的减少　　B. 应收账款的减少
C. 预付账款的减少　　D. 预收账款的增加

6. 下列属于成本计算账户的有(　　)。
A. 生产成本　　B. 主营业务成本
C. 其他业务成本　　D. 在途物资

7. 下列属于资本账户的有(　　)。
A. 实收资本　　B. 资本公积　　C. 本年利润　　D. 长期股权投资

8. 下列属于备抵账户的有(　　)。
A. 累计折旧　　B. 库存股　　C. 坏账准备　　D. 资产减值损失

9. 狭义的期间费用是指(　　)等费用。
A. 管理费用　　B. 财务费用　　C. 销售费用　　D. 所得税费用

10. 下列属于留存收益的账户有(　　)。
A. 利润分配　　B. 本年利润　　C. 实收资本　　D. 盈余公积

三、判断题

1. 会计科目和会计账户的核算内容并不完全相同。(　　)
2. "坏账准备"账户属于资产类调整账户。(　　)
3. 凡是损益类账户都没有余额。(　　)
4. 所有的会计账户都是依据会计科目开设的。(　　)
5. 账户中的本期减少发生额,是增减相互抵消后的净减少额。(　　)

四、业务题

某公司 5 月 1 日发生的有关经济业务的会计分录如下:

1. 借:银行存款　　1 000
　　贷:库存现金　　1 000
2. 借:管理费用　　500
　　贷:库存现金　　500
3. 借:银行借款　　100 000
　　贷:银行存款　　100 000
4. 借:原材料　　100 000
　　应交税费——应交增值税(进项税额)　　13 000
　　贷:银行存款　　113 000

已知"银行存款"账户和"库存现金"账户的期初余额分别为 250 000 元和 2 000 元,请分别登记"银行存款"和"库存现金"的 T 形账户。

第六章

会计凭证

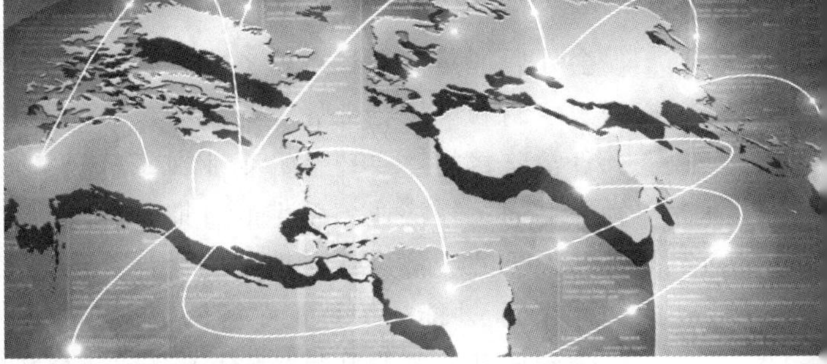

KUAIJIXUE YUANLI

学习目的

本章详细介绍了设置会计凭证的意义及会计凭证的种类，按照不同的分类分别介绍了原始凭证、记账凭证的基本格式、内容、填制要求与方法，以及审核的基本要求。通过对本章的学习，同学们应了解各种会计凭证的基本格式、内容、填制要求，重点掌握填制和审核会计凭证的正确方法，为今后依法从事会计工作奠定良好的基础。

第一节　会计凭证概述

一、会计凭证的意义

会计凭证是记录经济业务的发生和完成情况、明确经济责任的书面证明，也是登记账簿的依据。填制和审核会计凭证是会计核算的基本方法之一，是会计工作的开始，也是对经济业务进行日常监督的重要环节。企业在每笔经济业务发生时，都应由各项经济业务的经办人员在会计凭证上记录经济业务发生的日期、内容摘要、金额、数量等具体内容，并在凭证上记录经济业务经办人员的经济责任。填制的会计凭证还必须交有关人员审核并签章。只有经过审核无误的会计凭证，才能作为登记账簿的依据。

会计凭证的填制和审核，对于保证会计核算资料的完整、真实、合法，对于发挥会计在经济管理中的作用，都具有十分重要的意义。

(一)填制和审核凭证，可以及时、准确地反映经济业务

填制会计凭证是会计核算的第一步。企业日常发生的经济业务是多种多样的，如资金的取得和运用、生产过程发生的耗费、财务成果的取得和分配等，既有货币资金的收付，又有财产物资的进出。每项经济业务的发生，都要填制或取得会计凭证，这些凭证是记录经济业务的最原始资料，反映了经济业务发生过程中的有关信息，可以及时协调会计主体内部各部门、各单位之间的经济活动，保证生产经营各个环节的正常运转。

(二)填制和审核凭证，可以强化会计监督

审核会计凭证是进行常规会计核算的前提。企业每发生一项经济业务，都必须通过会计凭证记录反映出来，会计人员在入账之前，必须严格、认真地对会计凭证进行逐项审查、核对，检查经济业务内容以及填制手续是否符合国家法律、法令的有关规定，是否在预算、计划开支范围之内，有无违背财经纪律的情况。通过检查还可以及时发现企业在资金、费用等管理上存在的问题，便于采取有效措施，堵塞漏洞，严肃财经纪律，保证资本的完整和有效利用，使企业的经济活动能按正常的秩序进行。

(三)填制和审核凭证，可以明确经济责任

企业每发生一项经济业务，均由经办部门和人员按一定程序取得或填制会计凭证，并按照规定手续，严格认真地在会计凭证上进行签章，表明其应承担法律责任和经济责任，以促使经办部门和有关人员加强法律意识，照章办事，确保经济活动能按正常的秩序进行。

二、会计凭证的种类

会计凭证种类繁多，按其填制程序和用途不同，可以分为原始凭证和记账凭证。

(一)原始凭证

原始凭证是在经济业务发生时取得或填制的，用于记录经济业务的发生和完成情况的具有法律效力的书面证明，它是会计核算的原始资料和重要依据。

原始凭证按其来源不同，可分为自制原始凭证和外来原始凭证两种。

1. 自制原始凭证

自制原始凭证是本单位内部经办业务的部门或人员，根据所办理的经济业务自行填制的原始凭证。自制原始凭证按其填制手续和内容不同，又可分为一次凭证、累计凭证和汇总原始凭证三种。

(1)一次凭证。一次凭证是指在经济业务发生时一次填制完成的，用于记录一项经济业务或同时记录若干项同类经济业务的原始凭证。自制原始凭证多数都是一次凭证，例如，企业购进材料验收入库由仓库保管员填制的“入库单”、车间生产领用材料时填制的“领料单”(见表 6-1)、销售产品时开具的“增值税专用发票”(见表 6-2)等，都是一次凭证。一次凭证只能反映一笔业务的内容，使用方便灵活，但数量较多，核算较麻烦。

(2)累计凭证。累计凭证是指一定时期内，在一张凭证中，连续登记若干项不断重复发生的同类经济业务的原始凭证。这种凭证的填制手续不是一次完成的，而是把经常发生的同类经济业务连续登记在一张凭证上，可以随时计算业务的发生额累计数，以简化核算手续，减少凭证数量，便于同定额、计划、预算数进行比较，起到控制有关费用的作用。例如，企业使用的“限额领料单”(见表 6-3)就是一种累计凭证。

(3)汇总原始凭证。汇总原始凭证，也称原始凭证汇总表，是将一定时期内若干张反映同类经济业务的原始凭证加以汇总而填制的原始凭证。例如，根据收料单汇总编制的“收料汇总表”、根据领料单汇总编制的“发出材料汇总表”(见表 6-4)、“工资结算汇总表”等，都属于汇总原始凭证。汇总原始凭证既可提供经营管理所需要的总量指标，又可简化核算手续。

表 6-1 领料单

领料单位：　　　　　　　　　　　　　　　　　　　　凭证编号：

用　　途：　　　　　　　　　年　月　日　　　　　　发料仓库：

材料编号	材料类别	材料名称	规格	计量单位	数量		单价	金额
					请领	实发		
合计								
备注								

仓库保管员：　　　发料：　　　领料主管：　　　领料：

表 6-2　增值税专用发票

№00808888

开票日期：

<table>
<tr><td rowspan="4">购
货
单
位</td><td colspan="4">名　　　称：</td><td colspan="2" rowspan="4">密码区</td><td colspan="2" rowspan="4"></td></tr>
<tr><td colspan="4">纳税人识别号：</td></tr>
<tr><td colspan="4">地 址 、电 话：</td></tr>
<tr><td colspan="4">开户行及账号：</td></tr>
<tr><td colspan="2">货物或应税劳务名称</td><td>规格型号</td><td>单位</td><td>数量</td><td>单价</td><td>金额</td><td>税率</td><td>税额</td></tr>
<tr><td colspan="2"></td><td></td><td></td><td></td><td></td><td></td><td></td><td></td></tr>
<tr><td colspan="2"></td><td></td><td></td><td></td><td></td><td></td><td></td><td></td></tr>
<tr><td colspan="2"></td><td></td><td></td><td></td><td></td><td></td><td></td><td></td></tr>
<tr><td colspan="2">合计</td><td></td><td></td><td></td><td></td><td></td><td></td><td></td></tr>
<tr><td colspan="2">价税合计(大写)</td><td colspan="7"></td></tr>
<tr><td rowspan="4">销
货
单
位</td><td colspan="5">名　　　称：</td><td rowspan="4">备注</td><td colspan="2" rowspan="4"></td></tr>
<tr><td colspan="5">纳税人识别号：</td></tr>
<tr><td colspan="5">地 址 、电 话：</td></tr>
<tr><td colspan="5">开户行及账号：</td></tr>
</table>

收款人：　　　　复核：　　　　开票人：　　　　销货单位：(章)

表 6-3　限额领料单

领料单位：　　　　　　　　　　　　　　　　凭证编号：

用　　途：　　　　　　年　月　日　　　　　发料仓库：

<table>
<tr><td rowspan="2">材料类别</td><td rowspan="2">材料编号</td><td rowspan="2">材料名称</td><td rowspan="2">规格</td><td rowspan="2">计量单位</td><td colspan="2" rowspan="2">全月领用限额</td><td colspan="3">全月实领</td></tr>
<tr><td>数量</td><td>单价</td><td>金额</td></tr>
<tr><td></td><td></td><td></td><td></td><td></td><td colspan="2"></td><td></td><td></td><td></td></tr>
<tr><td rowspan="2">领料
日期</td><td colspan="3">请领</td><td colspan="3">实发</td><td colspan="2">退库</td><td rowspan="2">限额
结余</td></tr>
<tr><td>数量</td><td colspan="2">领料部门
负责人签章</td><td>数量</td><td>领料人
签章</td><td>发料人
签章</td><td>数量</td><td>退库单
编号</td></tr>
<tr><td></td><td></td><td></td><td></td><td></td><td></td><td></td><td></td><td></td><td></td></tr>
<tr><td></td><td></td><td></td><td></td><td></td><td></td><td></td><td></td><td></td><td></td></tr>
<tr><td></td><td></td><td></td><td></td><td></td><td></td><td></td><td></td><td></td><td></td></tr>
<tr><td></td><td></td><td></td><td></td><td></td><td></td><td></td><td></td><td></td><td></td></tr>
<tr><td></td><td></td><td></td><td></td><td></td><td></td><td></td><td></td><td></td><td></td></tr>
<tr><td>合计</td><td></td><td></td><td></td><td></td><td></td><td></td><td></td><td></td><td></td></tr>
</table>

供应部门负责人：　　　　生产计划部门负责人：　　　　仓库负责人：

表 6-4　发出材料汇总表

年　月　日

用途	领料单位	原料及主要材料		燃料		修理用备件		合计
		数量	金额	数量	金额	数量	金额	
生产耗用	一车间							
	二车间							
车间耗用	一车间							
	二车间							
管理部门								
合计								

会计主管：　　　　　　　　　　　　制表：　　　　　　　　　　　　审核：

2. 外来原始凭证

外来原始凭证是指在经济业务发生或完成时，从外单位或个人取得的原始凭证。例如，供货单位开来的“发票”、运输部门开来的运费收据、银行开来的收款或付款通知（见表 6-5）。外来原始凭证一般都是一次凭证。

表 6-5　ICBC 中国工商银行　进账单

年　月　日　　　　　　　　　　编号：

<table>
<tr><td rowspan="3">收款人</td><td>全称</td><td colspan="3"></td><td rowspan="3">付款人</td><td>全称</td><td colspan="11"></td></tr>
<tr><td>账号</td><td colspan="3"></td><td>账号</td><td colspan="11"></td></tr>
<tr><td>开户银行</td><td colspan="3"></td><td>开户银行</td><td colspan="11"></td></tr>
<tr><td rowspan="2">金额</td><td colspan="6" rowspan="2">人民币
（大写）</td><td>亿</td><td>千</td><td>百</td><td>十</td><td>万</td><td>千</td><td>百</td><td>十</td><td>元</td><td>角</td><td>分</td></tr>
<tr><td></td><td></td><td></td><td></td><td></td><td></td><td></td><td></td><td></td><td></td><td></td></tr>
<tr><td colspan="2">票据种类</td><td></td><td>票据张数</td><td></td><td colspan="13" rowspan="3">复核：　　　　记账：</td></tr>
<tr><td colspan="2">票据号码</td><td colspan="3"></td></tr>
<tr><td colspan="5">备注：</td></tr>
</table>

(二)记账凭证

记账凭证是会计人员根据审核无误的原始凭证或原始凭证汇总表填制的，反映经济业务内容，确定其应借、应贷科目及金额，并直接作为记账依据的会计凭证。记账凭证的主要内容是会计分录。

由于原始凭证来自不同的单位，种类繁多，数量庞大，格式不一，不能清楚地表明经济业务应记入的会计账户及方向，若直接根据它记账容易发生差错，所以会计人员在记账前，一般先要根据原始凭证或原始凭证汇总表编制记账凭证，在记账凭证中简要说明经济业务的内容，指明所涉及会计科目的名称、借贷方向及其金额，然后再据以记账。原始凭证或原始凭证汇总表作为记账凭证的附件，附在记账凭证后面。这样既便于记账，又可防止差错，保证账簿记录的正确性。依据不同的标准，记账凭证可以分成不同的种类。

1. 记账凭证按其适用的经济业务，可分为专用记账凭证和通用记账凭证

(1)专用记账凭证是指专门记录某一类经济业务的记账凭证。专用凭证按其所记录的经济业务是否与货币资金的收付有关，又可分为收款凭证、付款凭证和转账凭证三种。

①收款凭证。收款凭证是用来记录库存现金和银行存款等货币资金收款业务的记账凭证。它是根据有关库存现金和银行存款收入业务的原始凭证填制的，是登记库存现金和银行存款增加及其他有关账户的依据。收款凭证的格式如表 6-6 所示。

表 6-6　收款凭证

借方科目：　　　　　　　　　　年　月　日　　　　　　　　　　收字第　号

对方单位	摘要	贷方科目		金额								过账
		总账科目	明细科目	十	万	千	百	十	元	角	分	
合计												

附单　张

会计主管：　　　　记账：　　　　出纳：　　　　审核：　　　　制单：

②付款凭证。付款凭证是用来记录库存现金和银行存款等货币资金付款业务的记账凭证。它是根据有关库存现金和银行存款付款业务的原始凭证填制的，是登记库存现金和银行存款减少及其他有关账户的依据。付款凭证的格式如表 6-7 所示。

表 6-7　付款凭证

贷方科目：　　　　　　　　　　年　月　日　　　　　　　　　　付字第　号

对方单位	摘要	借方科目		金额								过账
		总账科目	明细科目	十	万	千	百	十	元	角	分	
合计												

附单　张

会计主管：　　　　记账：　　　　出纳：　　　　审核：　　　　制单：

③转账凭证。转账凭证是用来记录与库存现金、银行存款等货币资金收付款业务无关的其他经济业务的记账凭证，即转账凭证记录的是不需要收付现金和银行存款的经济业务。它是根据有关转账业务的原始凭证填制的，是登记库存现金与银行存款以外有关账簿的依据。转账凭证的格式如表 6-8 所示。

表 6-8　转账凭证

年　月　日　　　　　　　　　　转字第　号

摘要	总账科目	明细科目	借方金额							贷方金额						
			万	千	百	十	元	角	分	万	千	百	十	元	角	分
合计																

附单　张

会计主管：　　记账：　　出纳：　　审核：　　制单：

需要说明的是，对于库存现金和银行存款之间的相互划转业务，为了避免重复记账，一般只编制一张付款凭证，而不再编制收款凭证。

(2)通用记账凭证是指格式统一、用来记录所有经济业务的记账凭证。某些中、小型企业的经济业务简单，为了简化手续，对于收款业务、付款业务和转账业务均使用统一格式的记账凭证。通用记账凭证的一般格式如表 6-9 所示。

表 6-9　通用记账凭证

年　月　日　　　　　　　　　　凭证编号：

摘要	总账科目	明细科目	借方金额							贷方金额						
			万	千	白	十	元	角	分	万	千	百	十	元	角	分
合计																

附单　张

会计主管：　　记账：　　出纳：　　审核：　　制单：

2. 记账凭证按其所包含的会计科目，可分为单式记账凭证和复式记账凭证

(1)单式记账凭证。单式记账凭证是指在一张凭证上只填列一个会计科目，一笔经济业务涉及几个会计科目，就填制几张记账凭证，一项经济业务由若干张记账凭证共同反映。根据复式记账原理，一项经济业务必然涉及两个或两个以上的会计科目，分别表示在借、贷方。所以，填列借方科目的称为借项记账凭证，填列贷方科目的称为贷项记账凭证。采用单式记账凭证，有利于汇总计算每一会计科目的发生额，便于分工记账，从而更好地贯彻内部控制制度，防止差

错和舞弊;但不利于在一张凭证上反映经济业务的全貌和会计科目完整的对应关系,且凭证张数多、不易保管,填制凭证的工作量较大,因此使用的单位很少。

(2)复式记账凭证。复式记账凭证是指一项经济业务所涉及的全部会计科目都集中填列在一张凭证上的记账凭证。上述专用记账凭证和通用记账凭证均为复式记账凭证。一张复式记账凭证可以集中反映一项经济业务所涉及的全部会计科目的对应关系,了解经济业务的全部内容,便于分析经济业务,也减少了凭证填制的工作量,但不便于汇总计算每一科目的发生额。

3.记账凭证按其是否汇总,可分为单一凭证和汇总凭证

(1)单一凭证。单一凭证是只包含一笔会计分录的记账凭证。上述的专用记账凭证和通用记账凭证,均为单一凭证。单一凭证记录比较详细,账户对应关系明确,但因为要逐笔登记总分类账,工作量相对较大。所以,规模大、经济业务多的企业一般不选择直接依据单一凭证登账,而要在它的基础上再编制汇总记账凭证或科目汇总表。

(2)汇总凭证。汇总凭证是根据若干单一凭证加以归类汇总而另行编制的特种记账凭证。汇总凭证包括汇总记账凭证和科目汇总表。

①汇总记账凭证。汇总记账凭证是根据一定时期内同类单一记账凭证定期加以汇总而重新编制的特种记账凭证,目的是简化登记总分类账的手续。汇总记账凭证又可以进一步分为汇总收款凭证、汇总付款凭证和汇总转账凭证,其一般格式如表6-10、表6-11、表6-12所示。汇总记账凭证减少了登记总分类账的工作量,同时仍然在凭证中明确反映了账户的对应关系,但这种凭证的结构比较复杂,编制较费时、费工。

②科目汇总表。科目汇总表是指根据一定时期内所有的记账凭证定期加以汇总而重新编制的特种记账凭证,其目的也是简化登记总分类账的手续。科目汇总表的最大优点是能大大减少登记总分类账的工作量,同时它的编制也比较简单,可以弥补汇总记账凭证的不足,比较适用于大、中型企业,它的缺陷表现在不能明确反映账户的对应关系。

科目汇总表通常定期进行汇总,根据企业的实际情况而定,可以五天一张或每旬一张,也可以每月一张。按月汇总的科目汇总表格式如表6-13所示。

表6-10 汇总收款凭证

借方科目:　　　　年　月　日　　　　字第　　号

贷方科目	金额				记账	
	(1)	(2)	(3)	合计	借方	贷方
合计						

附注:(1)自_____日至_____日　　收款凭证共计_____张
(2)自_____日至_____日　　收款凭证共计_____张
(3)自_____日至_____日　　收款凭证共计_____张

表 6-11 汇总付款凭证

贷方科目： 年 月 日 字第 号

借方科目	金额				记账	
	(1)	(2)	(3)	合计	借方	贷方
合计						

附注：(1)自______日至______日 付款凭证共计______张
(2)自______日至______日 付款凭证共计______张
(3)自______日至______日 付款凭证共计______张

表 6-12 汇总转账凭证

贷方科目： 年 月 日 字第 号

借方科目	金额				记账	
	(1)	(2)	(3)	合计	借方	贷方
合计						

附注：(1)自______日至______日 转账凭证共计______张
(2)自______日至______日 转账凭证共计______张
(3)自______日至______日 转账凭证共计______张

表 6-13 科目汇总表

年 月 日至 日 第 号

会计科目	账页	本期发生额		记账凭证起讫号数
		借方	贷方	
合计				

会计主管： 记账： 制表：

综上所述，会计凭证的种类归纳为图 6-1 所示。

- 会计凭证
  - 原始凭证
    - 自制原始凭证
      - 一次凭证
      - 累计凭证
      - 汇总原始凭证
    - 外来原始凭证
  - 记账凭证
    - 按适用经济业务分
      - 专用记账凭证
      - 通用记账凭证
    - 按包含会计科目分
      - 单式记账凭证
      - 复式记账凭证
    - 按是否汇总分
      - 单一凭证
        - 收款凭证
        - 付款凭证
        - 转账凭证
      - 汇总凭证
        - 汇总记账凭证
          - 汇总收款凭证
          - 汇总付款凭证
          - 汇总转账凭证
        - 科目汇总表

图 6-1　会计凭证的种类

第二节　原始凭证的填制和审核

一、原始凭证的基本内容

原始凭证所要记录的经济业务的内容是多种多样的，所以，各种凭证的名称、格式和内容的繁简程度不尽相同。但是，每一种原始凭证都必须能客观、真实地记录和反映经济业务的发生、完成情况，都必须明确有关单位、部门及人员的经济责任。这些共同的要求，决定了每种原始凭证都必须具备以下几个方面的具体内容：

(1)原始凭证的名称，如“领料单”“发票”等，反映原始凭证所记录经济业务的内容、种类及用途。

(2)原始凭证的填制日期，反映原始凭证记录的经济业务发生或完成的日期。

(3)接受凭证的单位或个人名称，将接受凭证的单位或个人和填制凭证的单位与填制人员相联系，表明经济业务的来龙去脉。

(4)经济业务的内容摘要，简要说明经济业务所反映的内容。

(5)经济业务中的实物名称、数量、单价、金额，这是原始凭证的核心。

(6)填制单位、填制人员及其他经办人员签章。

此外，有的原始凭证为了满足计划、统计、业务等职能部门管理的需要，还需要填列计划、定额、合同号等项目，这样可以更加充分地发挥原始凭证的作用。各会计主体根据会计核算和管理的需要，按照原始凭证应具备的基本内容和补充内容，可自行设计和印制适合会计主体需要的各种原始凭证。但是，为了加强宏观管理，强化监督，堵塞偷税、漏税的漏洞，对于在国民经济一定范围内经常发生的同类经济业务，各有关主管部门应当设计、印制格式统一的原始凭证。例如，由中国人民银行设计、统一印制的分行汇票、本票、支票等，由航空、铁路、公路等交通部门设计、统一印制的客货票、收款收据等，由税务部门设计、统一印制的增值税专用发票等。印制统一的原始凭证，既可以加强对凭证的管理和对企业、事业单位经济活动的监督，又可以节约印刷费用。

二、原始凭证的填制

原始凭证是具有法律效力的证明文件，是进行会计核算的依据，对其填制必须严肃认真。正确填制原始凭证，要由填制人或经办人根据经济业务的实际执行和完成情况，将各项凭证要素按规定的方法填写齐全，办妥签章手续，明确经济责任。

(一)外来原始凭证的填制

外来原始凭证是企业同外单位发生经济业务时，由外单位的经办人填制的，它也要具备证明经济业务各项完成情况和明确经济责任所必需的内容，必须有该填制单位的公章、从个人取得的原始凭证填制人员的签名或盖章。

(二)自制原始凭证的填制

自制原始凭证的填制主要分以下三种情况：

(1)根据经济业务执行和完成的实际情况，由经办人员直接填列。例如，根据实际领用的材料名称和数量、金额填列的领料单等。

(2)根据账簿记录对有关经济业务加以归类、整理而重新编制。例如，制造业企业月末为了计算本月的生产成本，将车间制造费用进行归集，选择一定的分配标准进行分配计算编制的制造费用分配表。

(3)根据若干张反映同类经济业务的原始凭证定期汇总填制。例如，各种汇总原始凭证等。

自制原始凭证必须由经办单位领导人或者其指定的人员签名或者盖章，对外开出的原始凭证，还必须加盖本单位公章。

(三)原始凭证的填制要求

1. 记录真实

原始凭证上记载经济业务的内容和数字，必须真实可靠，符合实际情况，绝不允许有任何歪曲或弄虚作假。对于实物的数量、质量和金额，都要经过严格的审核，确保凭证记录真实可靠。从外单位取得的原始凭证如有丢失，应取得原签发单位盖有“账务专用章”的证明，并注明原凭证的号码、所载金额等内容，由经办单位负责人批准后，可代作原始凭证；对于确实无法取得证明的，如火车票、轮船票、飞机票等，可由当事人写出详细情况，由经办单位负责人批准后，也可代作原始凭证。

2. 内容完整

原始凭证上所记录的基本内容应无一遗漏地完整填写，以反映经济业务的全貌，而且凭证填写的手续必须完备，符合内部牵制原则。凡是填有大写和小写金额的原始凭证，大写与小写金额必须相符；购买实物的原始凭证，必须有验收证明；支付款项的原始凭证，必须有收款单位和收款人的收款证明。如果内容填写不全，则不能作为经济业务的合法证明，也不能作为有效的会计凭证。为了明确经济责任，原始凭证必须由经办部门和人员盖章：从外单位取得的原始凭证，必须有填制单位的公章或财务专用章；从个人处取得的原始凭证，必须有填制人员的签名或盖章；自制原始凭证，必须有经办部门负责人或其指定人员的签名或盖章；对外开出的原始凭证，必须加盖本单位的公章或财务专用章。

3. 填制及时

原始凭证应当根据经济业务的执行和完成情况及时填列，不得拖延，以免影响后面的账务处理。填制好的原始凭证要按规定的程序及时送交财会部门，由财会部门加以审核，并据以编制记账凭证。

4. 书写规范

原始凭证上的文字和数字必须填写清楚，容易辨认。如果出现填制错误，应按规定的更正办法更正，不得任意涂改、刮擦或挖补。具体规定如下：

(1)原始凭证上的文字和数字的填写要求用蓝黑墨水笔书写，文字叙述要简要，字迹要工整、清晰，易于辨认。不得用铅笔或圆珠笔书写，不得使用未经国务院公布的简化字。阿拉伯数字要逐个写清楚，不得连笔。一式几联的凭证，应当注明各联的用途，只能以一联作为登记账簿的依据，并且要用复写纸进行套写，连续编号。

(2)书写小写金额时，金额之前要冠以人民币符号"¥"(如用外币计价、结算的凭证，金额前要加注外币符号，如US$等)，币值符号与数字之间不得留有空白。前面加有币值符号的金额，后面不加货币单位。所有以元为单位的阿拉伯数字，除表示单价等情况外，一律填写到角、分；无角、分的，要以"0"补实。

(3)大写金额数字应一律用壹、贰、叁、肆、伍、陆、柒、捌、玖、拾、佰、仟、万、亿、元、角、分、零、整等，后要有货币单位，金额最后为"元"或"角"的，在"元"或"角"之后要写"整"字。

(4)金额小写数字中间有"0"时，金额大写要写"零"字，如¥1 409.50，金额大写应写成"人民币壹仟肆佰零玖元伍角整"；金额小写数字中间有几个"0"时，金额大写中只写一个"零"字，如¥6 007.14，金额大写应写成"人民币陆仟零柒元壹角肆分"；金额小写数字万位或元位是"0"，或者数字中间连续有几个"0"、元位也是"0"，但千位、角位不是"0"时，金额大写数字中可写一个"零"字，也可以不写"零"字，如¥1 580.32，应写成"人民币壹仟伍佰捌拾元(零)叁角贰分"，又如¥107 000.54，应写成"人民币壹拾万(零)柒仟元(零)伍角肆分"，在书写时括号里的"零"字可写，也可以不写。

(5)原始凭证记载的各项内容均不得涂改。原始凭证有错误的，应当由出具单位重开或者更正，更正处应当加盖出具单位印章。对于支票等重要的原始凭证若填写错误，一律不得在凭证上更正，应按规定的手续注销留存，另行重新填写。注销时要加盖"作废"戳记，连同存根一起保存，不得撕毁。发生销货退回时，除填制退货发票外，退款时，必须取得对方的收款收据或汇款银行的汇出凭证，不得以退货发票代替收据。经有关部门批准办理的某些特殊业务，应将批准的文件作为原始凭证的附件，若批准文件需要单独归档，应在凭证上注明批准机关名称、日期和文件字号。

三、原始凭证的审核

原始凭证是填制记账凭证的依据，为了保证原始凭证内容的真实性和合法性，防止不符合填制要求的原始凭证影响会计信息的质量，必须由会计部门对一切外来的和自制的原始凭证进行严格的审核。审核的内容主要有：

(一)审核原始凭证的真实性

原始凭证作为会计信息的基本信息源，其真实性对会计信息的质量至关重要。如果原始凭证不真实，说明输入会计处理系统的资料不真实，无论如何进行会计处理，最终输出的会计信息不可能真实。所以，原始凭证真实性审核是会计处理系统中最基本的，也是最重要的一个环节。原始凭证真实性的审核包括凭证日期的真实性审核、业务内容的真实性审核、金额的真实性审核、凭证来源的真实性审核等。

(二)审核原始凭证的合法性和合理性

审核原始凭证中反映的经济业务内容是否合法、合理，是否符合国家有关方针、政策、法令、制度的规定，有无违反规定的情况；审查是否严格执行计划，有无故意提高费用开支标准和违反合同的情况，有无盲目采购造成积压资金的现象；审查经济业务是否符合节约原则，有无不讲求经济效益、铺张浪费，甚至弄虚作假、营私舞弊等违法乱纪行为。

(三)审核原始凭证的完整性

审核原始凭证的内容是否填列齐全，有关经办人员是否都已签名或盖章，是否经过主管人员审批同意，手续是否完备。对于内容填列不全、手续不完备的凭证，应退还给经办人员补办完整后，才能据以办理收付业务并登记入账。

(四)审核原始凭证的正确性

根据原始凭证的填制要求，审核原始凭证的摘要和填写的数字是否正确，数量、单价、金额、合计数等有无差错，大、小写金额是否一致；审核原始凭证有无刮擦、挖补、涂改和伪造等情况。若有差错，应退回经办人员予以更正。

第三节 记账凭证的填制和审核

一、记账凭证的基本内容

记账凭证是会计人员根据审核后的原始凭证进行归类、整理，并确定会计分录而编制的凭证，是直接登账的依据。由于原始凭证只表明经济业务的具体内容，不能反映其归类的会计账户和记账方向，不能据以直接入账，而且原始凭证多种多样，其格式、大小也不尽相同。为了做到分类反映经济业务的内容，必须按会计核算方法的要求，将其归类、整理后编制记账凭证，指明应记入的账户名称以及应借、应贷方向和金额。

（一）记账凭证与原始凭证的区别

记账凭证和原始凭证同属于会计凭证，但二者在填制方面存在着以下区别：

（1）原始凭证是由经办人员填制的，记账凭证一律由会计人员填制；

（2）原始凭证是根据发生或完成的经济业务填制的，记账凭证是根据审核后的原始凭证填制的；

（3）原始凭证仅用于记录、证明经济业务已经发生或完成，记账凭证要依据会计科目对已经发生或完成的经济业务进行归类、整理；

（4）原始凭证是填制记账凭证的依据，记账凭证是登记账簿的依据。

（二）记账凭证的基本内容

记账凭证主要是将经济信息转换成会计信息，是对经济业务进行分类核算的凭证。它可以根据每项经济业务编制，即根据每项经济业务的原始凭证编制；也可以根据若干同类经济业务编制，即根据同类原始凭证汇总编制。记账凭证有多种形式，但作为确定会计分录和进行款项收付、账簿记录的依据，必须反映经济业务归类核算的项目、填制依据以及有关人员的责任。所以，记账凭证应具备以下基本内容：

（1）记账凭证的名称；

（2）填制单位的名称；

（3）填制凭证的日期和编号；

（4）经济业务的内容摘要；

（5）会计科目（包括一级、二级和明细科目）的名称、记账方向和金额；

（6）所附原始凭证的张数和记账标记；

（7）制证人员、审核人员、记账人员、会计主管等有关人员的签章，收款凭证和付款凭证还应由出纳签名或盖章。

二、记账凭证的填制

（一）专用记账凭证的填制

1. 收款凭证的填制

收款凭证是用来记录库存现金、银行存款收款业务的凭证，它是由会计人员根据审核无误的原始凭证填制的。

【例 6-1】 悦兴工厂 20××年 3 月 8 日收到银行的收账通知单，得知上月销售给乐成公司一批 A 产品的货款已收到，总计金额 58 000 元。

这项经济业务的发生，可以根据银行的收账通知单编制银行存款收款凭证，如表 6-14 所示。

表 6-14 收款凭证

借方科目:银行存款　　　　20××年 3 月 8 日　　　　银收字第 105 号

对方单位	摘要	贷方科目		金额								过账
		总账科目	明细科目	十	万	千	百	十	元	角	分	
乐成公司	收回欠款	应收账款	乐成公司		5	8	0	0	0	0	0	
合计				¥	5	8	0	0	0	0	0	

附单1张

会计主管：　　会计：　　记账：　　审核：　　出纳：　　制单：

在借贷记账法下，在收款凭证左上方所填列的借方科目，应是“库存现金”或“银行存款”科目；在凭证内所反映的贷方科目，应填列与“库存现金”或“银行存款”相对应账户的总账科目和所属明细科目；“摘要”栏填列经济业务的简要说明；“金额”栏填列该业务实际发生的数额；在凭证的右侧填写所附原始凭证张数；相关经手人员都要签名或盖章。审核无误的收款凭证可据以登记银行存款日记账和库存现金日记账，以及其他相关的总账和明细账，在登记入账后，在“过账”栏打上“√”，表示已入账，以免重记、漏记。

2. 付款凭证的填制

付款凭证是用来记录货币资金付款业务的凭证，它是由会计人员根据审核无误的原始凭证填制的。

【例 6-2】 悦兴工厂 20××年 3 月 18 日以现金支付购买甲材料的运费 2 000 元。

这项经济业务的发生，可以根据运输部门开具的运费发票编制库存现金付款凭证，如表 6-15 所示。

表 6-15 付款凭证

贷方科目:库存现金　　　　20××年 3 月 18 日　　　　现付字第 112 号

对方单位	摘要	借方科目		金额								过账
		总账科目	明细科目	十	万	千	百	十	元	角	分	
货运公司	付购货运费	在途材料	甲材料			2	0	0	0	0	0	
合计					¥	2	0	0	0	0	0	

附单1张

会计主管：　　会计：　　记账：　　审核：　　出纳：　　制单：

在借贷记账法下，在付款凭证左上方所填列的贷方科目，应是“库存现金”或“银行存款”科目；在凭证内所反映的借方科目，应填列与“库存现金”或“银行存款”相对应账户的总账科目和所属明细科目；“摘要”栏填列经济业务的简要说明；“金额”栏填列该业务实际发生的数额；在凭证的右侧填写所附原始凭证张数；相关经手人员都要签名或盖章。审核无误的付款凭证可据以登记银行存款日记账和库存现金日记账，以及其他相关的总账和明细账，在登记入账后，在“过账”栏打上“√”，表示已入账，以免重记、漏记。

为了避免重复记账，涉及库存现金和银行存款之间的划转业务时，一般只填制付款凭证，不填制收款凭证。例 6-3 就是将现金存入银行的业务，只填制库存现金付款凭证。

【例 6-3】 20××年 3 月 20 日，悦兴公司将超出库存现金限额的 38 000 元现金存入银行存款账户。

这项经济业务的发生，可以根据送存现金的现金存款单编制库存现金付款凭证，如表 6-16 所示。

表 6-16 付款凭证

贷方科目：库存现金　　　　20××年 3 月 20 日　　　　现付字第 117 号

对方单位	摘要	借方科目		金额								过账
		总账科目	明细科目	十	万	千	百	十	元	角	分	
工商银行	送存现金	银行存款			3	8	0	0	0	0	0	
合计				¥	3	8	0	0	0	0	0	

附单 1 张

会计主管：　　会计：　　记账：　　审核：　　出纳：　　制单：

企业从银行提取现金时，也是只填制银行存款的付款凭证，不填制收款凭证。出纳对于已经收讫的收款凭证和已经付讫的付款凭证及所附的原始凭证，都需加盖"收讫"或"付讫"的戳记，以免重收、重付，防止差错。

3. 转账凭证的填制

转账凭证是用于记录与货币资金收付无关的转账业务的凭证，它是由会计人员根据审核无误的转账业务原始凭证填制的。

【例 6-4】 20××年 3 月 21 日，一车间领用一批甲材料，用于生产 A 产品。该批甲材料数量为 500 吨，单价为 100 元，总计 50 000 元。

这项经济业务的发生，可以根据领料时的有关原始凭证填列转账凭证，如表 6-17 所示。

表 6-17 转账凭证

20××年 3 月 21 日　　　　转字第 111 号

摘要	总账科目	明细科目	借方金额							贷方金额						
			万	千	百	十	元	角	分	万	千	百	十	元	角	分
生产领料	生产成本	A 产品	5	0	0	0	0	0	0							
	原材料	甲材料								5	0	0	0	0	0	0
合计			5	0	0	0	0	0	0	5	0	0	0	0	0	0

附单 1 张

会计主管：　　会计：　　记账：　　审核：　　出纳：　　制单：

在借贷记账法下，将经济业务所涉及的总账科目及明细科目全部填列在凭证内，借方科目在前，贷方科目在后，将各会计科目所记应借、应贷的金额填列在"借方金额"或"贷方金额"栏内，借、贷方金额合计数应该相等。制单人应在填制凭证后签名盖章，并在凭证的右侧填写所附原始凭证的张数。

（二）通用记账凭证的填制

部分中、小型企业单位为了简化核算，经常采用通用记账凭证。通用记账凭证的格式与转账凭证基本相同，填列方法也基本一致。

【例 6-5】 20××年 3 月 24 日，采购员张某出差回来报销差旅费 280 元，退回 20 元现金。

这项经济业务，可以根据张某报销时依据的有关票据，如车船票、住宿票、餐饮票等，填列记账凭证，如表 6-18 所示。

表 6-18 记账凭证

20××年 3 月 24 日　　　　总第 181 号

摘要	总账科目	明细科目	借方金额							贷方金额						
			万	千	百	十	元	角	分	万	千	百	十	元	角	分
报销差旅费	管理费用	差旅费			2	8	0	0	0							
	库存现金					2	0	0	0							
	其他应收款											3	0	0	0	0
合计				¥	3	0	0	0	0		¥	3	0	0	0	0

附单 1 张

会计主管：　　会计：　　记账：　　审核：　　出纳：　　制单：

在会计实务中，为了简化登记总分类账的手续，还可以把反映同类经济业务或多类经济业务的记账凭证汇总编制成汇总记账凭证或科目汇总表等。汇总记账凭证及科目汇总表的编制方法，将在后面第十章账务处理程序中专门介绍。

（三）记账凭证的填制要求

1. 以审核无误的原始凭证为依据

对经济业务发生后取得或填制的原始凭证必须进行认真严格的检查、审核，经确认其内容真实、准确无误后，方可依此填制相应的记账凭证。填制记账凭证，可以根据每一份原始凭证单独填制，也可以根据同类经济业务的多份原始凭证汇总填制，还可以根据汇总的原始凭证填制。为了简化记账凭证的填制手续，对于转账业务，也可以用自制的原始凭证或汇总原始凭证来代替记账凭证，应当指出的是，不同类型业务的原始凭证，不能混同编制一份记账凭证。除结账和更正错误的记账凭证可以不附原始凭证之外，其他记账凭证必须附有原始凭证。

2. 记账凭证的内容填写要完整

记账凭证的“摘要”栏既是对经济业务的简要说明，又是登记账簿的重要依据，填写内容要真实、简明扼要，正确表达经济业务的主要内容，不可漏填或错填。

按照统一规定的会计科目正确填写会计分录，有关的二级或明细科目都要填写齐全，不得任意简化或变动，不得用会计科目戳记代替书写，也不得只写科目编号、不写科目名称；准确填写会计科目应借、应贷的方向以及各自的金额，行次、栏次的内容要对应明确，“金额”栏要按要求填写至“分”，金额合计要计算准确，并保持借方与贷方之间的平衡。

记账凭证填写经济业务事项后，如有空行，应当自金额栏最后一笔金额数字下的空行处至合计数上的空行处划线注销。如果在填制记账凭证时发生错误，应当重新填制，并将错误凭证作废或撕毁。

在记账凭证的右边相关位置，还必须注明所附原始凭证的张数，并将有关原始凭证整理后，附在该记账凭证后面，表明其所依据的有关资料。除结账和更正错误的记账凭证可以不附原始凭证外，其他记账凭证必须附有原始凭证。

3.记账凭证的日期要准确

记账凭证日期的填写要结合所依据的原始凭证，还要考虑具体记录的经济业务的特殊性。收、付款凭证应按货币资金收付的日期填写，转账凭证原则上应按收到原始凭证的日期填写。如果一份转账凭证依据不同日期的某类原始凭证填制时，可按填制凭证日期填写。

4.记账凭证的编号要合理

记账凭证在一个月内必须连续编号，以便查考。根据所采用的记账凭证的格式，采用不同的编号方法。如果采用统一格式的通用记账凭证，凭证的编号可按经济业务的发展，采用“顺序编号法”，即按月统一编顺序号。如果记账凭证采用收款、付款、转账三种凭证格式，则应当采用“字号编号法”，即将不同类型的记账凭证用字号加以区别，如按照现金收款凭证、现金付款凭证、银行存款收款凭证、银行存款付款凭证、转账凭证，分别编制现收字第××号、现付字第××号、银收字第××号、银付字第××号、转字第××号五种凭证编号，以上五种凭证编号要分别按字号编顺序号，还要按照经济业务发生的次序统一按月份编总字号。如果一笔经济业务需要填制多张记账凭证，则还需要采取“分数编号法”。例如，某企业某日发生第24笔转账业务，该业务所涉及的会计科目需要填制3张转账凭证，则3张转账凭证的编号依次为：转字第$24\frac{1}{3}$号（转账凭证第24号第一张凭证）、转字第$24\frac{2}{3}$号（转账凭证第24号第二张凭证）、转字第$24\frac{3}{3}$号（转账凭证第24号第三张凭证）。其中，分母代表该笔经济业务填制记账凭证的总张数，分子代表其中的第几张凭证，前面的整数则表示凭证的顺序号。这里应注意，对于这几张记录同一笔经济业务的记账凭证而言，如果这笔经济业务是依据一张原始凭证反映的，则应在未附原始凭证的记账凭证上注明其原始凭证附在哪张记账凭证之后，以便查阅。

5.项目齐全，责任明确

记账凭证填制完毕后，应进行复核与审查，看其所有内容是否填列齐全，并按所使用的记账方法进行试算平衡。填制人员、审核人员、记账人员和会计主管都要在凭证上签字、盖章。出纳收付款项后据以填制的收款凭证和付款凭证上，还要加盖“收讫”或“付讫”的戳记，以免重收、重付。记账凭证应当及时传递，不得积压，传递程序应当科学合理。

三、记账凭证的审核

记账凭证是登记账簿的直接依据，为了确保账簿记录的准确性，监督款项收付，及时提供准确、完整的会计信息，必须严格按照要求填制记账凭证，同时要有专人对已经填制的记账凭证进行严格审核。只有审核无误的记账凭证，才能作为记账的依据。记账凭证的审核主要包括以下内容：

首先，审核记账凭证是否附有原始凭证，所附原始凭证的张数与记账凭证上填写的附单张数是否一致、是否合法；审核记账凭证所记录的经济业务与所附原始凭证所反映的经济业务是否相符，记账凭证上的金额与所附原始凭证上的金额是否相等。审核时，必须注意，没有附原始凭证的记账凭证无效(除特殊情况外),不能作为登记账簿的依据。

其次,审核记账凭证中确定的会计分录是否正确。主要审核使用的会计科目是否准确,会计科目之间的对应关系是否清晰;借方金额与贷方金额的计算是否准确无误,两者的合计数是否保持平衡;一级科目的金额与其所属明细科目的金额之和是否相符。

最后,审核记账凭证中的项目是否填列齐全,书写是否正确。如记账凭证中的日期、凭证编号、摘要、会计科目、金额、所附原始凭证张数及有关人员签章等是否完整、齐全,记录的文字是否工整、数字是否清晰,是否按规定使用炭黑或蓝黑墨水笔书写等。

另外,实行会计电算化的单位,对于机制记账凭证,也要认真审核,做到会计科目使用正确,数字准确无误。打印出来的机制记账凭证要加盖制单人员、稽核人员、记账人员及会计主管人员的印章或者签字。

在审核记账凭证的过程中,如果发现上面的记录有错误,应及时查明原因,并按照规定的程序返回,重新编制正确的记账凭证。

第四节　会计凭证的传递和保管

一、会计凭证的传递

会计凭证的传递是指从经济业务发生或完成时取得或填制原始凭证开始,直到会计凭证归档保管为止,在本单位内部有关部门和人员之间,按照规定路线、时间和手续传递,进行处理、移交的程序。

因为各种会计凭证所记录的经济业务内容不尽相同,所要办理经济业务的手续和所需的时间不同,在办理业务过程中涉及的部门和人员也不同。为了使会计凭证能够在会计核算中更好地发挥作用,使经济业务得到及时处理,使有关业务部门和人员组织起来、分工协作,使会计核算能正常、有序地进行,有必要为会计凭证规定一个科学、合理的传递路线、传递时间和传递手续。

为了组织好会计凭证的传递,在设计传递程序时,应注意以下几个方面:

(1)会计凭证的传递时间。

会计凭证的传递时间,是指各种会计凭证在各个经办环节停留的时间。有关业务部门和经办人员应根据实际经济业务量和实际人员配备情况,客观地估计会计凭证在不同经办环节停留的时间,尽量做到既保证会计凭证及时传递,提高工作效率,又不影响正常业务手续的完成。

(2)会计凭证的传递手续。

会计凭证的传递手续,是指在会计凭证传递过程中的衔接手续,应该做到既完备严密,又简便易行。会计凭证的收发、交接都应按一定的手续制度办理,以保证会计凭证的安全和完整。

正确组织会计凭证的传递,对于及时处理和登记经济业务,明确经济责任,实行会计监督,具有重要作用。会计凭证传递的实质是在单位内部经营管理各部门之间、各环节之间起着协调和组织的作用。会计凭证传递程序是企业管理规章制度重要的组成部分,对及时处理和登记经济业务,加强会计监督,具有重要的意义。具体表现在以下两个方面:

(1)有利于完善经济责任制度。

经济业务的发生、完成及记录,是由若干责任人共同负责、分工完成的,会计凭证作为记录经济业务、明确经济责任的书面证据,体现了经济责任制度的执行情况。单位会计制度可以通过会计凭证传递程序和传递时间的规定,进一步完善经济责任制度,使各项业务的处理顺利进行。

(2)有利于及时进行会计记录。

从经济业务的发生到账簿登记有一定的时间间隔,通过会计凭证的传递,使会计部门尽早了解经济业务的发生和完成情况,并通过会计部门内部的凭证传递,及时记录经济业务,进行会计核算,实行会计监督。

二、会计凭证的保管

会计凭证是各项经济活动的历史记录,是重要的经济档案。为了便于随时查阅利用,各种会计凭证在办理好各项业务手续,并据以记账后,应由会计部门加以整理、归类,并送交档案部门妥善保管。

(一)会计凭证的整理归类

会计部门在记账以后,应定期(一般为每月)将会计凭证加以归类整理,即把记账凭证及其所附的原始凭证,按记账凭证的编号顺序进行整理,在确保记账凭证及其所附的原始凭证完整无缺后,将其折叠整齐,加上封面、封底,装订成册,并在装订线上加贴封签,以防散失和任意拆装。在封面上要注明单位名称、凭证种类、所属年月、起讫日期、起讫号码、凭证张数等。会计主管或指定装订人员要在装订线封签处签名或盖章,然后入档保管。

对于那些数量过多或各种随时需要查阅的原始凭证,可以单独装订保管,在封面上注明记账凭证的日期、编号、种类,同时在记账凭证上注明“附件另订”。各种合同和重要的涉外文件等凭证,应另编目录,单独登记保管,并在有关记账凭证和原始凭证上注明。

(二)会计凭证的造册归档

每年的会计凭证都应由会计部门按照归档要求,负责整理立卷或装订成册。当年的会计凭证,在会计年度终了后,可暂由会计部门保管 1 年;期满后,原则上应由会计部门编造清册,移交本单位档案部门保管。档案部门接收的会计凭证,原则上要保持原卷册的封装,个别需要拆封重新整理的,应由会计部门和经办人员共同拆封整理,以明确责任。会计凭证必须做到妥善保管、存放有序、查找方便,并要严防毁损、丢失和泄密。

(三)会计凭证的借阅

会计凭证原则上不得借出,如有特殊需要,须报请批准,但不得拆散原卷宗,并应限期归还。需要查阅已入档的会计凭证时,必须办理借阅手续。其他单位因特殊原因需要使用原始凭证时,经本单位负责人批准,可以复制。但向外单位提供的原始凭证复印件,应在专设的登记簿上登记,并由提供人员和收取人员共同签名或盖章。

(四)会计凭证的销毁

会计凭证的保管期限,一般为 30 年。保管期未满,任何人都不得随意销毁会计凭证。按规定销毁会计凭证时,必须开列清单,报经批准后,由档案部门和会计部门共同派员监销。在销毁会计凭证前，监督销毁人员应认真清点核对，对未了结的债权债务的原始凭证，应单独抽出，另立卷宗，由档案部门保管到结清债权债务时为止。建设单位在工程建设期间的会计档案，不得销毁。

会计凭证销毁后，经办人员在“销毁清册”上签名或盖章，注明“已销毁”字样和销毁日期；同时，将监销情况写出书面报告，一式两份，一份报本单位负责人，一份入档备查。

本章小结

本章主要阐述了填制会计凭证的意义和会计凭证的种类，依据会计凭证的不同分类，分别介绍了各类会计凭证的填制和审核，并列举了相关的凭证样例作为示范，在此基础上还进一步介绍了会计凭证的传递和保管等内容。通过本章的学习，学生应明确会计凭证的基本内容，掌握填制和审核会计凭证的方法，熟悉会计凭证的传递过程，从而为下一步学习登记账簿奠定基础。

关键概念

会计凭证　原始凭证　记账凭证　累计凭证　汇总原始凭证
收款凭证　付款凭证　转账凭证　汇总记账凭证　科目汇总表

思考与讨论

1. 填制和审核会计凭证有何意义？
2. 会计凭证的种类有哪些？
3. 原始凭证的基本内容有哪些？填制原始凭证的基本要求是什么？
4. 记账凭证应具备哪些基本内容？填制记账凭证有哪些基本要求？
5. 记账凭证的审核内容有哪些？
6. 如何进行会计凭证的传递和保管？

练习题

一、单项选择题

1. 企业购进原材料 60 000 元，款项未付，该项经济业务应编制的记账凭证是（　　）。
A. 收款凭证　B. 付款凭证　C. 转账凭证　D. 以上均可
2. 付款凭证左上角的“贷方科目”可能登记的科目是（　　）。
A. 预付账款　B. 银行存款　C. 预收账款　D. 其他应付款
3. 限额领料单是一种（　　）。
A. 记账凭证　B. 外来凭证　C. 一次凭证　D. 累计凭证
4. 对于库存现金和银行存款之间的相互划转业务，习惯上（　　）。
A. 只编制付款凭证　B. 只编制收款凭证
C. 既编制收款凭证又编制付款凭证　D. 不编制凭证
5. 下列不属于自制原始凭证的是（　　）。
A. 领料单　B. 成本计算单　C. 入库单　D. 火车票
6. 下列业务应该编制收款凭证的是（　　）。

A. 购买原材料，用银行存款支付

B. 收到销售商品的款项

C. 购买固定资产，款项尚未支付

D. 销售商品，收到商业汇票一张

7. 下列属于累计凭证的是（　　）。

A. 领料单　　B. 限额领料单

C. 工资汇总表　　D. 耗用材料汇总表

8. 填制记账凭证时错误的做法是（　　）。

A. 根据一张原始凭证填制

B. 根据若干张同类原始凭证汇总填制

C. 将若干张不同内容和类别的原始凭证汇总填制在一张记账凭证上

D. 根据原始凭证汇总表填制

9. 在审核原始凭证时，对于内容不完整、填写有错误或手续不完备的原始凭证，应该（　　）。

A. 拒绝办理，并向单位负责人报告

B. 予以抵制，并对经办人进行批评

C. 由会计人员重新编制或予以更正

D. 予以退回，要求更正、补充

10. 下列记账凭证中，可以不附原始凭证的是（　　）。

A. 所有收款凭证　　B. 所有付款凭证

C. 所有转账凭证　　D. 用于结账的记账凭证

二、多项选择题

1. 会计凭证保管的内容包括（　　）。

A. 整理会计凭证　　B. 装订会计凭证

C. 专人负责　　D. 加具封面并盖章

2. 以下属于原始凭证内容的有（　　）。

A. 原始凭证名称

B. 经济业务的内容

C. 经济业务所涉及的会计科目及其记账方向

D. 有关人员签章

3. 下列凭证中属于自制原始凭证的有（　　）。

A. 领料单　　B. 购货发票

C. 折旧计算表　　D. 银行转账的结算凭证

4. 下列不属于原始凭证的有（　　）。

A. 经济合同　　B. 生产通知单

C. 发出材料汇总表　　D. 费用预算单

5. 记账凭证的审核内容包括（　　）。

A. 内容是否真实　　B. 科目是否正确

C. 书写是否正确　　D. 项目是否齐全

三、判断题

1. 对于库存现金与银行存款之间的相互划转业务，为了避免重复记账，一般只编制一张收款凭证。（ ）

2. 结账和更正错账的记账凭证可以不附原始凭证。（ ）

3. 出纳人员要根据审核无误的收款凭证和付款凭证办理收款和付款业务。（ ）

4. 原始凭证开具单位对填制有误的原始凭证，负有更正和重新开具的法律义务，不得拒开。（ ）

5. 会计机构、会计人员对记载不准确、不完整的原始凭证有权予以退回，并要求经办人员按照国家统一会计制度的规定进行更正、补充。（ ）

四、业务题

（一）目的：熟悉专用记账凭证的类别。

1. 资料：

（1）从银行提取现金。

（2）销售商品一批，货款暂未收到。

（3）购买一批材料，货款已经从银行账户上划走。

（4）车间领用原材料一批，生产产品。

（5）用银行存款支付广告费。

（6）销售产品一批，货款已经存入银行。

2. 要求：说明以上经济业务应编制哪种专用记账凭证。

（二）目的：通过练习，学会对不同的经济业务选用和编制不同类型的记账凭证。

1. 资料：利达工厂 20××年 10 月份发生下列经济业务：

（1）4 日，从天津红星工厂购入甲材料 1 000 千克，每千克 20 元，计 20 000 元。材料已验收入库，货款已从银行支付。

（2）6 日，从上海浦江工厂购入乙材料 8 000 千克，每千克 10 元，计 80 000 元。材料已验收入库，货款已从银行支付。

（3）10 日，车间及行政管理部门领用各种材料，汇总情况如表 6-19 所示。

表 6-19 1—10 日材料耗用汇总表

20××年 10 月 10 日　　单位：元

应借科目		应贷科目：原材料				
		甲材料		乙材料		金额合计
		数量（千克）	金额	数量（千克）	金额	
生产成本	A 产品	500	10 000	3 000	30 000	40 000
	B 产品	700	14 000	5 000	50 000	64 000
	小计	1 200	24 000	8 000	80 000	104 000
制造费用		100	2 000	1 500	15 000	17 000
管理费用		200	4 000	500	5 000	9 000
合计		1 500	30 000	10 000	100 000	130 000

(4)10 日,售出 A 产品 20 台,每台售价 4 000 元,售出 B 产品 30 台,每台售价 5 000 元,计收货款 230 000 元,存入银行。

(5)13 日,计算出本月应付职工薪酬,如表 6-20 所示。

表 6-20　应付职工薪酬分配表

单位:元

应借科目		应付职工薪酬
生产成本	A 产品	20 000
	B 产品	30 000
	小计	50 000
制造费用		4 000
管理费用		6 000
合计		60 000

(6)14 日,从银行提取现金 60 000 元,备发工资。

(7)15 日,以现金 60 000 元支付本月工资。

(8)16 日,售出 A 产品 5 台,每台售价 4 000 元,计 20 000 元,货款尚未收到。

(9)17 日,以现金 200 元支付售出 A 产品的运费。

(10)18 日,以银行存款支付本月水电费 10 000 元。其中:生产 A 产品耗用 3 000 元,生产 B 产品耗用 5 000 元,生产车间照明耗用 500 元,行政管理部门耗用 1 500 元。

(11)19 日,售出 B 产品 10 台给乙工厂,单价为 5 000 元,共计 50 000 元,货款尚未收到。

(12)20 日,以银行存款 1 060 元支付行政管理部门办公费。

(13)21 日,收到乙工厂通过银行转来的前欠货款 50 000 元。

(14)22 日,以银行存款支付广告费 1 300 元。

(15)23 日,以现金 440 元支付生产车间零星修理费。

(16)24 日,以银行存款 3 600 元支付下一年度报刊费。

(17)25 日,从银行取得短期借款 50 000 元,存入银行。

(18)31 日,按规定的折旧率,计提本月固定资产折旧费 8 000 元,其中生产车间使用固定资产计提折旧 6 000 元,行政管理部门使用固定资产计提折旧 2 000 元。

(19)31 日,职工李昕交回用工厂电话打私事长途电话费 60 元,收到现金。

(20)31 日,发生固定资产修理费 4 000 元,其中生产车间修理费 3 000 元,行政管理部门修理费 1 000 元。

(21)31 日,以银行存款支付银行短期借款利息 5 000 元。

(22)31 日,计算出本月发生的制造费用总额为 32 000 元。其中,应由 A 产品负担 14 200 元,由 B 产品负担 17 800 元。

(23)31 日,A 产品完工 35 台,已验收入库,其单位成本为 2 300 元,总成本为 80 500 元;B 产品完工 40 台,已验收入库,其单位成本为 3 000 元,总成本为 120 000 元。

(24)31 日,本月售出 A 产品 25 台,单位成本为 2 300 元,结转 A 产品销售成本 57 500 元;本月售出 B 产品 40 台,单位成本为 3 000 元,结转 B 产品销售成本 120 000 元。

(25)31 日,按本月主营业务收入 300 000 元的 5%,计算结转城市维护建设税 15 000 元。

(26)31 日,将本月主营业务收入 300 000 元,转入“本年利润”科目的贷方。

(27)31 日,将本月主营业务成本 177 500 元,转入“本年利润”科目的借方。

(28)31 日,将本月所发生的销售费用 1 500 元,转入“本年利润”科目的借方。

(29)31 日,将本月的营业税金及附加 15 000 元,转入“本年利润”科目的借方。

(30)31 日,将本月发生的管理费用 22 500 元,转入“本年利润”科目的借方。

(31)31 日,计算出本月应纳所得税 34 980 元。

(32)31 日,计算出本月计提盈余公积 7 102 元。

(33)31 日,以银行存款支付应交税费 56 000 元。

2.要求:

(1)根据以上经济业务,分别填制收款凭证、付款凭证和转账凭证。(假设不考虑增值税)

(2)指出上述记账凭证后应附哪些原始凭证。

第七章

会计账簿

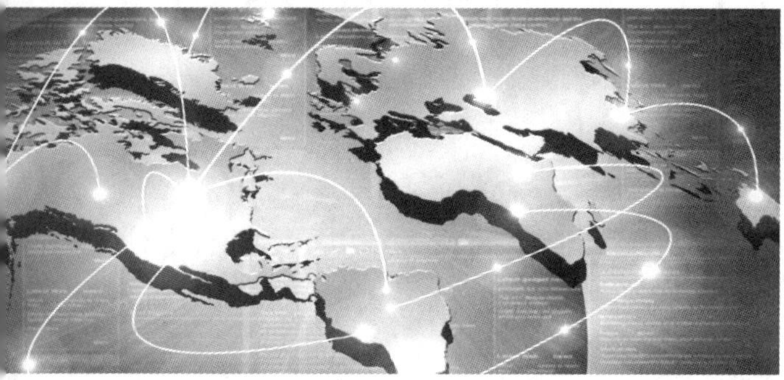

KUAIJIXUE YUANLI

学习目的

会计账簿是系统记录经济业务，提供会计信息的重要载体。设置和登记账簿是会计工作的基本内容，也是会计工作的核心。通过本章学习，要求了解会计账簿的作用、设置原则；理解会计账簿的分类；掌握不同会计账簿的登记方法、规则和平行登记，以及对账、结账、错账更正的方法等。

第一节　会计账簿概述

一、设置和登记会计账簿的意义

会计账簿，简称账簿，是由具有一定格式、相互联系的若干账页所组成的簿籍（或账册），是以审核无误的会计凭证为依据，连续、系统、全面、分类地记录和反映各项经济业务。

设置和登记账簿是会计核算的基本方法，账簿是联系会计凭证和会计报表的纽带，它们之间的基本关系如图 7-1 所示。

图 7-1　会计账簿与会计凭证、会计报表的关系

通过第六章的学习，我们知道，填制会计凭证是会计核算的第一步，而会计凭证数量繁多，信息分散，每张凭证只能零散地反映个别经济业务的内容，不能全面、连续、系统地反映企业在一定时期内经济业务的整体情况，也不便于日后查阅。因此，我们需要把会计凭证上记录的经济业务，按账户进行分类，系统地、顺序地、完整地记录到账簿上去。这种将会计凭证上的信息按一定的程序和方法登记到会计账簿的过程称为记账。通过记账，将大量分散的数据或资料进行分类归集整理，登记到相应的账簿中，逐步加工成有用的会计信息，为编制会计报表做好基础工作。设置和登记会计账簿主要具有以下三个方面的意义：

（一）提供全面、连续、系统的会计信息

通过设置和登记账簿，可以把会计凭证中提供的大量零散资料加以归类汇总、加工整理，形成集中、全面、连续、系统的会计信息，反映会计主体在一定时期内各项资产、负债和所有者权益的增减变动及其结余情况，并合理反映各项资金的使用情况，正确地反映和计算收入、费用、成本及利润的形成和利润分配等情况，满足企业对外报告和对内经营管理的需要。

（二）为编制会计报表提供数据

会计账簿是对会计凭证记录的经济事项进行系统化登记的载体。通过记账，把经济业务分门别类地登记到账簿中，提供的是全面、连续、系统的会计信息。同时，为了提供真实完整的会计信息，期末还必须按规定进行账项调整、对账和结账。因而，账簿记录是编制会计报表的主要资料来源，账簿所提供的会计数据，是编制会计报表的主要依据。

（三）为考核经营管理者的业绩提供依据

通过设置和登记账簿，可以完整地、系统地记载和存储会计信息，记录企业在一定时期内取得的财产物资、资金的增减变动及结存情况，反映了各项财产物资的运营情况，也提供了收入、

成本、利润等信息，反映了企业经营者在一定时期内的经营成果。这些资料为企业经营管理、投资决策、经营业绩考核提供了重要依据。

需要说明的是，账簿和账户既有联系又有区别。账户是根据会计科目设置的，是构成账簿的基础。它存在于账簿之中，账簿中的每一账页就是账户存在的形式和载体，没有账簿，账户就无法存在。但是，账簿只是一个外在形式，账户才是它的真实内容。账簿序时、分类地记载经济业务，是在各个账户中完成的。账户的作用是借助账簿来实现的，账簿是由若干账页组成的一个载体，账页则是这个载体的个别部分。因此，账簿和账户实际上是形式和内容的关系。

二、会计账簿的种类

在实际工作中，由于经济业务和经营管理的要求不同，企业所设置的账簿也有所不同。由于账簿的种类及其格式是多种多样的，因此我们有必要按照不同的标准对它们进行适当的分类，便于我们更好地认识账簿，了解各类账簿的格式、结构和特点等，为正确运用账簿登记经济业务资料打下基础。

(一)账簿按用途分类

账簿按用途的不同，可以分为序时账簿、分类账簿和备查账簿三种。

1.序时账簿

序时账簿简称序时账，也称日记账，是按照经济业务发生时间的先后顺序，逐日逐笔进行登记的账簿。

序时账按记录的内容不同，又可分为普通日记账和特种日记账两种。

普通日记账，是用来登记企业全部经济业务的账簿。在该账簿中，会计人员需要按照每日发生的经济业务的先后顺序，逐项编制会计分录，进行登记。所以，它是登记分类账的主要依据，因而这种日记账又称分录日记账或分录簿。通常业务量小的企业可以使用普通日记账，在实际工作中这种日记账使用很少。普通日记账基本格式如表7-1所示。

表7-1　普通日记账

单位:元

20××年		摘要	借方科目	贷方科目	金额	核对
月	日					
5	1	收到甲公司交来的货款	现金	应收账款	20 000	
		购买办公用品	管理费用	现金	60 000	
		收到采购的原材料A	原材料	材料采购	23 400	
		支付材料采购款	应付账款	银行存款	60 000	
		从银行提取备用金	现金	银行存款	20 000	
	略	购买原材料A,已付款	原材料	银行存款	1 500	
		销售产品给甲公司,暂未收款	应收账款	主营业务收入	54 000	
		支付公司电话费	管理费用	现金	267	
		支付员工工资	应付工资	现金	800	
		支付工商管理费	管理费用	现金	120	
		…	…	…	…	
	31	缴纳税金及附加	应交税费	银行存款	1 200	

特种日记账，是用来登记某一类经济业务发生情况的账簿。常见的有库存现金日记账、银行存款日记账、销货日记账等。如销货日记账是专门用来登记销售事项的日记账，格式如表 7-2 所示。月末，根据该日记账金额，登记到相应的明细分类账和总分类账中。

表 7-2　销货日记账

单位：元

20××年		客户名称	摘要	发票编号	对方科目	金额	备查
月	日						
5	1	东方公司	A 产品 100 件	002010	应收账款	1 000	
		南方公司	A 产品 500 件	002011	银行存款	5 000	
		零售	B 产品 1 件	002012	现金	100	
	略	零售	A 产品 10 件	002013	现金	500	
		华尔公司	A 产品 1 500 件	002050	应收账款	20 500	
		…	…	…	…	…	
	31		本月合计	—	—	37 100	

通常在会计实务中，除了库存现金日记账和银行存款日记账外，企业一般不设其他的日记账。

2. 分类账簿

分类账簿简称分类账，是对全部经济业务进行分类登记的账簿。分类账簿按其提供核算指标的详细程度不同，又可分为总分类账簿和明细分类账簿。

总分类账簿，也称总账，是根据总账科目开设账户，用来分类登记全部经济业务，提供资产、负债、所有者权益、收入、费用和利润等总括核算资料的分类账簿。总分类账有三栏式和多栏式两种格式的账簿，通常企业采用的是三栏式账簿，但是如果企业规模不大、业务不多，也可以采用多栏式账簿。

明细分类账簿，也称明细账，是根据明细科目开设账户，用来登记某一大类下的某一小类经济业务，提供比较详细的核算资料的分类账簿。明细分类账有三栏式、多栏式和数量金额式等三种格式的账簿。通常，企业核算的经济业务内容不同，核算资料的详细程度不同，设置不同格式的明细分类账。

分类账簿提供的信息资料是编制会计报表的主要依据。关于总分类账和明细分类账的格式和内容，我们将在本章第二节做详细介绍。

3. 备查账簿

备查账簿，也称辅助账簿，是为备忘备查而设置的账簿。它是对序时账簿和分类账簿不能记录或记录不全的经济业务进行的补充登记，便于对特定对象的管理和检查，因而称为备查账簿。它与序时账簿和分类账簿相比，存在两点不同之处：一是不需要根据会计凭证登记入账，二是没有固定的账页格式和登记方法。它与其他账簿之间不一定存在严密的联系，主要用文字对有关经济业务进行补充登记，提供必要的参考资料，以备查考。如应收票据贴现备查账，登记应收票据贴现的情况，基本内容如表 7-3 所示。

表 7-3　应收票据贴现备查账

单位：元

贴现日期	票号	开票单位	到期日	贴现银行账号	贴现金额	面值	执行情况	核查
××.05.10	00235	东方公司	××.07.10	9558002100453721	98 645.76	100 000	已核销	√
××.08.03	02145	南方公司	××.08.20	9558002100453721	45 675.96	50 000		

序时账簿、分类账簿和备查账簿的作用各不相同，它们共同组成企业的账簿体系。序时账簿能提供连续系统的会计信息，反映了企业资金运动的全过程。而分类账簿能提供详细程度不同的会计信息，反映企业资金运动的各种状态、形式及其构成。备查账簿主要是为某些经济业务提供参考资料。在账簿组织中，分类账簿占有特别重要的地位，因为只有通过分类账簿，才能把相关经济业务信息按不同账户形成不同的会计信息，满足编制会计报表的需要。

（二）账簿按外表形式分类

账簿按外表形式不同，可分为订本式账簿、活页式账簿和卡片式账簿三种。

1. 订本式账簿

订本式账簿简称订本账，是指在启用前，已经将编有顺序页码的、印有专门格式的账页，装订成册的账簿。这种账簿的优点是账页固定，既可以避免账页丢失又可以防止账页被抽换，比较安全。但缺点是，因一本账簿页数固定或账簿中各账户预留的账页页数同实际需要量不一致时，会造成账页不足，影响账户连续记录，或因账页过多造成浪费；同时，在同一时间内只能由一人登记账簿，不便于记账人员分工。订本式账簿一般适用于企业比较重要的账簿，如库存现金日记账、银行存款日记账和总分类账等。

2. 活页式账簿

活页式账簿简称活页账，是将一定数量的账页放入活页夹内，可根据记账内容的变化随时增加或减少部分账页的账簿。这种账簿具有可以根据实际需要，随时加入、抽出或移动账页，可以减少浪费账页，使用灵活，而且便于分工记账、分类计算和汇总的优点。但缺点是，账页容易丢失和被抽换。因此在使用时必须将空白账页连续编号，放在活页夹内或临时装订成册。活页式账簿一般适用于原材料、库存商品等明细账。

3. 卡片式账簿

卡片式账簿简称卡片账，是由一定数量的具有专门格式、存放在专设卡片箱的硬纸卡片组成的账簿。使用时，可以根据需要随时增添或抽出卡片；卡片应连续编号并加盖有关人员的图章；应由专人负责保管卡片箱，以保证安全。卡片账的优缺点与活页账相同，一般适用于固定资产的明细核算。固定资产卡片参考格式如图 7-2 所示。

卡片正面基本内容：

卡片编号：	固定资产名称：
固定资产编号：	固定资产类别：
使用部门及代码：	费用分配比例：
固定资产取得方式：	
投入使用日期：	入账日期：
固定资产原值：	已计提累计折旧：

图 7-2　固定资产卡片参考格式

预计使用年限：	入账时已使用年限：
预计净残值：	
折旧年限：	折旧方法：
月折旧率：	月折旧额：

卡片背面基本内容如下：

使用记录：	修理记录：
停工：	大修：
内部转移：	小修：
盘查记录：	其他事项：
盘点时间：	
盘存情况：	

续图 7-2

(三)账簿按其账页格式分类

账簿按其账页格式不同，可以分为三栏式账簿、多栏式账簿、数量金额式账簿三种。

1. 三栏式账簿

三栏式账簿是指设有借方(或收入)、贷方(或支出)和余额(或结存)三个基本栏目的账簿。各种日记账、总分类账以及资本、债权、债务等明细账都可以采用三栏式账簿。

2. 多栏式账簿

多栏式账簿是指在账簿的借方和贷方两个基本栏目按需要分设若干专栏的账簿。专栏设置在借方还是贷方，或是两方同时设置专栏，以及专栏的数量等，一般根据需要确定。收入、费用明细账一般均采用这种格式的账簿。

3. 数量金额式账簿

数量金额式账簿是指采用数量与金额双重记录的账簿，即在账簿的借方、贷方和余额三个栏目内，都分设数量、单价和金额三小栏，借以反映财产物资的实物数量和价值量。原材料、库存商品等明细账一般都采用数量金额式账簿。

会计账簿的分类如表 7-4 所示。

表 7-4 账簿的分类

标准	账簿类型
用途	序时账簿：普通日记账、特种日记账
	分类账簿：总分类账簿、明细分类账簿
	备查账簿：如经营租赁备查账、票据备查账
外形	订本式账簿：库存现金日记账、银行存款日记账、总分类账
	活页式账簿：明细分类账
	卡片式账簿：固定资产卡片账、原材料卡片账
格式	三栏式账簿：总分类账、库存现金日记账、银行存款日记账
	多栏式账簿：收入、费用明细账
	数量金额式账簿：库存商品、原材料明细账

第二节　会计账簿的设置与登记方法

一、会计账簿设置的原则

各企业必须按照国家统一会计制度的规定，结合本企业会计业务的需要，设置必要的账簿，并认真做好记账工作。设置会计账簿一般应遵循以下原则：

（一）规范性原则

账簿是会计信息的重要载体，是编制会计报表的基础，因此，设置账簿要符合国家相关财经管理制度的规定，不能违反财经制度"账外设账"，满足监督管理的需要。

（二）适应性原则

设置账簿要适应企业规模和特点。账簿的种类和数量应与企业的经济业务数量相适应，账簿的格式力求简明实用，尽量考虑人力、财力、物力的节约，注意防止重复记账。

（三）完整性原则

设置账簿要全面完整，保证连续、系统地核算各项经济业务，为经营管理提供全面、完整、有用的会计信息，满足企业经营管理的需要。

二、账簿的格式和登记方法

（一）日记账的格式和登记方法

1. 库存现金日记账的格式和登记方法

库存现金日记账是出纳每天根据库存现金记账凭证登记库存现金的借方发生额、贷方发生额和余额结存情况的账簿，是按经济业务发生的先后顺序，逐日逐笔进行登记的。库存现金日记账必须使用订本账，格式有三栏式和多栏式两种。

（1）三栏式库存现金日记账格式如表 7-5 所示。

表 7-5　库存现金日记账（三栏式）

单位：元

20××年		凭证		对方科目	摘要	借方金额	贷方金额	余额
月	日	字	号					
5	1				期初余额			3 500
	7	付	1	管理费用	购买办公用品		950	2 550
	7	收	1	其他业务收入	变卖材料收入	100		2 650
	7	付	2	材料采购	支付购料运费		200	2 450
	7	收	2	其他应收款	李红报销差旅费	300		2 750
	7	付	3	银行存款	提取备用金	10 000		12 750

续表

20××年		凭证		对方科目	摘要	借方金额	贷方金额	余额
月	日	字	号					
	7			本日合计		10 400	1 150	12 750
	31			本日合计		10 600	2 750	11 350
	31			本月合计		75 000	74 150	4 350

(2)多栏式库存现金日记账格式如表 7-6 所示。

表 7-6 库存现金日记账(多栏式)

单位:元

20××年		凭证		摘要	借方金额					贷方金额				余额
					应贷科目				合计	应借科目			合计	
月	日	字	号		银行存款	其他业务收入	其他应收款	…		管理费用	材料采购	…		
5	1			期初余额										3 500
	7	收	1-2	现金收入		100	300		400					3 900
	7	付	1-3	取备用金	10 000				10 000	950	200		1 150	12 750
	31			本月合计	20 000	100	500		75 000	1 500	200		74 150	4 350

(3)库存现金日记账的登记方法:

①日期栏:登记记账凭证的日期,与实际库存现金收付日期应一致。

②凭证栏:指登记入账记账凭证的种类和编号。如"收款凭证",简写为"收";"付款凭证",简写为"付"。凭证栏还应登记凭证的编号,以便日后查账和核对。

③对方科目栏(或应借、应贷科目栏):指记账凭证上除了库存现金之外对应的科目,反映库存现金收入的来源或支出的用途。如李红退回差旅费余款,对方科目(或应贷科目)为"其他应收款",说明库存现金增加来源于李红退回多借的差旅费。

④摘要栏:简要说明登记入账的经济业务的内容。

⑤借方、贷方、余额栏:指记账凭证上对应的库存现金借方或贷方金额,借方反映库存现金的收入,贷方反映库存现金的支出。每日终了,应分别计算库存现金借方和库存现金贷方的合计数,并结出余额。三者的平衡关系是:

$$库存现金月初余额+本月借方发生额-本月贷方发生额=库存现金月末余额 \quad (7\text{-}1)$$

或者:

$$上日余额+本日借方发生额-本日贷方发生额=本日余额 \quad (7\text{-}2)$$

同时将本日余额(即账存金额)与库存现金实有数进行核对,做到"日清日结"。如账存金额与实有库存现金不符,应查明原因并记录备案。月终同样要计算本月库存现金借方、贷方的合计数和余额，即“月结”。

2. 银行存款日记账的格式和登记方法

银行存款日记账，是由出纳每天根据银行存款记账凭证登记银行存款借方发生额、贷方发生额和余额结存情况的账簿。按经济业务发生的先后顺序，逐日逐笔进行登记。银行存款日记账也必须使用订本账，格式有三栏式和多栏式两种。

(1)三栏式银行存款日记账格式如表 7-7 所示。

表 7-7　银行存款日记账(三栏式)

单位：元

20××年		凭证		摘要	结算凭证	对方科目	借方	贷方	余额
月	日	字	号						
5	1			期初余额					24 500
	7	收	3	收到东方公司赊欠的货款	转支 0011	应收账款	10 000		34 500
	7	付	4	提取现金备用	现支 0001	库存现金		10 000	24 500
	7	收	4	收到甲公司投资	转支 0016	实收资本	40 000		64 500
	7	付	5	缴纳上月税金	现支 0002	应交税费		15 000	49 500
	7	付	6	支付购料款	银汇 0201	材料采购		40 500	9 000
	7			本日合计			50 000	65 500	9 000
5	31			本日合计			70 000	60 000	34 500
5	31			本月合计			180 000	199 050	5 450

(2)多栏式银行存款日记账如表 7-8 所示。

表 7-8　银行存款日记账(多栏式)

单位：元

20××年		凭证		摘要	借方金额				贷方金额					余额
					应贷科目			合计	应借科目				合计	
月	日	字	号		应收账款	实收资本	…		库存现金	应交税费	材料采购	…		
5	1			期初结存										24 500
	7	收	3-4		10 000	40 000		50 000						74 500
	31			本月合计	40 000	40 000		90 000	15 000	15 000	45 000		80 000	34 500

(3)银行存款日记账的登记方法：

①日期栏：登记记账凭证的日期，与实际收付日期应一致。

②凭证栏：指登记入账记账凭证的种类和编号。如果凭证分为收款凭证、付款凭证和转账凭证，则简写为“收”“付”，转账凭证业务通常与银行存款无关，不登记。如果凭证分为现金凭证、银行存款凭证和转账凭证，则只有银行存款凭证相关，简写为“银”；现金凭证和转账凭证业务与银行存款无关，不登记。凭证栏还应登记凭证的编号，以便日后查账和核对。

③结算凭证栏：登记银行存款的结算方式和相应票据的号码，如转账支票0011号，简记为“转支0011”。

④对方科目栏(或应借、应贷科目栏)：指记账凭证上除了银行存款之外对应的科目，反映银行存款收入的来源或支出的用途。如收到销售产品的货款，对方科目为“主营业务收入”，说明银行存款的增加来源于销售产品的货款。

⑤摘要栏：简要说明登记入账的经济业务的内容。

⑥借方、贷方、余额栏：指记账凭证上银行存款借方和贷方的对应科目及金额，借方反映银行存款的收入，贷方反映银行存款的支出。每日终了，应分别计算银行存款借方和贷方的合计数，并结出余额。三者的平衡关系是：

银行存款月初余额＋本月借方发生额－本月贷方发生额＝银行存款月末余额　(7-3)

每日终了，应分别计算银行存款借方和贷方的合计数，结出余额，做到“日清”，以便检查监督各项收入和支出款项，避免出现透支现象。月终应计算出全月银行存款收入、支出合计数和余额，做到“月结”。同时每月月末要将银行存款日记账余额与银行对账单余额进行核对，核查是否相符。如银行存款日记账余额与银行对账单余额不符，应查明原因并记录备案。

通常情况下，库存现金日记账和银行存款日记账采用三栏式。只有业务量较少，收入或支出项目较少，需要详细了解库存现金或银行存款具体收支情况的企业才会采用多栏式。

库存现金和银行存款日记账必须采用订本式账簿。不得用银行对账单或其他方法代替日记账。

(二)分类账的格式和登记方法

1. 总账的格式和登记方法

总账是按照总分类科目设置，用以登记全部经济业务的账簿。它能够全面、总括地反映经济活动情况并为编制会计报表提供资料，任何单位都要设置总账。

总账的登记方式因单位业务量的多少而各不相同。经济业务少的单位可以按记账凭证顺序直接逐笔登记总账；经济业务多的单位，可采用汇总登记方式，即根据科目汇总表、汇总记账凭证等定期汇总登记总账。

总账必须采用订本式账簿。总账的账页格式因账务处理程序不同而有所不同，一般有三栏式和多栏式两种。

(1)三栏式总账的格式。三栏式总账是在账页内只设借方、贷方和余额三个金额栏，按在账页中是否设置对方科目，又可分为不反映对方科目的三栏式总账和反映对方科目的三栏式总账，其格式和内容如表7-9、表7-10所示。

表 7-9　总分类账(不反映对方科目的三栏式)

账户名称:应收账款　　　　　　　　　　　　　　　　　　　　单位:元

20××年		凭证		摘要	借方金额	贷方金额	借或贷	余额
月	日	字	号					
1	1			上年结转			借	55 000
	8	转	1	向光华公司赊销商品	16 000		借	71 000
	10	银	5	收到大华公司前欠货款		30 000	借	41 000
	31			本月发生额及余额	67 000	85 000	借	37 000

表 7-10　总分类账(反映对方科目的三栏式)

账户名称:应收账款　　　　　　　　　　　　　　　　　　　　单位:元

20××年		凭证		摘要	对方科目	借方金额	贷方金额	借或贷	余额
月	日	字	号						
1	1			上年结转				借	55 000
	8	转	1	向光华公司赊销商品	主营业务收入	16 000		借	71 000
	10	银	5	收到大华公司前欠货款	银行存款		30 000	借	41 000
31				本月合计		67 000	85 000	借	37 000

(2)多栏式总账的格式。多栏式总账,是把序时记录和总分类记录结合在一起的联合账簿,这种账簿又称为日记总账。由于它具有序时账和总账的作用,所以采用这种账簿,能够避免重复记账,提高工作效率,并能一目了然地了解和分析经济活动情况。适用于经济业务比较简单和会计科目不多的单位。其格式和内容如表 7-11 所示。

表 7-11　总分类账(多栏式)

单位:元

20××年		凭证		摘要	库存现金		银行存款		原材料		应付账款		实收资本	
月	日	字	号		借方	贷方	借方	贷方	借方	贷方	借方	贷方	借方	贷方
6	1			上年结余	1 900		8 000		3 400			5 000		60 000
		现	1	提取现金	1 000			1 000						
		转	1	购入材料					5 000			5 000		
		银	1	支付运费				200	200					
	略	银	2	追加投资			10 000							10 000
		银	3	支付欠款				4 000			4 000			
				发生额合计	1 000		10 000	5 200	5 200		4 000	5 000		10 000
				期末余额	2 900		12 800		8 600			6 000		70 000

(3)总账的登记方法。总账登记的依据和方法,主要取决于本单位所采用的账务处理程序,可以直接根据记账凭证逐笔进行登记,也可以根据记账凭证汇总,编制成科目汇总表或汇总记

账凭证，再进行登记。月终，在全部经济业务登记入账后，结出各账户本期发生额和期末余额。关于总账的登记方法详见第十章。

2.明细分类账的格式和登记方法

明细分类账是按照明细科目开设账户，提供某一类经济业务的详细核算资料，是对总账提供总括核算资料的必要补充，同时也是编制会计报表的依据之一。因此，各单位应根据实际需要设置明细账。明细账多采用活页账，格式一般有三栏式、数量金额式和多栏式三种。

(1)三栏式明细账。三栏式明细账的账页格式与三栏式总账相同，即账页内只设借方、贷方和余额三个金额栏，不设数量栏。这种格式适用于只需要进行金额核算，不需要进行数量核算的债权、债务结算类账户，如“应收账款”“应付账款”等账户的明细分类核算。其格式和内容如表 7-12 所示。

表 7-12 明细分类账(三栏式)

账户名称:应付账款——甲公司　　单位:元

20××年		凭证		摘要	借方	贷方	借或贷	余额
月	日	字	号					
1	1			上年结转			贷	6 800
	略	转	1	购入材料，货款未付		3 700	贷	10 500
		银	1	偿还货款	6 800		贷	3 700
1	31			本期发生额及余额	90 000	95 900	贷	12 700

(2)数量金额式明细账。数量金额式明细账的账页，分别设有收入、发出、结存的数量栏和金额栏。这种格式适用于既要进行金额核算，又要进行实物数量核算的各种财产物资账户，如“原材料”“库存商品”等账户的明细分类核算。其格式和内容如表 7-13 所示。

表 7-13 “原材料”明细分类账(数量金额式)

类别:A 材料　　编号:137

品名或规格:　　存放地点:2 号库

储备定额:　　计量单位:千克

20××年		凭证		摘要	借方(或收入)			贷方(或发出)			余额(或结存)		
月	日	字	号		数量	单价	金额	数量	单价	金额	数量	单价	金额
2	1			期初余额							500	3	1 500
	略	转	2	购入	800	3	2 400				1 300	3	3 900
		转	18	发出				1 200	3	3 600	100	3	300
2	28			本月合计	800	3	2 400	1 200	3	3 600	100	3	300

(3)多栏式明细账。多栏式明细账是根据经济业务的特点和经营管理的要求，在一张账页内按明细账户或明细项目分设若干专栏，用以登记各个明细账户或明细项目的金额。这种账页格式适用于成本、费用、收入和财务成果等账户，如“生产成本”“管理费用”“营业外收入”“本年利润”“利润分配”等账户的明细分类核算。成本费用类明细账可设借方多栏式，其格式和内容如表 7-14 所示；收入类明细账可设贷方多栏式，其格式和内容如表 7-15 所示。

表 7-14　明细分类账(借方多栏式)

账户名称:管理费用　　　　　　　　　　　　　　　　　　　　　　单位:元

20××年		凭证		摘要	借方					贷方	余额
月	日	字	号		差旅费用	办公费用	工资福利	折旧	合计		
4	1	转	1	报销差旅费用	3 000				3 000		3 000
		银	1	购买办公用品		590			590		3 590
	略	转	12	分配工资及福利费			4 500		4 500		8 090
		转	13	计提折旧				900	900		8 990
		转	20	转入本年利润账户						8 990	Q
4	30			本期发生额及余额	3 000	590	4 500	900	8 990	8 990	Q

表 7-15　明细分类账(贷方多栏式)

账户名称:营业外收入　　　　　　　　　　　　　　　　　　　　　单位:元

20××年		凭证		摘要	贷方						借方	余额
月	日	字	号		处置固定资产	盘盈利得	罚没利得	捐赠利得	…	合计		
7	3	转	1	处置固定资产净收入	7 000					7 000		7 000
		转	7	转入原材料盘盈		500				500		7 500
	略	现	12	收到现金捐赠				5 000		5 000		12 500
		现	17	收到罚没收入			300			300		12 800
		转	20	转入本年利润账户							12 800	Q
7	31			本期发生额及余额	7 000	500	300	5 000	…	12 800	12 800	Q

财务成果明细账一般按借方和贷方分设多栏,其格式和内容如表 7-16 所示。

表 7-16　明细分类账(借方、贷方均多栏式)

账户名称:本年利润　　　　　　　　　　　　　　　　　　　　　　单位:元

20××年		凭证		摘要	借方								贷方			借或贷	余额
月	日	字	号		主营业务成本	税金及附加	管理费用	销售费用	财务费用	营业外支出	…	合计	主营业务收入	营业外收入	合计		
12	略			略													

各种明细账的设置及登记,应根据各单位的业务量大小、管理需要以及所记录的经济业务的内容而定。根据记账凭证、原始凭证或原始凭证汇总表,可逐日逐笔登记,也可定期汇总登记。一般来说,固定资产、债权债务等明细账应逐日逐笔登记;库存商品、原材料、收入、费用等明细账可以逐笔登记,也可以定期汇总后登记。

三、总分类账和明细分类账的平行登记

平行登记,是指对同一项经济业务依据会计凭证,既要在总分类账簿中进行登记,同时又要

在其所属的明细分类账簿中独立地进行登记。通过平行登记,并相互核对,能够保证总分类账的记录与明细分类账的记录保持一致,形成统驭和被统驭的关系,能够通过检查,及时发现错误和更正错误。

(一)总分类账与明细分类账平行登记的意义

总分类账簿和明细分类账簿都是用以提供会计核算指标的,但两者的作用不同。总分类账的作用表现为:第一,可以全面、概括地提供某一会计主体的经济活动信息;第二,对明细分类账起着统驭和控制的作用;第三,可以为编制会计报表提供总括资料。而明细分类账的作用表现在:对总分类账起着辅助和补充说明的作用,它能详细、具体地反映企业经济活动的情况,同时也为编制会计报表提供必要的补充资料。

可见,总分类账和其所属的明细分类账反映的内容应是相同的,即两者所记录的经济内容是一致的,只是繁简程度有所区别。它们提供的资料相互补充,总括而又详细地反映相同的经济业务。从数量上看,总分类账金额的借方合计、贷方合计和余额应当与它所统驭的所有明细分类账的借方合计之和、贷方合计之和、余额之和保持相等,即:

$$\text{总账期末(或期初)余额} = \sum \text{明细账期末(或期初)余额} \tag{7-4}$$

$$\text{总账借方发生额} = \sum \text{明细账借方发生额} \tag{7-5}$$

$$\text{总账贷方发生额} = \sum \text{明细账贷方发生额} \tag{7-6}$$

这是记账工作的一条重要原则。正是由于总分类账和其所属的明细分类账之间存在着这种对应关系,因此,为了便于账簿之间的核对,满足管理上对总括会计信息和详细会计信息的要求,保证会计资料的正确性和完整性,总分类账和其所属的明细分类账在进行会计核算时必须要进行平行登记。

(二)总分类账与明细分类账平行登记的要点

进行总分类账与明细分类账平行登记的要点如下:

(1)依据相同。对于发生的经济业务,都要以相同的会计凭证为依据,既登记总分类账簿,又登记其所属的明细分类账簿。

(2)方向相同。将经济业务记入总分类账簿和其明细分类账簿时,记账方向必须相同。即总分类账登记在借方,其明细分类账也应登记在借方;总分类账登记在贷方,其明细分类账也应登记在贷方。

(3)期间相同。对每一项经济业务,在记入总分类账和其明细分类账过程中,可以有先有后,但必须在同一会计期间全部登记入账,不得跨期登记。

(4)金额相等。记入某一总分类账的金额必须与记入其所属的一个或几个明细分类账金额的合计数相等。

通过平行登记后,对于其结果应达到以下“四项相等”:

第一,总分类账期初余额与其所属明细分类账的期初余额之和相等;

第二,总分类账本期借方发生额与其所属明细分类账的本期借方发生额之和相等;

第三,总分类账本期贷方发生额与其所属明细分类账的本期贷方发生额之和相等;

第四,总分类账期末余额与其所属明细分类账的期末余额之和相等。

(三)总分类账与明细分类账平行登记方法应用举例

下面分别以“原材料”和“应付账款”两个账簿为例，说明总分类账和明细分类账平行登记的方法。

1.“原材料”总分类账和明细分类账的平行登记

(1)假设百强电器有限公司20××年5月份“原材料”总分类账所属明细分类账的期初余额为：

二极管	600个	每个80元	共计48 000元
线路板	1 000片	每片50元	共计50 000元
合　计			98 000元

(2)该公司本月有关材料收入的业务如下：

购入下列各种原材料，货已验收入库，款项已用银行存款支付(假定不考虑增值税，原材料用实际成本进行日常核算)。

二极管	500个	每个80元	共计40 000元
线路板	600片	每片50元	共计30 000元
锡　条	200段	每段30元	共计 6 000元
合　计			76 000元

对于这项经济业务，应编制如下会计分录：

借：原材料——二极管　　40 000

　　　　　——线路板　　30 000

　　　　　——锡条　　6 000

　贷：银行存款　　76 000

(3)该公司本月有关材料发出的业务如下：

仓库发出下列各种材料直接用于产品生产。

二极管	700个	每个80元	共计56 000元
线路板	600片	每片50元	共计30 000元
锡　条	150段	每段30元	共计 4 500元
合　计			90 500元

对于这项经济业务，应编制如下会计分录：

借：生产成本　　90 500

　贷：原材料——二极管　　56 000

　　　　　　——线路板　　30 000

　　　　　　——锡条　　4 500

根据以上资料，在“原材料”总分类账及其所属的“二极管”、“线路板”和“锡条”三个明细分类账中进行平行登记的方法如下：

首先，将原材料的期初余额98 000元，记入“原材料”总分类账的借方；同时，在“二极管”和“线路板”明细分类账的收入方(即借方)分别登记这两种材料的期初结存数量和金额，并注明各自的计量单位和单价。

其次，将本期入库的材料总额 76 000 元，记入“原材料”总分类账的借方；同时，将入库的二极管、线路板和锡条三种材料的数量、金额分别记入有关明细分类账的收入方（即借方）。

再次，将本期发出的材料总额 90 500 元，记入“原材料”总分类账的贷方；同时，将发出的二极管、线路板和锡条三种材料的数量、金额分别记入有关明细分类账的发出方（即贷方）。

期末，根据“原材料”总分类账和有关明细分类账的记录，结算出本期发生额和期末余额并进行相互核对。

按照上述步骤，在“原材料”总分类账及其所属的明细分类账中进行登记的结果，如表 7-17 至表 7-20 所示。

表 7-17　总分类账

账簿名称：原材料　　　　单位：元

20××年		摘要	借方	贷方	借或贷	余额
月	日					
5	1	期初余额			借	98 000
5	6	购入材料	76 000		借	174 000
5	12	发出材料		90 500	借	83 500
5	31	本期发生额及余额	76 000	90 500	借	83 500

表 7-18　原材料明细分类账

材料名称：二极管　　　　单位：元

20××年		摘要	计量单位	单价	收入		发出		余额	
月	日				数量	金额	数量	金额	数量	金额
5	1	期初余额	个	80					600	48 000
5	6	购入材料	个	80	500	40 000			1 100	88 000
5	12	发出材料	个	80			700	56 000	400	32 000
5	31	发生额及余额	个	80	500	40 000	700	56 000	400	32 000

表 7-19　原材料明细分类账

材料名称：线路板　　　　单位：元

20××年		摘要	计量单位	单价	收入		发出		余额	
月	日				数量	金额	数量	金额	数量	金额
5	1	期初余额	片	50					1 000	50 000
5	6	购入材料	片	50	600	30 000			1 600	80 000
5	12	发出材料	片	50			600	30 000	1 000	50 000
5	31	发生额及余额	片	50	600	30 000	600	30 000	1 000	50 000

表 7-20 原材料明细分类账

材料名称:锡条 单位:元

20××年		摘要	计量单位	单价	收入		发出		余额	
月	日				数量	金额	数量	金额	数量	金额
5	6	购入材料	段	30	200	6 000			200	6 000
5	12	发出材料	段	30			150	4 500	50	1 500
5	31	发生额及余额	段	30	200	6 000	150	4 500	50	1 500

从以上"原材料"总分类账及其所属明细分类账平行登记的结果中可以看出,其结果达到了"四项相等":

(1)总分类账期初余额(98 000 元)=所属明细分类账的期初余额之和(48 000 元+50 000 元);

(2)总分类账本期借方发生额(76 000 元)=所属明细分类账的本期借方发生额之和(40 000 元+30 000 元+6 000 元=76 000 元);

(3)总分类账本期贷方发生额(90 500 元)=所属明细分类账的本期贷方发生额之和(56 000 元+30 000 元+4 500 元=90 500 元);

(4)总分类账期末余额(83 500 元)=所属明细分类账的期末余额之和(32 000 元+50 000 元+1 500 元=83 500 元)。

2."应付账款"总分类账及其所属明细分类账的平行登记

(1)假设百强电器有限公司 20××年 5 月份"应付账款"总分类账贷方余额为 53 000 元,其所属明细分类账的期初余额分别为:隆科公司 3 000 元,高宝公司 50 000 元。

百强电器有限公司本月发生了以下往来结算业务:

(2)以银行存款偿还前欠隆科公司货款 3 000 元、高宝公司货款 35 000 元。

对于这项经济业务,应编制如下会计分录:

借:应付账款——隆科公司 3 000
　　　　　　——高宝公司 35 000
　贷:银行存款 38 000

(3)本月向隆科公司购入原材料 25 000 元,向高宝公司购入原材料 20 000 元,向胜达公司购入原材料 40 000 元,货款均暂时未支付(假定不考虑增值税,材料用实际成本进行日常核算)。

对于这项经济业务,应编制如下会计分录:

借:原材料 85 000
　贷:应付账款——隆科公司 25 000
　　　　　　　——高宝公司 20 000
　　　　　　　——胜达公司 40 000

(4)以银行存款偿还前欠隆科公司的货款 20 000 元、高宝公司货款 30 000 元、胜达公司货款 30 000 元。

对于这项经济业务，应编制如下会计分录：

借：应付账款——隆科公司　　20 000
　　　　　　——高宝公司　　30 000
　　　　　　——胜达公司　　30 000
　贷：银行存款　　80 000

根据以上资料，同前述“原材料”总分类账与其所属明细分类账平行登记的道理一样，将期初余额在“应付账款”总分类账及其所属的各明细分类账中进行登记，然后将本期发生的与有关单位的往来结算业务分别记录在“应付账款”总分类账及其所属的明细分类账中，结出本期发生额和期末余额，并进行相互核对，如表7-21至表7-24所示。

表7-21　总分类账

账簿名称：应付账款　　　　单位：元

20××年		摘要	借方	贷方	借或贷	余额
月	日					
5	1	期初余额			贷	53 000
5	8	偿还货款	38 000		贷	15 000
5	12	赊购材料		85 000	贷	100 000
5	26	偿还货款	80 000		贷	20 000
5	31	本期发生额及余额	118 000	85 000	贷	20 000

表7-22　应付账款明细分类账

单位名称：隆科公司　　　　单位：元

20××年		摘要	借方	贷方	借或贷	余额
月	日					
5	1	期初余额			贷	3 000
5	8	偿还货款	3 000		平	Q
5	12	赊购材料		25 000	贷	25 000
5	26	偿还货款	20 000		贷	5 000
5	31	本期发生额及余额	23 000	25 000	贷	5 000

表7-23　应付账款明细分类账

单位名称：高宝公司　　　　单位：元

20××年		摘要	借方	贷方	借或贷	余额
月	日					
5	1	期初余额			贷	50 000
5	8	偿还货款	35 000		贷	15 000
5	12	赊购材料		20 000	贷	35 000
5	26	偿还货款	30 000		贷	5 000
5	31	本期发生额及余额	65 000	20 000	贷	5 000

表 7-24　应付账款明细分类账

单位名称：胜达公司　　单位：元

20××年		摘要	借方	贷方	借或贷	余额
月	日					
5	12	赊购材料		40 000	贷	40 000
5	26	偿还货款	30 000		贷	10 000
5	31	本期发生额及余额	30 000	40 000	贷	10 000

从以上“应付账款”总分类账及其所属明细分类账平行登记的结果中可以看出，“应付账款”总分类账的期初余额、借方本期发生额、贷方本期发生额、期末余额分别与其所属的三个明细账的期初余额之和、本期借方发生额之和、本期贷方发生额之和、期末余额之和完全相等。

根据总分类账和其明细分类账之间有关数字必然相等的关系，可以采用相互核对的方法来检查账簿登记是否正确、完整。如果有关数字核对后不相符，就表明账簿登记有差错，必须查明原因、予以更正。为了便于核对，也可根据某一总分类账簿所属明细分类账簿的记录编制明细分类账本期发生额及余额表。例如，根据上述“原材料”和“应付账款”明细分类账的记录，分别编制本期发生额及余额表，如表 7-25、表 7-26 所示。

表 7-25　“原材料”总分类账所属的明细分类账本期发生额及余额表　　单位：元

明细账簿名称	计量单位	单价	期初余额		本期发生额				期末余额	
					收入		发出			
			数量	金额	数量	金额	数量	金额	数量	金额
二极管	个	80	600	48 000	500	40 000	700	56 000	400	32 000
线路板	片	50	1 000	50 000	600	30 000	600	30 000	1 000	50 000
锡条	段	30	—	—	200	6 000	150	4 500	50	1 500
合计	—	—	—	98 000	—	76 000	—	90 500	—	83 500

从表 7-25 中可以看出，表中合计栏的各项数据分别与“原材料”总分类账的期初余额、本期借方发生额、本期贷方发生额及期末余额相等，这表明“原材料”总分类账与其所属明细分类账的平行登记未发生差错。

同理编制“应付账款”总分类账所属明细分类账发生额及余额表，用以检验其平行登记是否有误，如表 7-26 所示。

表 7-26　“应付账款”总分类账所属的明细分类账本期发生额及余额表　　单位：元

明细账簿名称	期初余额	本期发生额		期末余额
		借方	贷方	
隆科公司	3 000	23 000	25 000	5 000
高宝公司	50 000	65 000	20 000	5 000
胜达公司	—	30 000	40 000	10 000
合计	53 000	118 000	85 000	20 000

第三节　会计账簿的使用规则

会计账簿的使用包括启用、登记、更换和保管。账簿的登记方法我们已在上一节学习，本节分别说明会计账簿的基本内容、启用规则和会计账簿登记的规范要求以及年终会计账簿的更换和保管的规则。

一、会计账簿的基本内容

各种会计账簿所记录的经济业务内容不同，其种类和格式多种多样，但各种主要账簿均应具备下列基本内容：

1. 封面

账簿封面主要标明账簿的名称和记账单位的名称。如总账、现金日记账、银行存款日记账、原材料明细账等，便于使用和查询。

2. 扉页

账簿扉页主要列示账簿启用和经管人员一览表（其格式和内容见表 7-27）和账户目录（格式和内容见表 7-28）。

3. 账页

账页是账簿的主要组成部分，用来具体记录经济业务，其格式因记录的经济业务内容不同而有所不同，但一般都应具有以下内容：

（1）账户的名称：一级会计科目、二级会计科目或明细科目。

（2）日期栏：登记入账日期。

（3）凭证种类和编号栏：登记凭证的种类和凭证编号。

（4）摘要栏：登记经济业务内容的简要说明。

（5）金额栏：登记经济业务的增减变动和余额。

（6）总页次和分户页次栏：登记该账簿的总页码和各账户所在页码。

4. 封底

封底通常没有具体内容，但它与封面一起保护账页少受磨损。

二、会计账簿的启用规则

为了切实做好记账工作，保证会计核算工作的质量，必须按照一定的规则启用账簿。

（1）启用新的会计账簿，应当在账簿封面上写明单位名称和账簿名称。

（2）在账簿扉页上应当附有启用表，即账簿启用登记表，其内容包括启用日期、账簿起止页数、记账人员和会计机构负责人或会计主管人员姓名，并加盖名章和单位公章。当记账人员或者会计机构负责人或会计主管人员调动工作时，要在“账簿启用表”上注明交接日期、接办人员或者监交人员姓名，并由交接双方签名或者盖章，以明确有关人员的责任，维护会计账簿记录的严肃性。“账簿启用表”的格式和内容如表 7-27 所示。

表 7-27　账簿启用表

<table>
<tr><td colspan="2">单位名称</td><td colspan="8"></td><td rowspan="4">印花税票
粘贴处
（单位公章）</td></tr>
<tr><td colspan="2">账簿编号</td><td colspan="8">字第　　号 第　　册 共　　册</td></tr>
<tr><td colspan="2">账簿页数</td><td colspan="8">本账簿共计　　页　　号</td></tr>
<tr><td colspan="2">启用日期</td><td colspan="8">年　　月　　日</td></tr>
<tr><td colspan="2">经管人员</td><td colspan="3">接管</td><td colspan="3">移交</td><td colspan="2">会计负责人</td><td rowspan="2">备注</td></tr>
<tr><td>姓名</td><td>盖章</td><td>年</td><td>月</td><td>日</td><td>年</td><td>月</td><td>日</td><td>姓名</td><td>盖章</td></tr>
<tr><td></td><td></td><td></td><td></td><td></td><td></td><td></td><td></td><td></td><td></td><td></td></tr>
<tr><td></td><td></td><td></td><td></td><td></td><td></td><td></td><td></td><td></td><td></td><td></td></tr>
<tr><td></td><td></td><td></td><td></td><td></td><td></td><td></td><td></td><td></td><td></td><td></td></tr>
<tr><td></td><td></td><td></td><td></td><td></td><td></td><td></td><td></td><td></td><td></td><td></td></tr>
<tr><td></td><td></td><td></td><td></td><td></td><td></td><td></td><td></td><td></td><td></td><td></td></tr>
</table>

（3）账簿第一页应设置账户目录，记录账户对应的科目编码、科目名称及页数，其格式和内容如表 7-28 所示。

表 7-28　账户目录(科目索引表)

目录								
编码	科目名称	页数	编码	科目名称	页数	编码	科目名称	页数

（4）订本式账簿应按顺序编定页数，不得跳页、缺号。活页式账簿应按账户顺序编号，定期装订成册，年度终了再按实际使用的账页顺序编定页数和建立账户目录。

（5）在年度开始用新账簿时，为了保证年度之间账簿记录的相互衔接，应把上年度的年末余额，记入新账的第一行，并在摘要栏中注明“上年结转”或“年初余额”字样。

三、会计账簿登记的规范要求

为了保证账簿记录的正确、规范，会计人员登记账簿必须遵循下列规则：

（一）登记账簿的依据

会计人员必须根据审核无误的会计凭证登记会计账簿。同时，还应符合国家统一会计准则和会计制度的规定。

（二）登记账簿的时间

各种账簿应当多长时间登记一次，没有统一规定，一般每月至少登记一次。一般原则是：总账应按照本单位所采用的账务处理程序及时登记；各种明细账登记的间隔时间一般比登记总账时间短；现金日记账和银行存款日记账，应当根据办理完毕的收、付款凭证，每日及时逐笔顺序登记。

（三）登记账簿的规范要求

(1)内容完整。登记账簿时，应当将会计凭证日期、编号、业务内容摘要、金额和其他有关资料逐项记入账内，做到数字准确、摘要清楚、登记及时、字迹工整。账簿记录中的日期，应当填写记账凭证上的日期，若以原始凭证为依据登记，应按相应原始凭证的日期填列。同时，记账人员要在记账凭证上签名或者盖章并注明已经记账的符号（一般打“√”），表示已经记账，以防重记和漏记。

(2)顺序登记。各种账簿要按账页页次顺序连续登记，不得跳行、隔页。如果发生跳行、隔页，应当将空行、空页划红色对角线注销，或者注明“此行空白”“此页空白”字样，并由记账人员签名或者盖章。

(3)正确使用蓝、黑、红墨水。为了保持账簿记录的持久性，便于长期检查使用和防止涂改，登记账簿时要用蓝黑墨水或者碳素墨水书写，不得用圆珠笔（银行的复写账簿除外）或铅笔书写。特殊记账使用红墨水的几种情况如下：

①按照红字冲账的记账凭证和冲销错误的账簿记录；

②在不设借贷等栏的多栏式账页中，登记减少金额；

③在三栏式账户的余额栏前，未印明余额方向的，在余额栏内登记负数余额；

④根据国家统一会计制度的规定可以用红字登记的其他会计记录。

由于会计中红字表示负数，除上述情况外，不得使用红色墨水登记账簿。

(4)书写留空。为了保持账簿清晰、整洁，书写的文字和数字要端正、清楚、规范；文字和数字不要写满格，一般应占格距的1/2，以便留有改错的空间。

(5)结出余额。凡需要结出余额的账户，结出余额后，应在“借或贷”栏内写明“借”或者“贷”字样。没有余额的账户，应在“借或贷”栏内写明“平”字，并在余额栏的元位上画“Q”符号。

(6)过次页、承前页。每页登记完毕结转下页时，应当结出本页合计数及余额，写在本页最后一行和下页第一行有关栏内，并在摘要栏分别写明“过次页”和“承前页”字样，以保证账簿记录的连续性。也可以将“本页合计数”字样及金额只写在下页第一行有关栏内，并在摘要栏内注明“承上页”字样。

对需要结计本月发生额的账户，结计“过次页”的本页合计数应当为自本月初起至本页末止的发生额合计数；对需要结计本年累计发生额的账户，结计“过次页”的本页合计数应当为自年初起至本页末止的累计数；对既不需要结计本月发生额也不需要结计本年累计发生额的账户，可以只将每页末的余额结转次页。

(7)不得刮擦涂改。记账时，如果账簿记录发生错误，不准涂改、挖补、刮擦，或者用褪色药水消除字迹，不准重新抄写，必须根据错误的具体情况，采用正确更正方法予以改正。

对实行会计电算化的单位，用计算机打印的会计账簿必须连续编号，经审核无误后装订成册，并由记账人员和会计机构负责人、会计主管人员签字或者盖章。

四、会计账簿的更换和保管

(一)账簿的更换

账簿的更换是指在会计年度终了，将上年旧账更换为下一年度的新账。即年度终了，将有关账户的余额直接记入新账的余额栏内，不需要编制记账凭证。具体方法是，在本年有余额的账户摘要栏内注明“结转下年”字样。在新账中，注明各账户的年份，在第一行日期栏内写明“1月1日”；凭证字号栏不填；摘要栏写明“上年结转”或“年初余额”，注明余额的借贷方向，在余额栏填写金额。

建立新账并不是所有的账簿都要更换新的。一般总账、日记账和大多数明细账应每年更换一次。但是有些财产物资明细账和债权债务明细账，因为材料品种、规格繁多以及往来单位较多，如在更换新账时重新登记一遍，工作量较大，所以可以跨年度使用，不必每年换一次。第二年使用时，可直接在上年终了的双红线下面记账。各种备查账簿也可以连续使用。

(二)账簿的保管

各种账簿同会计凭证及会计报表一样，都是重要的经济档案，必须加强保管。账簿的保管分为平时管理和归档保管。

1. 平时管理的要求

平时管理的要求主要包括以下几点：

(1)各种账簿要分工明确，指定专人管理，账簿经管人员既要负责记账、对账、结账等工作，又要负责保证账簿安全。

(2)会计账簿未经领导和会计负责人或者有关人员批准，非经管人员不能随意翻阅查看。

(3)会计账簿的期末余额要定期与外单位核对，但一般不能携带外出；对需要携带外出的账簿，应由经管人员或会计主管指定专人负责。

(4)会计账簿不能随意交与其他人员管理，以保证账簿安全和防止任意涂改账簿等问题。

2. 归档保管

归档保管主要包括以下内容：

(1)会计人员应在年度终了时，将各种账簿装订成册，加上封面，统一编号。当年会计档案在财务部门保管一年后，编订移交清单，并由有关人员签章后，移交档案部门保管。

(2)账簿应按年度分类归档，编制目录，妥善保管。

(3)账簿必须按照统一会计制度规定的保存年限妥善保管，通常账簿的保管期限为30年。会计档案的具体保管年限如下：

会计凭证类：30年，包括原始凭证、记账凭证、汇总凭证。

会计账簿类：30年，包括总账、明细账、一般日记账、辅助账；会计移交清册。

现金日记账和银行存款日记账：30年。

永久保存：年度财务会计报告(决算)、会计档案保管清册、会计档案销毁清册。

其他资料：10年，包括月、季度财务报告、银行存款余额调节表、银行对账单、纳税申报表；

固定资产卡片(注:固定资产报废清理后保管5年)。

(4)账簿的保管应按档案管理的有关规定履行手续,不得随意借阅,不得丢失和任意销毁。保管期满后,应按照规定的审批程序报经批准后才能销毁。

第四节 对账与结账

一、对账

从前面的学习中,我们了解到,同一经济业务要分别在会计凭证、日记账、明细分类账、总分类账等会计账、证中登记。因此,可能发生记账、计算等差错,出现账账、账证、账实不相符的情况。为了保证会计资料的客观真实,能如实地反映企业的财务状况和经营成果,必须建立定期对账的制度。

所谓对账,就是对各种账簿记录的真实、完整、全面、正确等所做的检查与核对工作。对账是会计核算工作的一项重要内容。具体内容包括:账证核对、账账核对、账实核对。

(一)账证核对

账证核对是指各种账簿记录与相应的会计凭证进行检查核对。这种核对主要是在日常记账工作中通过“复核”来进行。

(二)账账核对

账账核对是指对各种相互联系的账簿之间相关记录的正确性进行检查和核对。主要包括:

(1)总分类账全部账户的期初余额、本期借方发生额、本期贷方发生额、期末余额的试算平衡;

(2)总分类账与所属明细分类账、日记账之间的平行登记是否相符;

(3)会计部门所记录的明细分类账与各部门登记的明细分类账是否相符。

(三)账实核对

账实核对是指对各项财产物资的账面结存数与实际数是否相符进行核对检查。主要包括:

(1)银行存款日记账的账面余额与银行对账单的余额是否相符;

(2)现金日记账余额与库存现金是否相符;

(3)各结算账户明细账的余额与各结算单位登记的余额是否相符;

(4)各种财产物资的明细账账面余额与其库存实物是否相符。

二、结账

会计记录定期要进行结账,反映企业在这一时期的经济活动的全面情况。所谓结账,就是把一定期间内企业所发生的经济业务全部登记入账,结算各种账簿的本期发生额和期末余额,同时将余额结转到下期或转入新账簿的一系列会计工作。

结账通常包括以下几个方面的内容:

(一)检查账簿记录的完整性

完整性是指企业发生的所有的符合会计处理的经济业务必须全部登记入账。账簿记录的完整性主要检查：

(1)本期发生的经济业务，应全部登记入账，不得提前也不得拖延到下期。

(2)期末调整事项的入账情况，包括：①成本类账户是否结转；②损益类账户是否结转；③其他转账业务的结转；④年末利润的结转与分配。

(二)结账方法

计算出所有账户的本期借方发生额、贷方发生额和期末余额，并结转到下期。通常按会计分期分为月结、季结和年结，如表7-29所示。

表7-29 总分类账

账户名称：产成品　　　　第　　页

20××年		凭证		摘要	借方	贷方	借或贷	余额
月	日	字	号					
1	1			上年转入			借	10 000
	31			本月合计	20 000	15 000	借	15 000
2	1			上月转入			借	15 000
	28			本月合计				
3	31			本季合计				
12	31			本月合计				
12	31			本季合计				
	31			本年合计(或本年累计)	500 000	450 000		60 000
				结转下年				

注：表中粗线表示结账所划的红线。

从上面的示例可以对结账归纳如下：

(1)月结时，应在摘要栏内注明“本月合计”字样，计算出本期借方、贷方发生额和期末余额，并在下面划一条通栏红色单线；

(2)季结时，在摘要栏内注明“本季合计”字样，计算出本季度的借方、贷方发生额合计数和季末余额，在下面划一条通栏红色单线；

(3)对需要计算本年累计发生额的账户，如损益类账户，每月结账时，应在“本月合计”栏目下增加一栏“本年累计”，结计年初至本月末为止的累计发生额，在摘要栏注明“本年累计”字样，并在下面划通栏单红线。12月末的“本年累计”就是全年的累计发生额，并在下面划通栏双红线结账。不需要计算本年累计发生额的账户，平时可以不设置“本年累计”栏目。

(4)年结时，在摘要栏标明“本年合计”字样，计算本年度的借方、贷方发生额合计数和年末余额，在下面划通栏双红线进行标示。年度终了结账时，所有总账账户都应当结出全年发生额和年末余额。

(5)年度终了,有余额的账户,将其余额结转到下年,在摘要中注明"结转下年"字样;在下一会计年度建立新账,对应账户的第一行余额栏填写上年结转的余额,并在摘要栏注明"上年转入"字样。

第五节　错账更正方法

在记账过程中可能发生账簿记录错误。如果在试算平衡中发现无法实现平衡(试算平衡方法见第三章第四节),表明账簿记录发生了错误。针对错误金额,可以通过差额法、尾数法、除二法、除九法等方法进行查找。

对于账簿记录中发生的错误,必须要视具体情况的不同,按照规定的方法来进行更正。错账更正的方法一般有划线更正法、红字更正法和补充登记法三种。

一、划线更正法

划线更正法,也称红线更正法,是指用红线划销账簿的错误记录,并在划线上方写出正确记录的一种方法。这种方法适用于期末结账前发现账簿记录有错误,而记账凭证并无错误,只是过账时不慎,发生文字或数字记录笔误的情况。

更正的方法是:先在错误的文字或数字上划一条红线注销,但必须使原有字迹仍能辨认;然后在划线上方填写正确的文字或者数字,并由记账人员在更正处盖章,以明确责任。对于错误的数字,应当全部划红线更正,不得只更正其中的错误数字。对于文字错误,可只划去错误的部分。

【例 7-1】 某企业 20××年 6 月 4 日以现金支付行政管理部门购买文具用品的 1 357 元,已编制现金付款凭证,借记"管理费用"科目 1 357 元,贷记"现金"科目 1 357 元。记账员根据记账凭证登"管理费用"明细账时,将 1 357 元误记为 1 537 元。

更正的方法是:应将"管理费用"明细账中错误数字 1 537 元全部用红线注销,然后再用蓝字在其上方写上正确的数字 1 357 元,并加盖记账员名章,不能只删改"53"两个数字。

正确的更正方法	错误的更正方法
1 357(盖章)	35(盖章)
~~1 537~~	1 ~~537~~

二、红字更正法

红字更正法,又称红字冲账法,是指用红字冲销原来的错误记录,以更正和调整账簿记录的一种方法。这种方法适用于以下两种情况:

(1)记账后,发现记账凭证中的应借、应贷的会计科目有错误,致使账簿记录错误。

更正的方法是:先用红字填制一张与原错误记账凭证会计科目、借贷方向和金额完全相同的记账凭证,在摘要栏注明"冲销某月某日第××号记账凭证的错账",并据以用红字登记入账,以冲销原账簿的错误记录;然后用蓝字填制一张正确的记账凭证,在摘要栏内写明"更正某月某日第××号记账凭证",并以蓝字重新登记入账。

【例 7-2】 某企业 20××年 6 月 5 日专设销售机构领用 5 600 元材料。

①编制“转字 1 号”记账凭证时将应记入“销售费用”科目 5 600 元误记为“管理费用”科目 5 600 元，并已登记入账，即：

借：管理费用　　　　5 600

　贷：原材料　　　　　5 600

更正时，先用红字（以下用“□”表示红字）填制一张与原错误记账凭证相同的记账凭证，并用红字登记入账。

②冲销 20××6 月 5 日转字 1 号记账凭证错误：

借：管理费用　　　　$\boxed{5\ 600}$

　贷：原材料　　　　　$\boxed{5\ 600}$

然后，再用蓝字填制一张正确的记账凭证，并据以登记入账。

③更正 20××年 6 月 5 日转字 1 号记账凭证：

借：销售费用　　　　5 600

　贷：原材料　　　　　5 600

以上有关账户的更正记录，如图 7-3 所示。

原材料

期初余额：　×× 	本期发生： (1) 5 600 (2) $\boxed{5\ 600}$ (3) 5 600

管理费用

本期发生： (1) 5 600 (2) $\boxed{5\ 600}$	

销售费用

本期发生： (3) 5 600	

图 7-3　红字更正法示意图(1)

(2)记账后，发现记账凭证所记金额大于应记金额，而应借、应贷的会计科目并无错误，致使账簿记录错误。

更正的方法是：会计科目、借贷方向不变，只将正确数字与错误数字之间的差额，即多记的金额用红字填制一张记账凭证，在摘要栏内写明“冲销某月某日第××号记账凭证多记金额”，并以红字登记入账，冲销多记的金额。

【例 7-3】 某企业 20××年 6 月 8 日购买材料 2 500 元，货款尚未支付。

①编制“转字 3 号”记账凭证时，将应记入“材料采购”和“应付账款”科目的 2 500 元误记为 25 000 元，并已登记入账，即：

借：材料采购　　　　25 000

　贷：应付账款　　　　25 000

更正时，应将多记的 22 500 元（25 000 元－2 500 元）用红字填制一张记账凭证，并据以登记入账。

②冲销 20××年 6 月 8 日转字 3 号记账凭证多记金额：

借：材料采购　　22 500（方框）

　贷：应付账款　　22 500（方框）

以上有关账户的更正记录如图 7-4 所示。

应付账款

	期初余额：　×× 本期发生： (1) 25 000 (2) 22 500（方框）

材料采购

期初余额：　×× 本期发生： (1) 25 000 (2) 22 500（方框）	

图 7-4　红字更正法示意图(2)

三、补充登记法

补充登记法，也称蓝字补记法，适用于记账后发现记账凭证中所记金额小于应记金额，而应借、应贷的会计科目并无错误，致使账簿记录错误的情况。

更正的方法是：会计科目、借贷方向不变，只将正确数字与错误数字之间的差额，即少记的金额用蓝字填制一张记账凭证，在摘要栏内写明“补记某月某日第××号记账凭证少记金额”，并以蓝字登记入账，补充少记的金额。

【例 7-4】　某企业 20××年 6 月 15 日购入机器设备一台，用银行存款支付价款 46 000 元。

(1)编制“银付 8 号”记账凭证时，将应记入“固定资产”和“银行存款”科目的 46 000 元误记为 4 600 元，并已登记入账，即：

借：固定资产　　4 600

　贷：银行存款　　4 600

更正时，应将少记的 41 400 元(46 000 元－4 600 元)用蓝字填制一张记账凭证，并据以登记入账。

(2)补充 20××年 6 月 15 日银付 8 号记账凭证少记金额：

借：固定资产　　41 400

　贷：银行存款　　41 400

以上有关账户的更正记录如图 7-5 所示。

银行存款

期初余额：　××	本期发生： (1) 4 600 (2) 41 400

固定资产

期初余额：　×× 本期发生： (1) 4 600 (2) 41 400	

图 7-5　补充登记法示意图

本章小结

会计账簿是会计信息的重要载体，是编制会计报表的重要依据。登记账簿是会计核算的一项重要工作。本章主要讲述了会计账簿的分类、会计账簿的格式和登记方法、总账和明细分类账的平行登记、会计账簿的使用规则，以及对账、结账和错账的更正方法等内容。希望通过本章的学习，同学们可以在实务中设置和登记各种账簿，期末能够正确对账和结账，对于错账可以采用正确的方法进行更正。

关键概念

账簿	记账	序时账簿	分类账簿	备查账簿
总分类账	明细分类账	三栏式账簿	多栏式账簿	数量金额式账簿
平行登记	对账	结账	红字更正法	划线更正法
补充登记法				

思考与讨论

1. 什么是会计账簿？设置会计账簿有哪些作用？会计账簿是如何分类的？
2. 如何登记三栏式现金日记账和银行存款日记账？
3. 明细账的设置有哪几种？试举例说明分别适用于哪些账户。
4. 什么是平行登记？平行登记的要点是什么？
5. 结账过程中存在哪些平衡关系？
6. 错账的更正方法有几种？各适用于什么情况？如何运用它们更正错账？

练习题

一、单项选择题

1.（　　）能够为编制会计报表提供依据。

A. 填制和审核原始凭证　　B. 编制记账凭证

C. 设置和登记账簿　　D. 编制会计分录

2. 在结账前，若发现记账凭证中所记金额小于应记金额，并已过账，应用（　　）更正。

A. 红字更正法　　B. 补充登记法

C. 划线更正法　　D. 涂改更正法

3. 总账、库存现金日记账和银行存款日记账应采用（　　）。

A. 活页账　　B. 订本账

C. 卡片账　　D. 备查账

4.（　　）一般采用三栏式明细账。

A. 应收账款明细账　　B. 营业外收入明细账

C. 管理费用明细账　　D. 原材料明细账

5.(　　)只能在结账、划线、改错和冲账时采用。

A.蓝黑墨水笔　　B.铅笔

C.圆珠笔　　D.红色墨水笔

6.在登记账簿时,如果经济业务发生的日期是20××年3月11日,编制记账凭证的日期是3月13日,登记账簿的日期是3月15日,则账簿中的"日期"栏登记的时间是(　　)。

A.3月11日　　B.3月13日

C.3月15日　　D.3月13日或3月15日

7.下列明细账中,通常应采用数量金额式明细账的是(　　)。

A.原材料明细账　　B.应收账款明细账

C.制造费用明细账　　D.固定资产明细账

8.下列对账工作中属于账实核对的是(　　)。

A.企业银行存款日记账和银行对账单核对

B.总分类账和所属明细分类账核对

C.会计部门的固定资产明细账与保管部门的固定资产核对

D.总分类账与日记账核对

9.结账时,应当通栏划双红线的是(　　)。

A.12月末结出全年累计发生额后

B.各月末结出本月累计发生额后

C.各季末结出本季累计发生额后

D.结出当月发生额后

10.一般情况下,不需要根据记账凭证登记的账簿是(　　)。

A.总分类账　　B.明细分类账　　C.备查账　　D.日记账

二、多项选择题

1.账簿按用途可分为(　　)。

A.备查账　　B.分类账　　C.总账　　D.序时账

2.明细分类账的格式主要有(　　)。

A.三栏式　　B.多栏式　　C.数量金额式　　D.T形账

3.会计账簿对经济业务的登记是(　　)。

A.连续的　　B.系统的　　C.分类的　　D.全面的

4.错账更正的方法一般有(　　)。

A.划线更正法　　B.补充登记法

C.红字更正法　　D.涂改更正法

5.下列项目中,属于会计账簿基本内容的是(　　)。

A.封面　　B.扉页　　C.账页　　D.封底

6.银行存款日记账是根据(　　)逐日逐笔登记的。

A.库存现金收款凭证　　B.库存现金付款凭证

C.银行存款收款凭证　　D.银行存款付款凭证

7. 下列账户的明细账格式一般采用三栏式的是(　　)。

A. 原材料　　B. 管理费用　　C. 应收账款　　D. 银行借款

8. 下列账户的明细账格式一般采用多栏式的是(　　)。

A. 管理费用　　B. 原材料　　C. 财务费用　　D. 固定资产

9. 必须采用订本式账簿的是(　　)。

A. 库存现金日记账　　B. 固定资产明细账

C. 银行存款明细账　　D. 总账

10. 账账核对包括(　　)。

A. 总账和有关明细账核对

B. 总账和日记账核对

C. 会计部门的财产物资明细账和使用保管部门的明细账核对

D. 总账有关账户的余额核对

三、判断题

1. 三栏式账簿是指具有日期、摘要、金额三个栏目的账簿。(　　)

2. 登记账簿时，发生的空行、空页一定要补充书写，不得注销。(　　)

3. 对账也包括账表核对。(　　)

4. 按照业务发生的先后顺序逐日逐笔根据会计凭证登记经济业务的账簿叫序时账簿。(　　)

5. 在明细账的核算中，只需要进行金额核算的，必须使用三栏式明细账。(　　)

四、业务题

(一)目的：练习日记账的登记方法。

1. 资料：东方公司20××年7月有关银行存款资料如下：

期初现金日记账借方余额为5 500元，银行存款日记账借方余额为98 760元；7月份发生下列经济业务：

(1)2日，从银行存款账户提取现金10 000元，以备日常开支。

(2)2日，用库存现金购买办公用品500元。

(3)2日，开出转账支票支付前欠光明公司18 900元购货款。

(4)3日，采购员甲预借差旅费1 500元，以现金支付。

(5)5日，开出现金支票，从银行提取现金2 000元以备发放补贴。

(6)6日，向华云公司销售产品一批，价值20 550元，货款尚未收到；同时，以银行存款支付代垫运杂费200元。

(7)7日，以现金2 000元发放补贴。

(8)8日，采购员甲报销差旅费，交回现金235元。

(9)9日，开出现金支票，从银行提取1 500元备用。

(10)10日，开出现金支票，提取现金24 000元，准备发放工资。

(11)12日，收到富华公司投资800 000元，款项已存入银行。

(12)13日，以银行存款支付广告费5 000元。

(13)15 日,以银行存款支付短期借款利息 150 元。

(14)30 日,以银行存款支付水电费 1 500 元。

(15)31 日,向光明公司购货一批,价款 22 600 元,已开出转账支票付讫货款。

2. 要求:

根据上述资料:①编制会计分录;②登记三栏式库存现金日记账并结出本月发生额和余额;③登记三栏式银行存款日记账并结出本月发生额和余额。(东方公司凭证类型分为收、付、转三类,凭证、结算票据按各类型顺序编号。)

(二)目的:练习数量金额式明细账的登记方法。

1. 资料:南方公司 20××年 6 月份有关原材料资料如下:

(1)原材料明细账月初余额如表 7-30 所示。

表 7-30 原材料明细账月初余额

材料名称	计量单位	数量	单价	金额(元)
A	公斤	1 000	30	30 000
B	公斤	500	5	2 500
C	件	200	100	20 000

(2)6 月份发生下列经济业务(不考虑增值税):

4 日,用银行存款购入材料一批,已验收入库,货款共计 60 000 元。其中:A 材料 500 公斤,单价 30 元;B 材料 1 000 公斤,单价 5 元;C 材料 400 件,单价 100 元。

9 日,用银行存款偿还上月应付甲公司的货款 15 600 元。

10 日,结转发出下列材料的成本:A 材料 600 公斤,B 材料 200 公斤,C 材料 300 件。

18 日,用银行存款偿还上月应付丙公司的货款 9 000 元。

20 日,购入材料一批,共计 28 500 元,货款尚未支付。其中:向甲公司购入 A 材料 1 000 公斤,单价 26 元;向丙公司购入 B 材料 500 公斤,单价 5 元。

29 日,用银行存款偿还应付甲公司的货款 26 000 元。

2. 要求:

根据上述经济业务:①编制会计分录;②登记数量金额式"原材料"总账和明细账并结出本月发生额和月末余额。

(三)目的:练习错账的更正方法。

1. 资料:南方公司 20××年 7 月份资料如下:

(1)从银行取得一年期借款 245 000 元,已存入银行。

(2)开出转账支票 20 000 元购设备一台。

(3)车间管理部门领用原材料 6 700 元。

(4)开出转账支票 8 000 元,缴纳上月应缴的税金。

(5)签发转账支票 35 400 元,偿还前欠绿叶公司的货款。

(6)接受某单位以一台价值为 100 000 元的设备作为投资。

已根据上述经济业务编制会计分录如下(单位:元):

(1)借:银行存款　　254 000
　　贷:短期借款　　254 000
(2)借:原材料　　200 000
　　贷:银行存款　　200 000
(3)借:管理费用　　6 700
　　贷:原材料　　6 700
(4)借:应交税费　　800
　　贷:银行存款　　800
(5)借:应收账款　　34 500
　　贷:银行存款　　34 500
(6)借:固定资产　　100 000
　　贷:实收资本　　100 000

根据上列会计分录已登记入账,其中第(6)笔业务,在登“固定资产”“实收资本”账户时均以1 000 000 记录。

2.要求:审查上述会计记录有无错误,若有错误请采用正确的方法予以更正。

第八章

财产清查

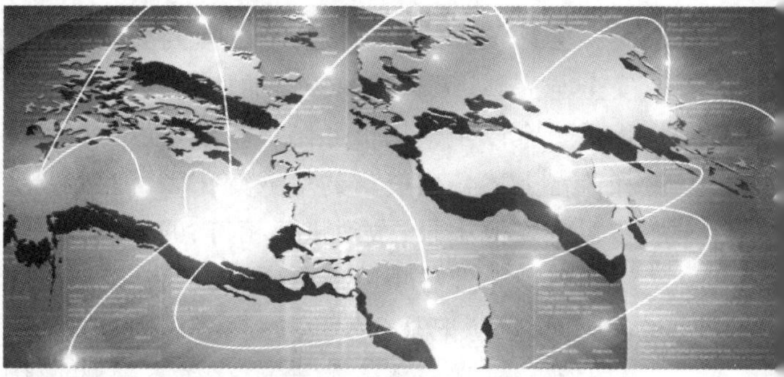

KUAIJIXUE YUANLI

学习目的

财产清查是会计核算的一种专门方法，其目的是要保护资产的安全和完整，为企业经营决策提供正确的信息，以利于企业在市场中的竞争。通过本章的学习，要求学生了解财产清查的意义，掌握财产清查的种类、方法和财产清查结果的会计处理。

第一节　财产清查概述

一、财产清查的含义

会计核算的一项重要任务就是要反映和监督会计主体的财产保管和使用情况，保护财产的安全与完整，提高各种资产的使用效率。会计主体的财产，通常包括其所拥有的各项财产物资、货币资金以及债权债务结算款项，根据各单位财产管理的要求，各单位应通过账簿记录来反映和监督上述各项资产的增减变化和结存情况。所以各单位应加强会计凭证的日常审核，定期地核对各账簿记录，做到账证相符、账账相符。应该说，这一过程能保证账簿记录的正确性，也能真实反映企业各项财产的实有数，各项财产的账实应该是一致的。但是，在实际工作中，由于种种原因，账簿记录会发生差错，各项财产的实际结存数也会发生差错，最终导致账存数与实存数发生差异。造成账存数与实存数不符的原因是多方面的，概括起来主要有以下几个方面的原因。

首先是自然因素。其中包括：①财产物资在保管和运输过程中发生自然损耗，如建筑用砂在运输过程中的撒漏；②由于不可抗力而导致的非常损失；③由于有关凭证未到，形成未达账项，造成结算双方账实不符。

其次是人为因素。其中包括：①在财产收发过程中，由于计量或检验不准确而造成多收或少收的差错，以及品种、质量上的差错；②由于管理不善或制度不严、工作人员失职造成财物损坏、丢失、被盗等；③在账簿记录中发生的重记、漏记、错记；④由于取得财产、领用财产等经济业务发生后没有填制或取得凭证而造成账簿无记录。

前面提到的账实不符的原因中，少数是受自然因素影响造成的，不能完全避免，而大部分是人为因素造成的，是可以避免的。

由于存在上述各种原因，影响了账实的一致性，我国《会计法》明确规定：各单位应当定期将会计账簿记录与实物、款项及有关资料相互核对，保证会计账簿记录与实物、款项及有关资料的实有数相符。因此，为了保证会计账簿记录的真实、正确、可靠，必须在账簿记录基础上运用"财产清查"这一会计核算方法，对会计主体的各种财产物资进行定期或不定期的清查，并与账簿记录核对，做到账实相符。

所谓财产清查是指通过对货币资金、实物资产和往来款项等财产物资的盘点和核对，确定其实存数，查明账存数与实存数是否相符的一种专门方法。如果账实不符，应根据具体情况，查明责任，进行处理。财产清查是保证会计资料正确性的一个有效手段。财产清查的范围极为广泛，从形态上看，既包括各种实物的清点，也包括各种债权债务和结算款项的查询核对；从存放地点看，既包括存放在本单位的财产物资的清查，也包括对存放在外单位的实物和款项的清查。另外，对其他单位委托代为保管或加工的材料物资同样要进行清查。

二、财产清查的意义

为了保证会计账簿记录的真实、准确，建立健全财产物资的管理制度，确保财产物资的安全与完整，就必须运用财产清查这一行之有效的会计核算方法，对本单位的各项财产物资进行定期或不定期的清查，以保证账实相符，提高各项财产物资的使用效率。因此，加强财产清查对加强企业管理、充分发挥会计的监督作用具有重要意义。

第一，通过财产清查，保证核算资料的真实可靠。会计核算是通过填制会计凭证，严格审核凭证，然后据以登记入账的一种程序。而在实际工作中，由于各种人为的或自然的原因，会使财产物资的实际结存数与账面结存数发生差异，通过财产清查，可以确定各项财产的实存数，将实存数与账存数进行对比，确定盘盈、盘亏数，及时调整账簿记录，做到账实相符，以保证账簿记录的真实正确，提高会计资料的可信度，为经济管理提供可靠的数据资料。

第二，通过财产清查，可以保护财产的安全、完整，加强经济责任。通过财产清查，可以查明各项财产物资的收发、领退或保管情况，有没有由于管理不善造成的收发差错、财产霉烂、损坏丢失或非法挪用、贪污盗窃等情况，以便采取相应的措施，加强财产物资的管理，保护本单位的财产物资的安全、完整。

第三，通过财产清查，可以保证财经法律和结算制度的贯彻执行。开展清查活动，可以查明有关财产验收、保管、收发、调拨、报废、账款结算等环节上手续制度的贯彻执行情况，查明各项资金是否合理、合法，各种往来款项有无逾期拖欠等情况，以便企业建立和完善各项管理和核算制度，从而促使企业严格遵守各项财经制度和纪律，按财务制度和财经纪律进行正常的经济活动。

第四，通过财产清查，可以挖掘财产物资的潜力，提高物资使用效率。在清查过程中，可以了解财产物资的储备和利用情况，是否有超储积压或者储备不足，是否有财产物资大幅度贬值，是否有长期拖欠、拒付往来款项及未达账项等情况，以便及时为经营管理提供信息资料，充分发挥物资潜力，减少资金占用，加速资金周转，提高资金使用效率。

第五，通过财产清查，促进经营管理水平的提高。通过清查了解有关物资验收、保管、收发、调拨、报废以及往来款项制度的执行情况，以便及时发现问题，促使单位采取有效措施，建立健全有关规章制度，提高经营管理水平。

三、财产清查前的准备工作

财产清查是一项复杂、细致、量大的工作，它不仅涉及有关财产物资的保管部门，而且涉及各生产车间和各个职能部门乃至个人。因此，在进行财产清查前，必须有领导、有组织、有计划、有步骤地认真做好各项准备工作，这些准备工作一般包括组织准备和业务准备等。

(一)组织准备

为了使财产清查工作能顺利进行，首先要有全员的支持，包括领导支持和非领导人员支持两个方面。

(1)领导支持，即在企业、事业、机关团体的总部成立财产清查领导小组，具体负责财产清查的领导工作。领导小组的组长由本单位负责人担任，组员由会计、业务、仓库部门的负责人担任。

(2)非领导人员支持。财产清查工作涉及很多部门和岗位,因此要使财产清查顺利进行,必须得到相关部门和岗位人员的大力支持。财产清查的工作人员,一般由会计人员、技术人员、业务人员和仓库保管人员组成,这些人员在清查过程中要求保证不离岗。

(二)业务准备

为了做好财产清查工作,各有关部门特别是财产物资管理部门和会计部门应根据清查小组下达的计划,布置好清查前的业务准备工作。

会计部门和会计人员应在财产清查前,将有关账簿登记齐全,结出余额,核对清楚,做到账簿记录正确、完整、及时,为账实核对提供正确的账簿资料,对于银行存款和结算款项,应及时核对凭据。

物资管理部门和保管人员,应将截至清查日的所有经济业务,办理好凭证手续,全部登记入账,并结出余额。对所保管的各种财产物资,应整理、排放整齐,挂上标签,标明编号、品种、规格和结存数量,以便盘点核对。

清查人员根据需要,准备好各种必要的计量器具和有关清查用的登记表册。

第二节　财产清查的内容及种类

一、财产清查的内容

财产清查既是会计核算的一种专门方法,又是财产管理工作的一项重要内容,各单位都应根据管理的需要,采用不同的方法认真进行财产清查。财产清查具体内容有:

(1)现金、银行存款等货币资金;

(2)房屋建筑物、机器设备等所有固定资产;

(3)原材料、燃料、低值易耗品等各种储备物资;

(4)各种在产品、半成品、各项未完工产品和产成品;

(5)各种在途材料、在途商品及其他在途物资;

(6)委托外单位加工、保管的材料、物资和出租的固定资产、包装物;

(7)受托加工的材料、物资和租入的固定资产、包装物;

(8)应收、应付款,预收、预付款等各种往来结算款项和预算资金缴拨款项等。

二、财产清查的种类

(一)按照清查范围分类

财产清查按照清查范围分类,可以分为全面清查和局部清查。

1. 全面清查

全面清查是指对企业全部财产物资进行盘点与核对。全面清查的清查对象一般包括财产清查的全部内容。

由于全面清查范围广,内容多,时间长,参与人员多,成本高,所以通常在下列情况下才进行全面清查:一是为保证年度会计报表资料的真实可靠,在年终决算前进行;二是为明确经济责任，在单位撤销、合并或改变隶属关系时进行；三是在中外合资企业或国内合资企业成立前进行；四是在企业股份制改造前进行；五是在开展全面的资产评估、清产核资时进行；六是在单位重要领导调离工作岗位时进行。

2. 局部清查

局部清查是指对部分财产物资进行盘点和核对。主要是对货币资金、存货等流动性较大的财产进行清查。局部清查的特点是范围小，内容少，时间短，参与人员少，但专业性比较强。局部清查一般包括下列内容：库存现金应每日由出纳人员清点核对一次；银行存款每月至少要和银行核对一次；对于流动性较强的存货，如原材料、产成品等，应有计划、有重点地抽查；各种贵重物品每月都要清查一次；对于各种债权债务，每年至少同有关单位核对一至两次；对于价值较大的固定资产和在建工程等可根据需要进行清查。

（二）按照清查时间分类

财产清查按照清查时间分类，可以分为定期清查和不定期清查。

1. 定期清查

定期清查是按预先计划的时间或制度安排的时间对企业财产进行清查。定期清查一般在月末、季末和年末进行，其目的就是要在编制会计报表以前发现账实不符的情况，据以调整有关账簿记录，使账实相符，从而保证会计核算资料的真实、正确。定期清查的内容根据需要，可以是企业的全部财产，如年终决算前的清查；也可以是企业的部分财产，如月末、季末对货币资金和贵重物资等进行的清查。

2. 不定期清查

不定期清查是指事先不规定时间，根据实际需要对企业财产物资进行的临时性清查。不定期清查一般在下列情况下进行：

（1）更换财产物资的保管人员时，要对有关人员所保管的物资进行清查，以分清交接前后的经济责任；

（2）发生意外灾害等非常损失时，对受灾损失的财产进行清查；

（3）上级主管部门及财政、银行、税务、工商、审计等部门进行检查时，应按检查的范围和要求进行清查；

（4）发生贪污盗窃时，应对相应财产进行清查；

（5）单位发生合并、分立、清算等产权变动时应对相应财产进行清查。

不定期清查，可以是全面清查，也可以是局部清查，应根据实际需要而决定，其目的主要是查明情况，分清责任。

第三节 财产清查的方法

一、货币资金的清查

企业、行政事业单位的货币资金包括库存现金、各种有价证券和各种银行存款。这里主要对库存现金和银行存款的清查进行详细的阐述。库存现金和银行存款的流动性非常强，在日常的会计核算体系中对其有严格的内部控制制度，所以货币资金的清查方法与一般的实物资产清查方法有差异。

1. 库存现金的清查

库存现金的清查是指对库存现金的盘点与核对，包括出纳人员每日终了前进行的现金账实核对和清查小组进行的定期或不定期的现金盘点核对。现金盘点一般采用实地盘点法来确定库存现金的实存数，然后再与现金日记账的账面余额核对，以查明账实是否相符。清点库存现金时，出纳人员必须在场，以协助调查、明确责任。

清查小组清查的目的主要是检查有无白条顶库、挪用现金和超限额库存现金的情况，以及账实是否相符等。另外，清查小组最好采取突击盘点的方法，在一天业务没有开始之前或一天业务结束后进行，这样可以更好地了解库存现金的真实管理情况。盘点结束后，应填制“库存现金盘点报告表”，由盘点人员和出纳人员签字盖章。此表既是证明现金实有数额的原始凭证，也是查明账实不符原因和据以调整现金日记账的重要依据。“库存现金盘点报告表”的格式如表8-1所示。

表 8-1　库存现金盘点报告表

单位名称：　　　　　　　　　　年　月　日　　　　　　　　　　单位：元

账存金额	实存金额	对比结果		备注
		盘盈	盘亏	

盘点人(签章)：　　　　　　　　　　出纳人员(签章)：

在实际工作中，现金由出纳人员进行保管，并由出纳人员负责登记现金日记账。由于现金的收支业务很频繁，且易出错，所以出纳人员每日终了前都会进行现金账款核对，做到日清日结，以此检查当日工作是否准确无误，以确保每日现金账实相符。

2. 银行存款的清查

银行存款的清查方法是将企业的银行存款日记账与开户银行转来的对账单进行逐日逐笔的核对，来查明银行存款账实是否相符。对账单是银行登记的本企业在一定时期内有关银行存款收入、支出、结余情况的账簿记录。具体步骤是：首先检查本企业与银行存款有关的经济业务是否全部登记入账，再对账面记录进行检查复核，确定账簿记录完整、准确；然后将银行对账单与企业银行存款日记账进行逐笔核对。对于记录一致的项目，打钩做标记，记录不一致或一方记录而另一方没有记录的项目应加以列示并查明原因。

企业的银行存款日记账与银行对账单的记录不一致，一般情况下是由以下两种原因引起的。

(1)账簿记录有误。记账过程中可能会出现企业记错了金额或银行记错了金额的情况，也有可能出现企业记错了开户行或银行记错了客户名称的情况。对于以上出现的错账，查明原因，分别由企业或银行进行更正。

(2)存在未达账项。如果双方均没有记账错误而二者余额不符，则是因为存在未达账项。所谓未达账项是指企业和银行之间，由于结算凭证在传递和办理转账手续时间上的不一致而造成的一方已登记入账而另一方尚未登记入账的款项。一般情况下，未达账项是引起二者不符的主要原因，但这种情况不属于错误。未达账项具体有以下四种情况：

①企业已收银行未收，即企业送存银行的款项，企业已登记存款增加，但银行尚未办妥手续而未入账。如企业已将销售产品收到的支票送存银行，对账前银行尚未入账的款项。

②企业已付银行未付，即企业已开出支票或其他付款凭证，企业已登记存款减少，但银行尚未支付或未办理转账手续而未入账。如企业开出支票购货，根据支票存根已经登记银行存款的减少，而银行尚未接到支票，未登记银行存款的减少。

③银行已收企业未收，即银行代企业收进的款项，银行已登记存款增加，但企业尚未收到通知而未入账。如银行收到外单位采用托收承付结算方式购货所付的款项，已登记入账，企业未收到银行通知而未入账的款项。

④银行已付企业未付，即银行代企业支付的款项，银行已登记存款减少，但企业尚未收到通知而未入账。如银行代企业支付的购货款，已登记银行存款的减少，而企业因未收到凭证尚未记账的款项。

由于上述原因造成企业银行存款日记账与银行对账单的账面余额不符，因此在核查时若双方账簿记录没有错记、漏记的业务，应注意是否有未达账项存在。由于未达账项的存在使两者余额不一致，要确定银行存款的实有数以及银行和企业的记账是否都正确，就需要消除未达账项的影响，可以通过编制“银行存款余额调节表”来实现，如没有记账错误，调节后双方账面余额应当相等。

编制“银行存款余额调节表”的原理是：将银行存款日记账余额和银行对账单余额都调整为银行存款实际可使用余额，即对于上述四种情况，用企业未记的项目来调整企业银行存款日记账余额，用银行未记的项目来调整银行对账单余额。其公式如下：

$$\begin{aligned}&\text{企业银行存款日记账余额}+\text{银行已收企业未收金额}-\text{银行已付企业未付金额}\\&=\text{银行对账单余额}+\text{企业已收银行未收金额}-\text{企业已付银行未付金额}\end{aligned}\tag{8-1}$$

现举例说明“银行存款余额调节表”的编制。

【例 8-1】 宏达公司 20××年 7 月 5 日银行存款日记账余额为 107 800 元，银行转来的对账单余额为 108 300 元。经逐笔核对，发现存在下列情况：

(1)银行代企业支付电话费 1 800 元，银行已入账，而企业尚未收到付款通知而未入账；

(2)企业于 6 月末将从某单位收到的一张转账支票 4 200 元存入银行，企业已入账，但银行尚未办理有关手续而未入账；

(3)银行代企业收回货款 2 500 元，银行已入账，而企业尚未收到收账通知而未入账；

(4)企业于 6 月末开出转账支票一张 4 000 元，企业已入账，但银行尚未入账。

根据以上资料，编制“银行存款余额调节表”，如表 8-2 所示。

表 8-2 银行存款余额调节表

20××年 7 月 5 日　　　　单位：元

项目	金额	项目	金额
企业银行存款日记账余额	107 800	银行对账单余额	108 300
加：银行代收货款	2 500	加：企业收入的转账支票	4 200
减：银行代付电话费	1 800	减：企业开出的转账支票	4 000
调节后余额	108 500	调节后余额	108 500

需要注意的是，上表中调节后的存款余额，既不是企业银行存款账面余额，也不是银行方面的账面余额，而是对账日包括未达账项在内的、企业可以使用的银行存款实有数，所以企业不能依据此表来登记或修改账簿记录。此表只是作为及时查明本企业与银行双方账簿记录有无差错的一种清查方法。对于未达账项，企业应在收到银行送达的结算凭证时才能登记入账。

二、实物的清查

（一）确定实物资产数量的方法

实物清查主要包括对各种存货以及固定资产等有实物形态的财产物资的清查。由于实物的形态、体积、重量、码放方式不同，一般采用实地盘点法或技术推算法来确定其实有数量，以账面价值法、评估确认法或协商议价法确定实物的价值。在实际工作中，采用什么方法进行清查，取决于企业财产清查的目的。下面主要介绍两种常用的数量清查方法。

1. 实地盘点法

实地盘点法是在财产物资存放现场，通过逐一清点或用计量器具确定实物财产实存数量的一种方法。这种方法使用范围很广泛，大多数实物资产实存数量的确定都可以采用这种方法，如原材料、产成品、低值易耗品、固定资产等。这种方法盘点数量基本正确可靠，但工作量较大。

2. 技术推算法

技术推算法是利用技术方法来推算实物财产实存数量的一种方法。这种方法一般适用于大量成堆的、无法逐一清点或精确计量的实物资产，如煤炭、砂石等。此方法盘点数量不够准确，允许有一定的误差存在，但工作量较小。使用此方法时，为了减少误差应当尽可能地将实物的形状整理成符合规定要求的形状，以便利用公式计算财产物资的体积并进一步计算其重量和价值。例如：将露天堆放的煤整理成梯形体，测量后利用梯形体体积公式计算其体积，再利用煤的密度来乘体积就可以得到其大概的重量，得到重量，有了单价，就可以很快得到其实际价值。

另外，对实物财产的数量进行清查的同时，还应注意实物的质量品质。通常可根据具体情况，采用不同的质量鉴定方法，如直接观察法、物理法、化学法等，对残次损缺等质量有问题的财产应相应调整账面价值。

在财产清查过程中，为了明确经济责任，实物保管人员、使用人员和盘点人员必须同时在场，对清查盘点结果，应逐一填制“盘存单”，并由盘点人员和保管人员或使用人员签章。注意“盘存单”应至少一式两份，一份由实物保管部门或使用部门保管，另一份交由会计部门，用于与账面记录相核对。“盘存单”的格式如表 8-3 所示。

表 8-3　盘存单

单位名称：　　　　　　　　存放地点：　　　　　　　　编号：
财产类别：　　　　　　　　盘点时间：

序号	名称	规格	计量单位	盘点数量	单价	金额	备注

盘点人签章：　　　　　　　　保管人签章：

上述“盘存单”的各项目填写应与对应账簿记载的内容一致，以便核对。如果发现账实不符的情况，应根据有关账簿记录和“盘存单”填制“实存账存对比表”，根据对比结果分析差异产生的原因，明确经济责任，报送有关部门或相关负责人处理，将其处理意见和“实存账存对比表”作为原始凭证来编制转账凭证，调整账簿记录，实现账实相符。为了简化工作，对于账实相符的一般不编列“实存账存对比表”。“实存账存对比表”的格式如表 8-4 所示。

表 8-4　实存账存对比表

单位名称：　　　　　　　　　　　　年　月　日　　　　　　　　　　　　编号：

<table>
<tr><th rowspan="2">序号</th><th rowspan="2">名称</th><th rowspan="2">规格</th><th rowspan="2">计量单位</th><th rowspan="2">单价</th><th colspan="2">实存</th><th colspan="2">账存</th><th colspan="2">盘盈</th><th colspan="2">盘亏</th><th rowspan="2">备注</th></tr>
<tr><th>数量</th><th>金额</th><th>数量</th><th>金额</th><th>数量</th><th>金额</th><th>数量</th><th>金额</th></tr>
<tr><td></td><td></td><td></td><td></td><td></td><td></td><td></td><td></td><td></td><td></td><td></td><td></td><td></td><td></td></tr>
</table>

盘点人签章：　　　　　　　　复核签章：　　　　　　　　会计签章：

对于固定资产的清查，与实物资产的清查方法相同，在清查结束时，应编制“固定资产盘盈、盘亏报告表”，其格式如表 8-5 所示。

表 8-5　固定资产盘盈、盘亏报告表

部门：　　　　　　　　　　　　年　月　日

<table>
<tr><th rowspan="2">编号</th><th rowspan="2">名称</th><th rowspan="2">规格及型号</th><th colspan="3">盘盈</th><th colspan="3">盘亏</th><th colspan="3">毁损</th><th rowspan="2">原因</th></tr>
<tr><th>数量</th><th>重估价</th><th>累计折旧</th><th>数量</th><th>原价</th><th>已提折旧</th><th>数量</th><th>原价</th><th>已提折旧</th></tr>
<tr><td></td><td></td><td></td><td></td><td></td><td></td><td></td><td></td><td></td><td></td><td></td><td></td><td></td></tr>
<tr><td rowspan="2">处理意见</td><td colspan="4">审批部门</td><td colspan="4">清查小组</td><td colspan="4">使用保管部门</td></tr>
<tr><td colspan="4"></td><td colspan="4"></td><td colspan="4"></td></tr>
</table>

盘点人签章：　　　　　　　　复核签章：　　　　　　　　会计签章：

对于委托外单位加工的财产物资、出租包装物、出租的固定资产等，在加工或租用期间一般由对方单位负责管理和保管，财产清查时不需要到现场清查盘点。

(二)确定实物资产账面结存数的方法

财产物资清查的一个重要环节就是要确定财产物资的账面结存数与财产物资的实存数是否相符。也就是说，由会计人员提供的财产物资账面结存数也非常重要。会计人员确定财产物资账面结存数量的方法通常有永续盘存制和实地盘存制两种，在不同的盘存制度下，开展财产清查的目的不同，确定财产物资账面结存数的方法也不同，进而盘存的结果也不同。

1. 永续盘存制

1)永续盘存制的含义

永续盘存制又称账面盘存制，是指会计人员平时根据会计凭证对各项财产物资的增加数和减少数，都在有关账簿中进行登记，并随时结出账面结存数的一种方法。永续盘存制盘存的目的就是要通过期末盘点，将账存数和实存数进行核对，以保证账实相符。

2)在永续盘存制下期末存货成本的确定

采用永续盘存制的方法,要求平时在各种财产物资的明细账上,根据会计凭证连续地登记各种财产物资的增加数和减少数,并随时结出余额。所以期末存货的成本金额可以根据以下公式计算获得:

$$账面期末结存数=账面期初结存数+本期增加数-本期减少数 \tag{8-2}$$

$$本期减少数(发出存货价值)=发出存货数量\times存货单价 \tag{8-3}$$

3)永续盘存制的优缺点及适用范围

永续盘存制的优点主要有以下三点:一是各项财产物资的增减变动及其结存数都及时在账簿上得到完整的反映,手续严密,便于随时掌握财产物资的占用情况及其动态,有利于加强财产物资的管理;二是可以将账存数与实存数相核对,以查明账实是否相符,以及账实不符的原因;三是可以随时将账存数与实存数进行比较,有利于购销决策,降低库存,加速资金周转。其缺点主要是平时财务人员登记各种财产物资明细账的工作量太大,耗费的人力和物力较多。鉴于其优点较多,所以一般情况下,企业均采用永续盘存制。

2. 实地盘存制

1)实地盘存制的含义

实地盘存制又称定期盘存制,是指会计人员对各项财产物资平时根据会计凭证只登记其增加数,不登记其减少数,到期末,对各项财产物资进行盘点,根据实地盘点的结存数,倒挤出本月财产物资的减少数,并据以登记有关账簿的一种方法。实地盘存制盘存目的就是要通过实地盘点的结存数,倒挤出本月财产物资的减少数。本期发出存货计算公式如下:

$$本期发出存货=期初存货+本期增加数-期末存货 \tag{8-4}$$

2)实地盘存制下期末存货成本计算方法

采用实地盘存制,月末对财产物资进行实地盘点,确定财产物资的实存数量和金额,并以盘点结果作为账存数量和金额。在这种方法下,期末存货成本等于期末存货盘存的数量乘以对应的单价,即期末存货=期末盘存数×单价。

3)实地盘存制的优缺点及适用范围

实地盘存制的优点主要是记账工作简单,平时只记财产物资的增加数而不记其减少数和结存数,月末汇总计算减少数,一次登记总账,从而大大简化了日常核算工作。实地盘存制的缺点主要体现在以下三个方面:首先盘点实存数就是账存数,二者之间不存在相互制约和核对关系,而且平时账簿上不反映财产物资的减少数和结存数,手续不严密,不利于加强企业财产物资的管理;其次是把实存数作为账存数倒挤出减少数,将财产物资的损失、差错、短缺等挤入发出存货成本,不利于保护企业财产物资的安全与完整,也不能正确地反映企业的经营成果;最后,实地盘点的工作也十分繁重,工作量比较大。

由于实地盘存制存在上述缺点,因此一般企业不能采用这种盘存制,实地盘存制一般只适用于一些价值低、品种多、进出频繁的商品或材料物资。

三、往来款项的清查

往来款项是指各种债权债务等结算款项,主要包括各种应收款项、应付款项和预收预付款项等。往来款项的清查一般是采用发函询证的方法进行核对。对方单位若核对相符,应在询证函上盖章后寄回;若核对不符,应将不符项目在询证函上注明或者另抄对账单寄回,作为进一步核对的依据。企业收到各有关单位寄回的对账单后，应据以编制“往来款项清查表”，注明核对相符与不相符的款项，对不相符的款项按有争议、未达账项、无法收回等情况归类合并，针对具体情况及时采取措施予以解决。“往来款项清查表”格式如表 8-6 所示。

表 8-6 往来款项清查表

会计科目： 年 月 日 单位：元

明细账户名称	账面结存余额	清查结果		发生日期	核对不符原因分析						备注
		核对相符金额	核对不符金额		错误账项	未达账项	无望收回账项	拒付账项	有争议账项	其他	

清查人员签章： 会计签章： 经管人员签章：

对“往来款项清查表”中核对不符的账项，应区分不同情况进行处理。具体的会计处理方法详见本章第四节。

第四节 财产清查结果的账务处理

一、财产清查结果处理的步骤

财产清查结果有三种情况：实存数等于账存数，即账实相符；实存数大于账存数，即盘盈；实存数小于账存数，即盘亏。若实存的存货发生变质、霉烂等情况，不能按正常的财产物资核算的称为毁损。通过财产清查，企业可以发现自身在财产物资管理、保管和会计核算工作中可以推广的经验、完善的制度，同时也可以发现自己在管理和核算中存在的问题和漏洞。在财产清查之后，企业应按规定的程序以及国家的有关政策、法令和制度的规定，对清查结果进行认真的分析总结并进行恰当的处理。对所发现的问题进行妥善的处理，是财产清查工作的主要目的之一，也是促进财产清查工作发挥其积极作用的手段。

对财产清查结果的处理一般包括以下几点。

(1)查明账实不符的原因，依据相关规定确定处理办法。对财产清查的结果首先要进行具体分析，核实盘盈盘亏的数额，分析盘盈盘亏的原因和性质，明确经济责任，并按规定程序，报请有关领导审批处理。对于经常发生的现金长短款，应认真分析原因，按规定办理手续并想办法完善库存现金管理制度；对于定额以内的或由于自然原因引起的财产物资盘亏、盘盈，应当按照规定办理手续并及时转账；对于有争议的应收、应付款项应当按照国家法规及合同、协议拟定处理方案，或是提请有关部门仲裁；对于因保管人员失职而引起的盘亏或损失，须根据已查清失职情况，按照规定的程序报请有关领导做出处理；对于贪污盗窃的情况，应当会同有关部门或报送有关单位处理；对于属于保险范围的财产物资损失，应向保险公司索取赔偿。

(2)积极处理多余物资和清理长期不清的债权债务。在清查过程中，对于多余物资，除在本单位内部设法充分利用外，还应积极向外推销，以加速资金周转；对于长期积压的物资，应及时处置，一方面减少库存成本，另一方面防止报表中的资产虚增；对于储备不足的物资，要及时组织购进，以满足生产经营需要；对于使用率不高或闲置不用的固定资产，必须查明原因、积极处理，使所有固定资产都能充分地加以利用，避免不必要的浪费，实现物尽其用。对于长期拖欠的往来款项，则应指定专人负责，查明原因，通过有效途径解决，以减少坏账损失。

(3)总结经验教训，建立健全财产管理制度。财产清查结束后，要及时、认真地对财产清查结果加以整理、总结，针对财产清查中发现的问题提出改进的方法措施。对于管理工作出色的部门和个人，给予适当奖励，推广其管理工作经验；对于存在的问题，必须查明原因，追究责任。明确经济责任，实现奖罚分明，进一步完善管理制度，调整有关人员配备及物资存放保管方式，从根本上做好财产物资的保管及使用工作，保证财产物资的安全、完整。

(4)及时调整账簿记录，达到账实相符的目的。为了保证账簿记录的真实性，针对在财产清查过程中发现的各种盘盈、盘亏现象，应及时记录、上报并进行恰当的账务处理，调整账簿上的记录，做到账实相符。

二、财产清查结果的账务处理

(一)账务处理程序

第一，在财产清查中所发现的盘盈、盘亏财产物资，依据清查过程中取得的盘盈、盘亏的原始单据，编制记账凭证，将其盘盈、盘亏数额转入“待处理财产损溢”账户，并调整相应账簿记录，做到账实相符。同时，根据企业的管理权限上报相关部门，等待处理意见。

第二，经审批后，按照批复的处理意见，编制记账凭证，核销“待处理财产损溢”账户，并将损溢记入有关账户。

(二)设置账户

在清查过程中，为了如实反映和监督各项财产物资的盘盈、盘亏及其处理结果，需要专门设置“待处理财产损溢”账户。该账户借方登记财产物资的盘亏、毁损数和经批准的盘盈财产的转销数；贷方登记财产物资的盘盈数和经批准的盘亏、毁损财产的转销数。该账户的借方余额表示尚待批准处理的各种财产物资的净损失，贷方余额表示尚待批准处理的各种财产的净溢余。企业清查的各种财产的损溢应于期末前查明原因，并根据企业的管理权限，经股东大会或董事会，或经理(厂长)会议或类似机构批准后，在期末结账前处理完毕，期末处理后该账户应无余额。该账户设置“待处理流动资产损溢”“待处理固定资产损溢”两个明细分类账户，分别核算和监督企业流动资产和固定资产的盈亏及其处理情况。“待处理财产损溢”账户的基本结构如图 8-1 所示。

借方　　　　　　待处理财产损溢	贷方
发生额：(1)发生的待处理财产盘亏、毁损数 (2)转销已批准处理的财产盘盈数	发生额：(1)发生的待处理财产盘盈数 (2)转销已批准处理的财产盘亏、毁损数
余额：尚待批准处理的财产盘亏、毁损数	余额：尚待批准处理的财产盘盈数

图 8-1　“待处理财产损溢”账户结构图

(三)财产清查结果的账务处理

下面分别阐述库存现金、银行存款、存货、固定资产和往来款项清查结果的处理。

1.库存现金清查结果的处理

对于库存现金清查的结果，应编制“库存现金盘点报告表”，注明库存现金溢缺的金额，并由出纳人员和盘点人员签字盖章。根据“库存现金盘点报告表”进行账务处理，记入“待处理财产损溢”账户，待查明原因后，根据批准处理意见转销。如果有挪用现金、白条顶库情况，应及时予以纠正；对于超限额留存的现金要及时送存银行。

现金短缺时，按现金实际短缺数，借记“待处理财产损溢——待处理流动资产损溢”，贷记“库存现金”。查明原因经领导批准后，应由责任人赔偿的，借记“其他应收款——责任人”；属于保险公司赔偿的部分，借记“其他应收款——应收保险赔款”账户；无法查明原因的部分，借记“管理费用——现金短缺”账户，贷记“待处理财产损溢——待处理流动资产损溢”账户。

现金溢余时，按现金实际溢余数，借记“库存现金”，贷记“待处理财产损溢——待处理流动资产损溢”账户。查明原因经领导批准后，属于应支付给有关人员或单位的，借记“待处理财产损溢——待处理流动资产损溢”账户，贷记“其他应付款——××”；属于无法查明原因的长款，借记“待处理财产损溢——待处理流动资产损溢”账户，贷记“营业外收入”账户。

【例 8-2】 宏达公司 20××年 8 月 30 日清查现金发现短缺 300 元。批准前会计分录：

借：待处理财产损溢——待处理流动资产损溢　　300

　贷：库存现金　　300

经查，属于出纳人员的责任，9 月 9 日经领导批示，短缺现金 300 元应由出纳张三赔偿。批准后会计分录：

借：其他应收款——张三　　300

　贷：待处理财产损溢——待处理流动资产损溢　　300

9 月 10 日，收到出纳张三交来的赔偿，其会计分录为：

借：库存现金　　300

　贷：其他应收款——张三　　300

8 月 31 日清查现金，发现长款 120 元，原因无法查明。批准前会计分录：

借：库存现金　　120

　贷：待处理财产损溢——待处理流动资产损溢　　120

9 月 10 日经领导批准，作为营业外收入处理。批准后会计分录：

借：待处理财产损溢——待处理流动资产损溢　　120

　贷：营业外收入　　120

2.银行存款清查结果的处理

企业银行存款日记账与银行对账单逐笔核对后，若二者余额不符，首先考虑企业或银行的账务处理是否存在错误，其次考虑未达账项的调整。举例说明如下：

【例 8-3】 宏达公司 20××年 7 月 5 日银行存款日记账余额为 110 000 元，银行转来的对账单余额为 144 000 元。经逐笔核对，发现存在下列情况：

(1)银行将其他企业存款利息 2 150 元误记入本公司存款账户；

(2)企业于 6 月末将从某单位收到的一张转账支票 3 350 元存入银行，企业已入账，但银行尚未办理有关手续而未入账；

(3)银行代企业收回 25 000 元，银行已入账，而企业尚未收到收账通知而未入账；

(4)银行代企业支付电话费 6 000 元，银行已入账，而企业尚未收到付款通知而未入账；

(5)企业将收回A公司前欠货款2 400元，记账时误记成银行存款增加4 200元；

(6)企业于6月末开出转账支票一张18 000元，企业已入账，但银行尚未入账。

本例题中，导致企业银行存款日记账与银行对账单余额不符的原因，有未达账项引起的，也有的是由于记账错误引起，比如第(5)笔业务。在这种情况下，应先做调整错账的会计分录，再编制“银行存款余额调节表”。

借：应收账款——A公司　　　　1 800

　贷：银行存款　　　　　　　　1 800

经调整后，企业银行存款日记账余额为108 200元(110 000元－1 800元)；另银行方面记账也有错误，应通知银行进行调整，调整后的银行对账单余额为141 850元(144 000元－2 150元)。

根据以上资料，编制“银行存款余额调节表”，如表8-7所示。

表8-7　银行存款余额调节表

20××年7月5日　　　　单位：元

项目	金额	项目	金额
企业银行存款日记账余额	108 200	银行对账单余额	141 850
加：银行已收企业未收	25 000	加：企业已收银行未收	3 350
减：银行已付企业未付	6 000	减：企业已付银行未付	18 000
调节后余额	127 200	调节后余额	127 200

需要指出的是，“银行存款余额调节表”只起对账作用，不能作为调节账面余额的凭证，有关会计分录和银行存款日记账的登记，必须在收到有关原始凭证后再进行处理。

【例8-4】 宏达公司20××年8月3日银行存款日记账余额为10 000元，银行转来的对账单余额为4 600元。经逐笔核对，发现7月15日有一笔预付款，本应为6 000元，由于出纳人员的疏忽，误记为600元，不存在其他未达账项。调整分录：

借：预付账款　　　　5 400

　贷：银行存款　　　　5 400

本例题中，导致企业银行存款日记账与银行对账单余额不符的原因并不是存在未达账项，而是由于记账错误。在这种情况下，就不用再编制“银行存款余额调节表”，而是直接编制调整错账的会计分录。

3.存货清查结果的处理

由于存货种类多，数量大，收发频繁，在日常管理过程中难免发生各种各样的差错，造成账实不符，形成存货的盘盈盘亏。对于这种情况，应及时填写有关“存货盘点报告单”，查明原因，按照规定报批处理。

发生存货的盘盈，如果是由于收发计量或核算上的误差等原因造成的，应及时办理存货入账的手续，调整存货账簿的实存数，按盘盈存货的计划成本或估计成本借记入存货类账户，贷记“待处理财产损溢——待处理流动资产损溢”账户，等待有关部门批准后，再冲减本期的管理费用。

对于发生的存货的盘亏和毁损，在报经批准前，应按其成本借记入“待处理财产损溢——待处理流动资产损溢”账户，贷记存货类账户，使账实相符。报经批准后，根据造成盘亏和毁损的

原因不同,分别进行会计处理:

(1)属于自然损耗产生的定额内损耗,经批准后转作管理费用;

(2)属于计量收发差错和管理不善等原因造成的超定额损耗,应先扣除残料价值和过失人的赔偿,然后将净损失计入管理费用;

(3)属于自然灾害或意外事故造成的存货毁损,应先扣除残料价值和可以收回的保险赔偿,然后将净损失转作营业外支出。

【例 8-5】 宏达公司 20××年 8 月 30 日,对产成品进行清查,发现盘盈价值 5 000 元产成品。经查明是由于收发计量上的差错造成的,9 月 20 日,经批准,冲减管理费用。

8 月 30 日,批准前根据"实存账存对比表"所确定的产成品盘盈数调整账簿记录,会计分录为:

借:库存商品　　5 000

　　贷:待处理财产损溢——待处理流动资产损溢　　5 000

9 月 20 日,批准后会计分录:

借:待处理财产损溢——待处理流动资产损溢　　5 000

　　贷:管理费用　　5 000

【例 8-6】 宏达公司 20××年 8 月 31 日,对原材料进行清查,发现盘亏 10 000 元,9 月 15 日,经查明,其中 2 000 元属于定额内合理损耗,其余 8 000 元是由保管人员过失造成的毁损,经批准由保管人员赔偿 7 000 元。

8 月 31 日,批准前根据"实存账存对比表"所确定的原材料盘亏数调整账簿记录,会计分录为:

借:待处理财产损溢——待处理流动资产损溢　　10 000

　　贷:原材料　　10 000

9 月 15 日,根据批准文件,会计分录为:

(1)定额内合理损耗,计入管理费用。

借:管理费用　　2 000

　　贷:待处理财产损溢——待处理流动资产损溢　　2 000

(2)由保管人员赔偿的计入其他应收款。

借:其他应收款——保管员　　7 000

　　贷:待处理财产损溢——待处理流动资产损溢　　7 000

(3)扣除过失人赔款部分后,计入管理费用。

借:管理费用　　1 000

　　贷:待处理财产损溢——待处理流动资产损溢　　1 000

三项分录也可合并,只做一个会计分录,即:

借:管理费用　　3 000

　　其他应收款——保管员　　7 000

　　贷:待处理财产损溢——待处理流动资产损溢　　10 000

【例 8-7】 宏达公司 20××年 8 月 12 日,仓库起火,烧毁部分原材料,经过清查,发现盘亏 10 000 元,其中残值估计 800 元,该批原材料未投保险(假定不考虑增值税进项税额的转出)。经批准,其处理如下:

批准前会计分录为：

借：待处理财产损溢——待处理流动资产损溢　　10 000
　　贷：原材料　　10 000

批准后会计分录为：

借：营业外支出——非常损失　　9 200
　　贷：待处理财产损溢——待处理流动资产损溢　　9 200

残料作价入库，编制会计分录：

借：原材料　　800
　　贷：待处理财产损溢——待处理流动资产损溢　　800

4. 固定资产清查结果的处理

定期对固定资产进行清查，可以保证固定资产核算的真实性，并充分挖掘企业现有固定资产的潜力。在固定资产清查过程中，如果发现盘盈的固定资产，根据《企业会计准则第 4 号——固定资产》及其应用指南的有关规定，固定资产盘盈应作为前期差错记入"以前年度损益调整"科目。如果发现盘亏的固定资产，应填制"固定资产盘亏报告表"，并报经批准处理。

固定资产盘亏时，按盘亏固定资产的净值，借记"待处理财产损溢——待处理固定资产损溢"账户，按已计提折旧数，借记"累计折旧"账户，按固定资产的原价，贷记"固定资产"账户。盘亏的固定资产报经批准转销时，借记"营业外支出"账户，贷记"待处理财产损溢——待处理固定资产损溢"账户。

【例 8-8】 宏达公司在财产清查中，发现盘亏设备一台，原值为 80 000 元，已计提折旧 30 000 元。

批准前，会计分录为：

借：累计折旧　　30 000
　　待处理财产损溢——待处理固定资产损溢　　50 000
　　贷：固定资产　　80 000

批准后，根据批准文件，会计分录为：

借：营业外支出　　50 000
　　贷：待处理财产损溢——待处理固定资产损溢　　50 000

5. 往来款项清查结果的处理

企业在财产清查中，对于错误的往来款项，应立即查明，予以更正；发现长期不清的往来款项，应及时清理，予以转销；对于确实无法支付的款项，应记入"营业外收入"；对于拒付和有争议的款项，双方应协商解决，及时做账务处理；对于无法收回的款项，应作为坏账损失处理。以上业务处理均无须通过"待处理财产损溢"账户核算。对于发生的坏账，根据我国《企业会计准则》的规定，应借记"坏账准备"账户，贷记"应收账款"账户。

【例 8-9】 宏达公司在财产清查中，查明有一笔应付账款 5 000 元确实无法支付，经批准转入"营业外收入"，编制会计分录：

借：应付账款　　5 000
　　贷：营业外收入　　5 000

【例 8-10】 宏达公司在财产清查中，发现一笔应收账款 5 000 元已超过三年尚未收回，经批准作为坏账损失处理，编制会计分录：

借:坏账准备　　　　　　　　　　　　　　　　5 000

　　贷:应收账款　　　　　　　　　　　　　　　　5 000

本章小结

本章介绍了会计核算方法之一财产清查的有关内容,财产清查是指通过对货币资金、实物资产和往来款项的盘点和核对,确定其实存数,查明账存数与实存数是否相符的一种专门方法。企业为了保证会计信息真实可靠,同时也是为了保护企业财产的安全与完整,必须定期或不定期地进行财产物资清查,将账存数与实存数进行核对,使账实相符。财产清查按清查范围分为全面清查和局部清查,按清查时间分为定期清查和不定期清查。在企业日常核算过程中,可以通过永续盘存制和实地盘存制来确定财产物资的账面结存数。财产物资清查的方法主要有实地盘点法、核对法、技术推算法、询问法。财产清查工作结束,关键是要对清查过程中出现的账实不符现象进行会计处理,调整相关账簿记录,达到账实相符,并总结经验教训,完善企业财产物资的管理制度。

关键概念

财产清查　账实相符　永续盘存制　实地盘存制　未达账项

思考与讨论

1. 财产清查有哪些重要作用?
2. 试述“银行存款余额调节表”的编制原理。
3. 试述现金长短款的会计处理。
4. 试述存货盘盈的会计处理。

练习题

一、单项选择题

1. 财产清查按照(　　)不同,可以分为定期清查和不定期清查。

A. 清查时间　　B 清查方法　　C. 清查地点　　D. 清查对象和范围

2. (　　)是指由于企业和银行双方收付款的记账时间不一致而发生的一方已入账,而另一方未入账的款项。

A. 在途货币资金　　B. 坏账

C. 未达账项　　D. 其他货币资金

3. 对盘盈的原材料报经批准,做出处理后,编制的分录应借记(　　)。

A.“原材料”　　B“待处理财产损溢”

C.“管理费用”　　D“营业外收入”

4. 财产清查是通过实地盘点、查证核对来查明(　　)是否相符的一种方法。

A. 账证　　B. 账表　　C. 账实　　D. 账账

5. 发现固定资产盘盈,应借记(　　)账户。

A. 待处理财产损溢　　B. 固定资产

C. 累计折旧　　D. 营业外收入

6. 对银行存款进行清查时，应将（　　）与银行编制的对账单进行逐笔核对。

A. 银行存款总账　　B. 银行存款明细账

C. 银行存款结算单据　　D. 支票簿

7. 现金清查中，无法查明原因的长款，应记入（　　）账户核算。

A. 其他应付款　　B. 营业外收入

C. 管理费用　　D. 其他应收款

8. 现金清查中，无法查明原因的短款，经批准后计入（　　）。

A. 管理费用　　B 财务费用

C. 其他应收款　　D. 待处理财产损溢

9. 以下不是财产清查的基本程序的有（　　）。

A. 建立清查组织　　B. 确定清查对象

C. 制订清查方案　　D. 编制复查报告

10. 对于盘盈的存货，应（　　）。

A. 记入“营业外支出”　　B. 记入“营业外收入”

C. 冲减管理费用　　D. 记入“管理费用”

二、多项选择题

1. 财产清查按清查的对象和范围分为（　　）。

A. 全部清查　　B. 内部清查　　C. 局部清查　　D. 外部清查

2. 实物清查的常用方法有（　　）。

A. 实地盘点法　　B. 技术推算法

C. 账目核对法　　D. 逆查法

3. 财产清查按清查的时间分为（　　）。

A. 内部清查　　B. 定期清查

C. 不定期清查　　D. 外部清查

4. 实地盘点法可用于（　　）清查。

A. 实物　　B. 现金　　C. 银行存款　　D. 往来款项

5. 企业的未达账项包括（　　）。

A. 企业已记收，银行未记收的款项

B. 企业已记付，银行未记付的款项

C. 银行已记收，企业未记收的款项

D. 银行已记付，企业未记付的款项

三、业务题

（一）目的：练习“银行存款余额调节表”的编制。

1. 资料：某企业20××年6月30日银行存款日记账的余额为236 400元，银行转来的对账单上的余额为233 200元，经逐笔核对，发现有以下未达账项：

(1)6月28日，企业委托银行代收款项5 000元，银行已经收妥入账，企业尚未接到银行的收款通知，尚未记账；

(2)6月29日，企业开出支票1 400元，持票人尚未到银行办理转账，银行尚未登记入账；

(3)6月29日，银行代垫电话费1 200元，企业尚未接到银行付款通知，尚未记账；

(4)6 月 30 日,企业送存支票 8 400 元,银行尚未记入企业存款账户。

2.要求:根据上述资料编制该企业“银行存款余额调节表”。

(二)目的:练习财产清查结果的会计处理。

1.资料:兴业公司 20××年年终财产清查结果如下:

(1)现金短款 160 元,经查明属出纳员责任,经批准应由其赔偿;

(2)有一笔应收货款 66 000 元已超过三年,经批准作为坏账损失处理,该企业采用备抵法核算坏账损失;

(3)盘盈产品 15 000 元,经查属于收发计量差错,经批准冲减管理费用;

(4)盘盈材料 9 000 元,经查明属于日常收发计量差错,经批准转账;

(5)盘亏材料 90 000 元,经查明,其中有 10 000 元属于定额内损耗,有 20 000 元属于收发计量差错,有 30 000 元属于保管人员责任,决定由其赔偿,其余为非常损失,由保险公司赔偿 30 000 元,经批准转账;

(6)应付 A 公司账款 5 000 元,因 A 公司解散无法支付,经批准注销;

(7)盘亏机器设备一台,原值 70 000 元,已计提折旧 10 000 元,经查明为管理不善丢失,经批准作为营业外支出处理。

2.要求:根据以上资料,编制批准前和批准后的会计分录。

第九章

财务会计报告

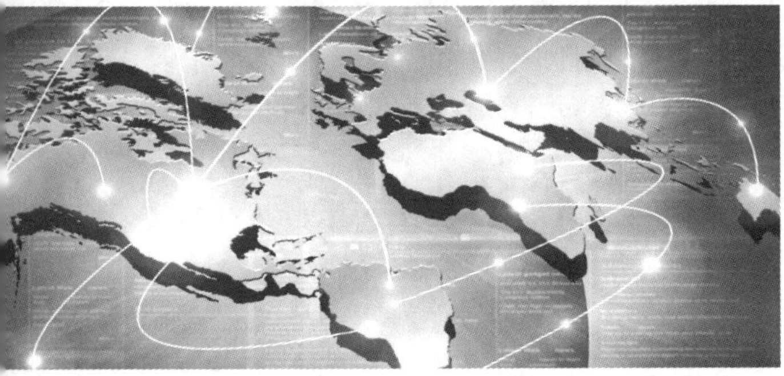

KUAIJIXUE YUANLI

学习目的

本章主要介绍企业财务会计报告概念、种类、格式和编制方法，通过本章的学习，要求学生理解财务会计报告的概念及其作用，熟悉财务会计报告体系，理解会计报表的分类，掌握资产负债表和利润表的概念、格式、内容及基本编制方法，了解现金流量表的内容与格式、会计报表附注的基本内容等理论知识。

第一节　财务会计报告概述

在日常的会计核算中，对会计主体发生的经济业务，利用借贷复式记账法，通过填制会计凭证、登记账簿等一系列的会计核算基本方法，已经将其全面、系统、连续、分类地记录下来。但是，反映在会计凭证、会计账簿中的会计资料还是比较分散，不够集中与概括，难以满足各个方面的会计信息使用者的需求。因此，有必要在日常会计核算的基础上，再根据会计信息使用者的需要，对日常会计核算得到的资料进行再次的加工处理，提供总括、综合、清晰地反映会计主体财务状况和经营成果以及现金流量情况的财务会计报告。

一、财务会计报告的概念及其作用

财务会计报告，又称为财务报告，它是企业以书面的形式，对外提供的反映企业某一特定日期的财务状况和某一会计期间的经营成果、现金流量等会计信息的文件。它是会计人员根据日常会计核算资料进行收集、加工、汇总而形成的结果，是会计核算的最终产物，也是会计核算工作的总结。

各单位编制财务会计报告的主要目的，就是给本单位相关的关系人(即投资者、债权人、政府及相关机构、单位管理者、社会公众等)提供对决策有用的会计信息。编制财务会计报告的作用主要表现在以下几个方面：

(1)财务会计报告能为投资者和其他利益关系人提供有用信息，帮助他们做出合理的决策。投资者包括国家、其他单位、外商及个人等，他们都关心投资报酬和投资风险；其他利益关系人包括银行和其他金融机构、债券购买人等，他们则对自己的债权能否收回给予特别关注。因此，投资者通过全面系统的财务报告来了解企业的财务状况、营运能力、盈利能力以及经营者受托责任的履行情况，以便做出正确的投资决策；债权人需要通过财务报告了解各单位的支付能力、短期以及长期的偿债能力，以做出信贷和赊销的决策。

(2)财务会计报告有助于企业管理当局改善经营管理，提高经济效益。企业的经营管理者，需要经常对企业的财务、成本等各方面的状况进行分析考核，对经营中的成绩及时予以总结，对存在的问题及时地发现并加以改正，才能不断提高经营管理水平，提高经济效益。财务会计报告提供了企业管理活动过程及结果的全面、完整、系统的资料，可以帮助企业管理人员了解企业的财务状况、经营过程、经营成果以及财务状况的变动情况；可以帮助企业管理人员分析评价企业在经营管理中取得的成绩，找出存在的问题，提出改进措施；可以帮助企业管理人员预测发展前景，做出正确经营决策，以不断提高经济效益。

(3)财务会计报告有助于国家财政、税务、审计等经济监督部门对企业的经济监督。国家各级各类监督部门可利用企业对外提供的财务会计报告,对企业实行经济监督。检查企业的资金筹集和使用是否合理,利润的形成与分配是否符合国家法律规定;检查企业的税金计算和缴纳是否正确与及时,有无违反国家税法的规定;检查企业财经纪律的遵守情况等。通过监督促使企业合理使用资金,严格遵守国家法律法规,及时足额上缴税费,保证国家经济的稳定健康发展。

(4)财务会计报告有助于企业的主管部门考核其经营业绩以及各项经济政策贯彻执行情况。对于企业的主管部门,利用财务会计报告,考核所属部门的经营业绩以及各项经济政策贯彻执行情况,并通过所属部门同类指标的分析与比较,总结成绩,推广先进经验;对所发现的问题,分析原因,采取措施,克服薄弱环节。同时,财务会计报告所提供的资料可以为国家宏观经济管理部门了解不同行业的经营状况和发展趋势提供渠道,适时制定有关的经济政策,对国民经济进行宏观调控。

二、财务会计报告的构成

根据《企业财务会计报告条例》的规定,财务会计报告分为年度、半年度、季度和月度等,其中年度、半年度财务会计报告由会计报表、会计报表附注以及财务情况说明书构成,季度和月度财务会计报告仅由会计报表构成。

(一)会计报表

会计报表由会计报表主表和会计报表附表组成。

会计报表主表是财务会计报告的主要组成部分,它是根据会计账簿的记录和有关资料,按规定的报表格式,总括反映一定期间的经济活动和财务收支及其结果的一种报告文件。

会计报表主要包括资产负债表、利润表、现金流量表、所有者权益变动表。这些会计报表是相互联系的,它们从不同的角度说明了企业的财务状况、经营业绩和现金流量情况。资产负债表主要反映企业在某一特定日期的财务状况,即全部资产、负债和所有者权益情况的报表;利润表是反映企业在一定会计期间的经营成果的报表;现金流量表主要反映企业在一定会计期间现金和现金等价物的流入、流出及现金净变动额。所有者权益变动表主要提供企业在一定会计期间股东权益各项目的增减变动情况的信息。资产负债表、利润表、现金流量表是企业对外报送的三大基本会计报表,它们所反映的是财务会计报告使用者所共同关心的一些信息。

会计报表附表主要是反映企业财务状况、经营成果和现金流量的补充报表,主要包括资产减值准备明细表、利润分配表、股东权益增减变动表等。资产减值准备明细表主要提供相关资产计提减值准备情况的信息;利润分配表主要提供企业在一定会计期间利润分配的信息。

(二)会计报表附注

会计报表附注是对会计报表的补充说明,也是财务会计报告的重要组成部分。会计报表附注主要包括两项内容:一是对会计报表各要素的补充说明;二是对那些会计报表中无法描述的其他财务信息的补充说明。由于会计报表本身的局限性,会计报表所提供的资料受到一定的限制。为了提供更详尽的会计资料,需要在会计报表附注中对会计报表的某些项目做进一步的补充说明。

会计报表附注一般应当按照下列顺序披露:

(1)财务报表的编制基础。

(2)遵循企业会计准则的声明。

(3)重要会计政策的说明,包括财务报表项目的计量基础和会计政策的确定依据等。

(4)重要会计估计的说明,包括下一会计期间内很可能导致资产、负债账面价值重大调整的会计估计的确定依据等。

(5)会计政策和会计估计变更以及差错更正的说明。

(6)对已在资产负债表、利润表、现金流量表和所有者权益变动表中列示的重要项目的进一步说明,包括终止经营税后利润的金额及其构成情况等。

(7)或有事项和承诺事项、资产负债表日后非调整事项、关联方关系及其交易等需要说明的事项。

在附注中还应当披露在资产负债表日后、财务报告批准报出日前提议或宣布发放的股利总额和每股股利金额(或向投资者分配的利润总额)。

下列各项没有在与财务报表一起公布的其他信息中披露的,也应当在附注中披露:

(1)企业注册地、组织形式和总部地址。

(2)企业的业务性质和主要经营活动。

(3)母公司以及集团最终母公司的名称。

(三)财务情况说明书

财务情况说明书,指企业在一定时期内对财务、成本计划的执行情况,损益形成和增减的原因进行分析总结所形成的文字材料,是对财务报表的补充说明,也是财务报告的重要组成部分。财务情况说明书至少应当对下列情况做出说明:

(1)企业生产经营的基本情况;

(2)利润实现和分配情况;

(3)资金增减和周转情况;

(4)对企业财务状况、经营成果和现金流量有重大影响的其他事项。

三、会计报表的分类

会计报表是财务会计报告的核心内容,按不同的标准,主要有以下几种分类:

(一)按会计报表服务的对象分类

会计报表按照服务对象的不同,可以分为外部报表和内部报表。外部报表是企业定期向外部报表使用者报送的会计报表,它通常有统一的格式和规定的指标体系,如资产负债表、利润表和现金流量表以及相关的附表和附注,这类报表往往是企业根据国家会计规范的要求,必须编制和报送的;内部报表是企业根据内部经营管理的需要,自行设计、编制,不对外公布的会计报表,它一般不需规定统一的格式,也没有统一的指标体系,如产品成本明细表等。

(二)按会计报表编报的时间分类

会计报表按编报时间的不同,可以分为中期会计报表和年度会计报表。中期会计报表是以短于一个完整会计年度的报告期间为基础编制的会计报表,包括月报、季报、半年报等。月报要求简明扼要,反映及时;年报要求列示完整,反映全面;而季报、半年报在会计信息的详细程度方面,则介于二者之间。目前,我国股份有限公司还需要编制中期财务会计报告向外报送，这里股份有限公司编制的中期财务会计报告仅指半年报。我国编制财务会计报告的时间是由统一会计制度规定的，一般来说，资产负债表、利润表按月编制，现金流量表和利润分配表按年编制。

(三)按会计报表编制范围分类

会计报表按照编制的范围不同，可以分为个别会计报表和合并会计报表。个别会计报表是指独立核算的企业用来反映其本身财务状况、经营成果及现金流量等情况的会计报表；合并会计报表是指以母公司和子公司组成的企业集团为一会计主体，以母公司和子公司单独编制的个别会计报表为基础，由母公司编制的综合反映企业集团财务状况、经营成果及其现金流量情况的会计报表。

(四)按会计报表所反映的内容分类

会计报表按反映内容的不同，可以分为静态报表和动态报表。静态报表是指综合反映企业某一特定日期资产、负债和所有者权益状况的报表，一般根据各个账户的期末余额填列，如资产负债表；动态报表是指综合反映企业在一定时期的经营情况或现金流动情况的报表，一般根据有关账户的发生额填列，如利润表和现金流量表。

四、财务会计报告编制的质量要求

财务会计报告是会计主体对外传递会计信息的基本形式，为了保证财务会计报告所提供的信息能够及时、准确、完整地反映企业的财务状况和经营成果，最大限度地满足各有关方面的需要，企业在编制财务会计报告时，应严格遵守企业会计准则和会计制度的规定，并应遵循以下原则和要求：

1. 真实可靠

会计报表中的各项数据必须真实可靠，如实地反映企业的财务状况和经营成果。由于日常的会计核算以及编制会计报表过程中，涉及大量的数字计算，因此只有准确认真地计算，才能保证数字的真实。这就要求编制会计报表必须以核对无误后的账簿记录和其他有关资料为依据，不能使用估计或推算的数据，更不能以任何方式弄虚作假。如果会计报表所提供的资料不真实或者可靠性很差，则不仅不能发挥会计报表的应有作用，而且还会由于错误的信息，导致会计报表使用者对企业的财务状况、经营成果和现金流动情况做出错误的评价与判断，致使报表使用者做出错误的决策。所以，企业在填列一些会计指标内容时，所采用的计算方法必须符合会计准则及会计制度的规定，计算范围和口径保持一致。要达到这一标准，必须做好以下基础工作：

(1)财务会计报告的编制依据是会计账簿记录和其他相关资料，所以报告期内的所有经济业务必须都登记入账，并且账簿记录应根据真实的交易事项完整、准确地进行记载。

(2)为了保证财务会计报告的数据真实，在编制财务会计报告之前，应认真核对账簿记录，做到账证相符、账账相符和账实相符。

(3)在编制财务会计报告时，各种会计报表之间或同一会计报表各项目之间存在对应关系的数字要核对相符，本期会计报表与前一期会计报表之间的数字应该互相关联、衔接。会计报表上的各项指标中凡需要计算填列的，除按国家规定的口径计算填列外，还要保证计算结果正确无误。

2. 相关可比

企业会计报表所提供的财务会计信息必须与报表使用者进行决策所需要的信息相关，并且便于报表使用者在不同企业之间及同一企业前后各期之间进行横向和纵向的比较。只有提供相关并且可比的信息，才能使报表使用者分析企业在整个社会特别是同业中的地位，了解、判断企业过去、现在的情况，预测企业未来的发展趋势，进而为报表使用者的决策服务。

3. 全面完整

会计报表应当反映企业经济活动的全貌，全面反映企业的财务状况和经营成果，才能满足各方面对会计信息的需要。在我国，现行会计制度对会计报表的种类、各报表的内容和格式以及计算方法都做出了统一规定。凡是国家要求提供的会计报表，各企业必须全部编制并报送，不得漏编和漏报；对于应当填列的报表指标，无论是表内项目还是表外补充资料，必须全部填列，不得随意取舍。

财务会计报告须经注册会计师审计，审计报告应当随同财务会计报告一并提供。根据有关法律、行政法规的规定，有些单位提供的会计报表、会计报表附注，必须经过注册会计师审计，才能对外提供。比如，上市公司、外商投资企业的财务会计报告必须经注册会计师审计，在这种情况下，就要求单位对外提供的财务会计报告应当附具审计报告，以便财务会计报告的使用者更清晰、更明确、更完整地了解和分析财务会计报告的内容。

4. 编报及时

及时性是信息的重要特征，会计报表信息只有及时地传递给信息使用者，才能为使用者的决策提供依据。否则，即使是真实可靠和内容完整的会计报表，由于编制、报送不及时，对报表使用者来说，也是没有任何价值的。所以财务会计报告必须按规定的期限，如期编报，及时逐级汇总，不得提前或延后编报。这就要求企业在平时认真做好日常核算工作，做到日清月结；期末，有关会计人员协作配合，及时编制会计报表并及时报送。随着市场经济和信息技术的迅速发展，会计报表的及时性要求将变得日益重要。

为了确保财务会计报告的及时性，根据国家统一的会计制度的规定，财务会计报告的提供期限分别规定为：月度财务会计报告应于月份终了后 6 天内对外提供；季度财务会计报告应当于季度终了后 15 天内对外提供；半年度财务会计报告应当于半年度终了后 60 天内对外提供；年度财务会计报告应当于年度终了后的 4 个月内对外提供。

5. 便于理解

可理解性是指会计报表提供的信息可以为使用者所理解。企业对外提供的会计报表是为广大会计报表使用者提供企业过去、现在和未来的有关资料，为企业目前或潜在的投资者和债权人提供决策所需的会计信息，因此，编制的会计报表应清晰明了。如果提供的会计报表晦涩难懂，不可理解，使用者就不能据以做出准确的判断，所提供的会计报表也会毫无用处。当然，会计报表的这一要求是建立在会计报表使用者具有一定的读表能力的基础上。

6. 手续完备

对外提供的财务会计报告，应当依次编定页码，加具封面，装订成册，加盖公章，封面上应当注明单位名称、单位地址，财务会计报告所属年度、季度、月度，送出日期，由单位负责人、总会计师、会计机构负责人签名并盖章。

五、财务会计报告编报的法律责任

企业的行政领导和有关人员，包括编报财务会计报告的直接主管人员和其他直接责任人员，应对财务会计报告的真实性、合法性负法律责任。凡有违规违纪行为的，应依法予以追究；其中构成犯罪的，应追究其刑事责任。

第二节 资产负债表

一、资产负债表的概念和作用

资产负债表是反映企业某一特定日期（如月末、季末、半年末、年末等）财务状况的会计报表，是根据“资产＝负债＋所有者权益”这一会计等式，依照一定的分类标准和顺序，将企业在特定日期的全部资产、负债和所有者权益项目进行适当分类、汇总、排列后编制而成的。

资产负债表的作用主要表现在以下几个方面：

(1)资产负债表可以反映企业在某一特定日期所拥有的经济资源及其分布情况，有助于经营者分析企业资产的构成及其状况并判断企业的资产分布是否合理。

(2)资产负债表可以反映企业某一特定日期的负债总额及其结构，有助于经营者分析企业目前与未来需要支付的债务数额，投资者和债权人可以据此分析企业面临的财务风险。

(3)资产负债表可以反映企业所有者权益的情况，了解企业现有的投资者在企业资产总额中所占的份额等会计信息，并以此来判断企业的资本结构是否合理。

(4)资产负债表可以帮助报表使用者全面了解企业的财务状况，分析企业的债务偿还能力，从而为未来的经济决策提供参考信息。

总之，通过资产负债表，企业管理者和企业外部的报表使用者，可以全面了解企业编表日的资产、负债和所有者权益的静态状况，总括评价和分析企业财务状况的好坏，预测企业未来财务状况的变动趋势，从而做出相应的决策。

二、资产负债表的格式

资产负债表是根据“资产＝负债＋所有者权益”这一会计恒等式编制而成的。对于持续经营的企业，资产负债表反映各个期末（月末、季末、年末）企业拥有的或者控制的经济资源，以及企业所承担的债务和企业所有者所享有的权益。资产负债表是企业主要会计报表之一，每个独立核算的企业都应按期单独编制，并及时对外报送。目前，国际上流行的资产负债表格式主要有两种：报告式和账户式。

（一）报告式资产负债表

报告式资产负债表将报表所要反映的资产、负债和所有者权益三个部分内容采用垂直的形式在表中逐项、顺序排列。其简化格式如表 9-1 所示。这种格式的缺点是不能直观地反映资产和权益的恒等关系。

表 9-1 资产负债表(报告式)

编制单位： 年 月 日 单位:元

资产	
流动资产	
货币资金	×××
应收票据	×××
……	
非流动资产	
长期投资	×××
固定资产	×××
无形资产	×××
其他资产	×××
负债	
流动负债	×××
非流动负债	×××
所有者权益	
实收资本	×××
资本公积	×××
盈余公积	×××
未分配利润	×××

(二)账户式资产负债表

账户式资产负债表是将资产负债表内容分为左右两方,左方列示企业所拥有的各项资产,右方列示企业的负债和所有者权益项目。根据会计恒等式,账户式资产负债表左右两方的总计金额相等。其简化格式如表 9-2 所示。这种格式将资产与权益的恒等关系一目了然地反映出来。

表 9-2 资产负债表(账户式)

编制单位： 年 月 日 单位:元

资产	年初数	期末数	负债和所有者权益	年初数	期末数
流动资产:			流动负债:		
货币资金			短期借款		
交易性金融资产			交易性金融负债		
衍生金融资产			衍生金融负债		
应收票据			应付票据		
应收账款			应付账款		
应收款项融资			预收款项		

续表

资产	年初数	期末数	负债和所有者权益	年初数	期末数
预付款项			合同负债		
其他应收款			应付职工薪酬		
存货			应交税费		
合同资产			其他应付款		
持有待售资产			持有待售负债		
一年内到期的非流动资产			一年内到期的非流动负债		
其他流动资产			其他流动负债		
流动资产合计			流动负债合计		
非流动资产：			非流动负债：		
债权投资			长期借款		
其他债权投资			应付债券		
长期应收款			其中：优先股		
长期股权投资			永续债		
其他权益工具投资			租赁负债		
其他非流动金融资产			长期应付款		
投资性房地产			预计负债		
固定资产			递延收益		
在建工程			递延所得税负债		
生产性生物资产			其他非流动负债		
油气资产			非流动负债合计		
使用权资产			负债合计		
无形资产			所有者权益（或股东权益）：		
开发支出			实收资本（或股本）		
商誉			其他权益工具		
长期待摊费用			其中：优先股		
递延所得税资产			永续债		
其他非流动资产			资本公积		
非流动资产合计			减：库存股		
			其他综合收益		
			专项储备		
			盈余公积		

续表

资产	年初数	期末数	负债和所有者权益	年初数	期末数
			未分配利润		
			所有者权益(或股东权益)合计		
资产总计			负债及所有者权益(或股东权益)总计		

报告式资产负债表和账户式资产负债表在国外都被广泛采用。

在我国,根据《企业会计准则第 30 号——财务报表列报》的有关规定,资产负债表采用账户式结构。

对于资产负债表中有关重要项目的明细资料,以及其他有助于理解和分析资产负债表的重要事项,如企业已抵押资产、融资租入固定资产、或有事项以及会计政策变更等,应在会计报表附注中逐一列示和说明。另外,资产负债表除了列示各项资产、负债和所有者权益项目的期末余额外,还需列示这些项目的年初余额,通过对年初数与期末数的比较,可以看出各项资产、负债及所有者权益的变动。

三、资产负债表的编制方法

(一)资产负债表的资料来源

资产负债表的各项目均需填列"年初数"和"期末数"两栏。其中,"年初数"栏内各项数字,可以直接根据上年末资产负债表的"期末数"栏内所列数字填列。"期末数"则可为月末、季末或年末的数字,其资料来源有以下几个方面:

1. 依据总账余额填列

资产负债表中的大多数项目,可直接根据有关总账科目的余额编制,如应收票据、交易性金融资产、应收股利、应收利息、固定资产原价、累计折旧、应付票据、其他应付款、应付职工薪酬、应付股利、应交税金、实收资本、资本公积等;有些项目,则需根据几个总账科目的余额编制,如货币资金,需根据库存现金、银行存款、其他货币资金三个总账科目余额合并编制。又如存货,应根据原材料、低值易耗品、库存商品、生产成本等科目的总账余额合计数填列。

2. 依据总账科目所属明细科目余额分析填列

有些项目,需根据明细科目余额分析编制。如预付账款项目,反映企业预付给供货单位的款项,应根据预付账款科目的期末余额填列,但如果预付账款所属的明细科目有贷方余额,其贷方余额应合并在应付账款项目内填列;反之,如应付账款科目所属的明细科目有借方余额,其借方余额应合并在预付账款项目内填列。与之类似的还有预收账款和应收账款项目的填列。

3. 依据总账和明细账两者的余额计算填列

如长期借款项目,应根据长期借款总账科目余额扣除长期借款科目所属的明细科目中反映的将于一年内到期的长期借款部分分析计算填列。

4. 依据总账科目的期末余额减去其备抵项目后的净额填列

如应收账款净额应根据应收账款项目金额减去"坏账准备"账户上金额后填列,固定资产净值应根据固定资产原值减去"累计折旧"账户上的金额填列。

5.备查登记簿记录

会计报表附注中的某些资料,需要按照备查登记簿中的记录编制。

(二)资产负债表各项目的具体填列方法

1.资产项目的填列方法

(1)"货币资金"项目,反映企业库存现金、银行结算户存款、外埠存款、银行汇票存款、银行本票存款、信用卡存款、信用证保证金存款等的合计数。本项目应根据"库存现金""银行存款""其他货币资金"科目期末余额的合计数填列。

(2)"交易性金融资产"项目,反映资产负债表日企业分类为以公允价值计量且其变动计入当期损益的金融资产,以及企业持有的指定为以公允价值计量且其变动计入当期损益的金融资产的期末账面价值。该项目应根据"交易性金融资产"科目的相关明细科目的期末余额分析填列。自资产负债表日起超过一年到期且预期持有超过一年的以公允价值计量且其变动计入当期损益的非流动金融资产的期末账面价值,在"其他非流动金融资产" 项目反映。

(3)"应收票据"项目,反映资产负债表日以摊余成本计量的,企业因销售商品、提供服务等收到的商业汇票,包括银行承兑汇票和商业承兑汇票。该项目应根据"应收票据"科目的期末余额填列。

(4)"应收账款"项目,反映资产负债表日以摊余成本计量的,企业因销售商品、提供服务等经营活动应收取的款项。该项目应根据"应收账款"科目和"预收账款"科目所属明细账期末借方余额合计数,减去"坏账准备"科目中相关坏账准备期末余额后的金额分析填列。如"应收账款"科目所属明细科目有期末贷方余额,应合并到资产负债表中"预收款项"项目内填列。

(5)"应收款项融资"项目,反映资产负债表日以公允价值计量且其变动计入其他综合收益的应收票据和应收账款等。

(6)"预付款项"项目,反映企业预付给供货单位的款项。本项目应根据"预付账款"和"应付账款"科目所属各明细科目的期末借方余额合计数填列。如"预付账款"科目所属各明细科目期末有贷方余额的,应在资产负债表"应付账款"项目内填列。

(7)"其他应收款"项目,应根据"应收利息""应收股利""其他应收款"科目的期末余额合计数,减去"坏账准备"科目中相关坏账准备期末余额后的金额填列。其中的"应收利息" 仅反映相关金融工具已到期可收取但于资产负债表日尚未收到的利息。基于实际利率法计提的金融工具的利息应包含在相应金融工具的账面余额中。

(8)"存货"项目,反映企业期末在库、在途和在加工中的各种存货的可变现净值,包括各种材料、商品、在产品、半成品、包装物、低值易耗品、分期收款发出商品、委托代销商品、受托代销商品等。本项目应根据"物资采购""原材料""低值易耗品""库存商品""包装物""分期收款发出商品""委托加工物资""委托代销商品""受托代销商品""生产成本"等科目的期末余额合计,减去"代销商品款""存货跌价准备"科目期末余额后的金额填列。材料采用计划成本核算,以及库存商品采用计划成本核算或售价核算的企业,还应按加或减材料成本差异、商品成本差异后的数额填列。

(9)"持有待售资产"项目,反映资产负债表日划分为持有待售类别的非流动资产及划分为持有待售类别的处置组中的流动资产和非流动资产的期末账面价值。该项目应根据"持有待售资产"科目的期末余额,减去"持有待售资产减值准备"科目的期末余额后的金额填列。

(10)“一年内到期的非流动资产”项目，反映企业将于一年内到期的非流动资产，本项目根据有关非流动资产账户期末余额分析填列。

(11)“其他流动资产”项目，反映企业除以上流动资产项目外的其他流动资产。本项目应根据有关科目的期末余额填列。如其他流动资产价值较大的，应在会计报表附注中披露其内容和金额。

(12)“债权投资”项目，反映资产负债表日企业以摊余成本计量的长期债权投资的期末账面价值。该项目应根据“债权投资”科目的相关明细科目期末余额，减去“债权投资减值准备”科目中相关减值准备的期末余额后的金额分析填列。自资产负债表日起一年内到期的长期债权投资的期末账面价值，在“一年内到期的非流动资产”项目反映。企业购入的以摊余成本计量的一年内到期的债权投资的期末账面价值，在“其他流动资产”项目反映。

(13)“其他债权投资”项目，反映资产负债表日企业分类为以公允价值计量且其变动计入其他综合收益的长期债权投资的期末账面价值。该项目应根据“其他债权投资”科目的相关明细科目的期末余额分析填列。自资产负债表日起一年内到期的长期债权投资的期末账面价值，在“一年内到期的非流动资产”项目反映。企业购入的以公允价值计量且其变动计入其他综合收益的一年内到期的债权投资的期末账面价值，在“其他流动资产”项目反映。

(14)“其他权益工具投资”项目，反映资产负债表日企业指定为以公允价值计量且其变动计入其他综合收益的非交易性权益工具投资的期末账面价值。该项目应根据“其他权益工具投资”科目的期末余额填列。

(15)“长期应收款”项目，反映企业持有的长期应收款的可收回金额。本项目应根据“长期应收款”账户的期末余额减去“坏账准备”账户所属明细科目期末余额，再减去“未确认融资收益”账户期末余额后的金额分析计算填列。

(16)“长期股权投资”项目，反映企业不准备在一年内(含一年)变现的各种股权性质的投资。本项目应根据“长期股权投资”科目的期末余额，减去“长期投资减值准备”科目中有关股权投资减值准备期末余额后的金额填列。

(17)“投资性房地产”项目，反映企业持有的投资性房地产。本项目应根据“投资性房地产”账户的期末余额减去“累计折旧”“固定资产减值准备”所属明细账的期末余额后的金额分析计算填列。

(18)“固定资产”项目，反映资产负债表日企业固定资产的期末账面价值和企业尚未清理完毕的固定资产清理净损益。该项目应根据“固定资产”科目的期末余额，减去“累计折旧”和“固定资产减值准备”科目的期末余额后的金额，以及“固定资产清理”科目的期末余额填列。

(19)“在建工程”项目，反映企业期末各项未完工程的实际支出，包括交付安装的设备价值、未完工建筑安装工程已经安装完毕但尚未交付使用的建筑安装工程成本等。本项目应根据“在建工程”科目的期末余额，减去“在建工程减值准备”科目期末余额后的金额填列。

(20)“使用权资产”项目，反映资产负债表日承租人企业持有的使用权资产的期末账面价值。该项目应根据“使用权资产”科目的期末余额，减去“使用权资产累计折旧”和“使用权资产减值准备”科目的期末余额后的金额填列。

(21)“无形资产”项目，反映企业各项无形资产的原价扣除摊销额后的净额。本项目应根据“无形资产”科目的期末余额，减去“无形资产减值准备”科目期末余额后的金额填列。

(22)“长期待摊费用”项目，反映企业尚未摊销的、摊销期限在一年以上(不含一年)的各种费用，如租入固定资产改良支出、大修理支出以及摊销期在一年以上（不含一年）的其他待摊费用。长期待摊费用中在一年内（含一年）摊销的部分，应在资产负债表"待摊费用"项目填列。本项目应根据"长期待摊费用"科目的期末余额扣除将于一年内（含一年）摊销的数额后的余额填列。

（23）"递延所得税资产"项目，反映企业确认的递延所得税资产。本项目应根据"递延所得税资产"账户的期末余额填列。

2. 负债项目的填列方法

（1）"短期借款"项目，反映企业向银行或其他金融机构等借入的一年期以下（含一年）的借款。本项目应根据"短期借款"科目的期末余额填列。

（2）"交易性金融负债"项目，反映企业为交易而发生的金融负债，包括以公允价值计量且其变动计入当期损益的金融负债。本项目应根据"交易性金融负债"账户的期末余额填列。

（3）"应付票据"项目，反映企业为了抵付货款等所开出并承兑的尚未到期付款的应付票据，包括银行承兑汇票和商业承兑汇票。本项目应根据"应付票据"科目的期末余额填列。

（4）"应付账款"项目，反映企业购买材料、商品或接受劳务供应等而应付给供应单位的款项。本项目应根据"应付账款"和"预付账款"科目所属各明细账的期末贷方余额合计数填列；如"应付账款"科目所属明细账期末有借方余额的，应在资产负债表"预付账款"项目内填列。

（5）"预收款项"项目，反映企业预收购买单位的货款。本项目应根据"预收账款"和"应收账款"科目所属各明细账的期末贷方余额合计数填列。如"预收账款"科目所属各明细账期末有借方余额，应在资产负债表"应收账款"项目内填列。

（6）"应付职工薪酬"项目，反映企业应付未付的职工工资。本项目应根据"应付职工薪酬"科目的期末贷方余额填列；如"应付职工薪酬"科目期末为借方余额，应以"－"号填列。

（7）"应交税费"项目，反映企业期末未交、多交或未抵扣的各种税金。本项目应根据"应交税费"科目的期末贷方余额填列；如"应交税费"科目期末为借方余额，应以"－"号填列。

（8）"其他应付款"项目，应根据"应付利息""应付股利"和"其他应付款"科目的期末余额合计数填列。其中的"应付利息"仅反映相关金融工具已到期应支付但于资产负债表日尚未支付的利息。基于实际利率法计提的金融工具的利息应包含在相应金融工具的账面余额中。

（9）"持有待售负债"项目，反映资产负债表日处置组中与划分为持有待售类别的资产直接相关的负债的期末账面价值。该项目应根据"持有待售负债"科目的期末余额填列。

（10）"一年内到期的非流动负债"项目，反映企业承担的一年内到期的非流动负债。本项目应根据有关非流动负债账户的期末余额分析计算填列。

（11）"其他流动负债"项目，反映企业除以上流动负债以外的其他流动负债。本项目应根据有关科目的期末余额填列，如"待转资产价值"科目的期末余额可在本项目内反映。如其他流动负债价值较大的，应在会计报表附注中披露其内容和金额。

（12）"租赁负债"项目，反映资产负债表日承租人企业尚未支付的租赁付款额的期末账面价值。该项目应根据"租赁负债"科目的期末余额填列。自资产负债表日起一年内到期应予以清偿的租赁负债的期末账面价值，在"一年内到期的非流动负债"项目反映。

（13）"预计负债"项目，反映企业预计负债的期末余额。本项目应根据"预计负债"科目的期末余额填列。

（14）"长期借款"项目，反映企业向银行或其他金融机构等借入的一年期以上（不含一年）的借款本息。本项目应根据"长期借款"科目的期末余额填列。

(15)“应付债券”项目，反映企业发行的尚未归还的各种债券的本息。本项目应根据“应付债券”科目的期末余额填列。

(16)“长期应付款”项目，反映企业除长期借款和应付债券以外的其他长期应付款。本项目应根据“长期应付款”科目的期末余额，减去“未确认融资费用”科目期末余额后的金额填列。

(17)“递延所得税负债”项目，反映企业确认的递延所得税负债。本项目应根据“递延所得税负债”期末余额分析填列。

(18)“其他非流动负债”项目，反映企业除以上非流动负债项目以外的其他非流动负债。本项目应根据有关科目的期末余额填列。如其他长期负债价值较大的，应在会计报表附注中披露其内容和金额。

上述长期负债各项目中将于一年内(含一年)到期的，应在“一年内到期的长期负债”项目内单独反映。上述长期负债各项目均应根据有关科目期末余额扣除将于一年内(含一年)到期偿还金额后的余额填列。

(19)“合同资产”和“合同负债”项目。企业应按照《企业会计准则第 14 号——收入》的相关规定，根据本企业履行履约义务与客户付款之间的关系在资产负债表中列示合同资产或合同负债。“合同资产”项目、“合同负债”项目，应分别根据“合同资产”科目、“合同负债”科目的相关明细科目的期末余额分析填列，同一合同下的合同资产和合同负债应当以净额列示，其中净额为借方余额的，应当根据其流动性在“合同资产”或“其他非流动资产”项目中填列，已计提减值准备的，应根据减去“合同资产减值准备”科目中相关的期末余额后的金额填列；其中净额为贷方余额的，应当根据其流动性在“合同负债”或“其他非流动负债”项目中填列。

3. 所有者权益项目的填列方法

(1)“实收资本(或股本)”项目，反映企业实际收到的资本(或股本)总额。本项目应根据“实收资本”(或“股本”)科目的期末余额填列。

(2) “其他权益工具”项目，反映资产负债表日企业发行在外的除普通股以外分类为权益工具和金融工具的期末账面价值。对于资产负债表日企业发行的金融工具，分类为金融负债的，应在“应付债券”项目填列，对于优先股和永续债，还应在“应付债券”项目下的“优先股”项目和“永续债”项目分别填列；分类为权益工具的，应在“其他权益工具”项目填列，对于优先股和永续债，还应在“其他权益工具”项目下的“优先股”项目和“永续债”项目分别填列。

(3)“资本公积”项目，反映企业资本公积的期末余额。本项目应根据“资本公积”科目的期末余额填列。

(4) “专项储备”项目，反映高危行业企业按国家规定提取的安全生产费的期末账面价值。该项目应根据“专项储备”科目的期末余额填列。

(5)“盈余公积”项目，反映企业盈余公积的期末余额。本项目应根据“盈余公积”科目的期末余额填列。

(6)“未分配利润”项目，反映企业尚未分配的利润。本项目应根据“本年利润”科目和“利润分配”科目的余额计算填列。未弥补的亏损在本项目内以“－”号填列。

四、资产负债表编制方法举例

【例 9-1】 宏达公司 20××年 6 月 30 日全部总分类账户和所属明细分类账户余额如表 9-3 所示。

表 9-3　科目余额表

单位：元

科目名称	借方余额	科目名称	贷方余额
库存现金	5 000	短期借款	123 000
银行存款	60 000	应付账款——A 公司	14 600
交易性金融资产	58 000	——B 公司	−20 000
应收账款——甲公司	26 000	——C 公司	16 000
——乙公司	−12 000	应付职工薪酬	99 400
——丙公司	30 000	应交税费	150 000
其他应收款	2 000	应付股利	40 000
原材料	54 000	其他应付款	18 000
库存商品	40 000	应付利息	6 000
生产成本	16 000	长期借款	60 000
待摊费用	4 000	其中：一年内到期的长期借款	20 000
长期股权投资	300 000	实收资本	560 000
固定资产	900 000	盈余公积	44 160
累计折旧	−120 000	利润分配——未分配利润	319 840
无形资产	60 000		
长期待摊费用	8 000		

根据上述介绍的资产负债表编制方法及表 9-3 的资料，编制宏达公司 20××年 6 月 30 日的资产负债表，如表 9-4 所示。

表 9-4　资产负债表

编制单位：宏达公司　　　　20××年 6 月 30 日　　　　单位：元

资产	期末数	年初数	负债和所有者权益	期末数	年初数
流动资产：			流动负债：		
货币资金	65 000		短期借款	123 000	
交易性金融资产	58 000		交易性金融负债		
衍生金融资产			衍生金融负债		
应收票据			应付票据		
应收账款	56 000		应付账款	30 600	
应收款项融资			预收款项	12 000	
预付款项	20 000		合同负债		
其他应收款	2 000		应付职工薪酬	99 400	
存货	110 000		应交税费	150 000	
合同资产			其他应付款	64 000	

续表

资产	期末数	年初数	负债和所有者权益	期末数	年初数
持有待售资产			持有待售负债		
一年内到期的非流动资产	4 000		一年内到期的非流动负债	20 000	
其他流动资产			其他流动负债		
流动资产合计	315 000		流动负债合计	499 000	
非流动资产：			非流动负债：		
债权投资			长期借款	40 000	
其他债权投资			应付债券		
长期应收款			其中：优先股		
长期股权投资	300 000		永续债		
其他权益工具投资			租赁负债		
其他非流动金融资产			长期应付款		
投资性房地产			预计负债		
固定资产	780 000		递延收益		
在建工程			递延所得税负债		
生产性生物资产			其他非流动负债		
油气资产			非流动负债合计	40 000	
使用权资产			负债合计	539 000	
无形资产	60 000		所有者权益(或股东权益)：		
开发支出			实收资本(或股本)	560 000	
商誉			其他权益工具		
长期待摊费用	8 000		其中：优先股		
递延所得税资产			永续债		
其他非流动资产			资本公积		
非流动资产合计	1 148 000		减：库存股		
			其他综合收益		
			专项储备		
			盈余公积	44 160	
			未分配利润	319 840	
			所有者权益(或股东权益)合计	924 000	
资产总计	1 463 000		负债及所有者权益(或股东权益)总计	1 463 000	

第三节 利 润 表

一、利润表的概念和作用

利润表是反映企业在一定会计期间经营成果的报表。利润表是根据“收入－费用＝利润”这一公式编制的。

利润表的作用表现在以下几个方面：

(1)利润表提供企业一定时期的利润总额,通过此表可以考核企业利润计划的执行完成情况,评价企业经营者的业绩。

(2)通过利润表可以从总体上了解企业收入、成本和费用及净利润(或亏损)的实现及构成情况,利用以上数据可以查明利润增减变动原因,为企业管理人员改善经营管理提供帮助。

(3)通过利润表提供的不同时期的比较数字(本月数、本年累计数、上年数),可以分析评价企业的资本在经营过程中是否得到了保全,分析企业的经济效益和盈利能力,预测企业未来的盈利趋势,为其决策提供依据。

二、利润表的格式

利润表的格式主要有单步式和多步式两种。

1.单步式利润表

单步式利润表是将本期发生的所有收入汇集在一起,将所有的成本、费用也汇集在一起,然后将收入合计减成本费用合计,计算出本期净利润。单步式利润表编制简单,易于理解,但不能反映利润的形成情况。单步式利润表的格式如表 9-5 所示。

表 9-5 利润表(单步式)

编制单位： 年 月 日 单位:元

项目	本期数	上期金额
一、营业收入和收益		
其中:主营业务收入		
其他业务收入		
投资收益		
公允价值变动损益		
营业外收入		
营业收入和收益合计		
二、营业费用和损失		
其中:主营业务成本		
税金及附加		
其他业务成本		
管理费用		

续表

项目	本期数	上期金额
销售费用		
财务费用		
营业外支出		
资产减值损失		
三、利润总额		
减:所得税		
四、净利润		
五、每股收益		

2.多步式利润表

多步式利润表是将利润表的内容做多项分类,即从营业收入到本期净利润,要做多步计算,以便形成几种损益信息。多步式利润表是将企业当期的收入、费用支出项目按性质加以归类,根据利润形成的主要环节,按照营业利润、利润总额和净利润分步计算当期净损益,以列示企业利润总额和净利润的情况。多步式利润表的优点在于,它能提供比单步式利润表更为丰富的有关企业盈利能力方面的信息,也便于对企业生产经营情况进行分析,有利于不同企业之间的比较。因此,多步式利润表被世界各国广泛采用。

根据我国《企业会计准则》的规定,我国企业应采用多步式利润表格式,如表 9-6 所示。在《企业会计准则第 30 号——财务报表列报》中规定,利润表至少应当单独列示反映下列信息的项目:①营业收入;②营业成本;③营业税金及附加;④管理费用;⑤销售费用;⑥财务费用;⑦投资收益;⑧公允价值变动损益;⑨资产减值损失;⑩非流动资产处置损益;⑪所得税费用;⑫净利润;⑬其他综合收益各项目分别扣除所得税影响后的净额;⑭综合收益总额。

表 9-6 利润表(多步式)

编制单位: 年 月 单位:元

项目	本期金额	上期金额
一、营业收入		
减:营业成本		
营业税金及附加		
销售费用		
管理费用		
研发费用		
财务费用		
其中:利息费用		
利息收入		
加:其他收益		
投资收益(损失以"-"号填列)		
其中:对联营企业和合营企业的投资收益		

续表

项目	本期金额	上期金额
以摊余成本计量的金融资产终止确认收益(损失以“－”号填列)		
净敞口套期收益(损失以“－”号填列)		
公允价值变动收益(损失以“－”号填列)		
信用减值损失(损失以“－”号填列)		
资产减值损失(损失以“－”号填列)		
资产处置收益(损失以“－”号填列)		
二、营业利润(亏损以“－”号填列)		
加:营业外收入		
减:营业外支出		
三、利润总额(亏损总额以“－”号填列)		
减:所得税费用		
四、净利润(净亏损以“－”号填列)		
(一)持续经营净利润(净亏损以“－”号填列)		
(二)终止经营净利润(净亏损以“－”号填列)		
五、其他综合收益的税后净额		
(一)不能重分类进损益的其他综合收益		
1.重新计量设定受益计划变动额		
2.权益法下不能转损益的其他综合收益		
3.其他权益工具投资公允价值变动		
4.企业自身信用风险公允价值变动		
……		
(二)将重分类进损益的其他综合收益		
1.权益法下可转损益的其他综合收益		
2.其他债权投资公允价值变动		
3.金融资产重分类计入其他综合收益的金额		
4.其他债权投资信用减值准备		
5.现金流量套期储备		
6.外币财务报表折算差额		
……		
六、综合收益总额		
七、每股收益		
(一)基本每股收益		
(二)稀释每股收益		

利润表中有关重要项目的明细资料以及有助于理解和分析利润表的事项，如有关会计政策的变化、有关具体项目的补充说明、难以在利润表内反映的内容或业务情况、在报告期内由于会计方法发生变更而产生的影响等，应在会计报表附注中说明。

另外，月度利润表的“本期金额”栏反映各项目的本月实际发生数；“上期金额”栏的数字，可根据上月利润表的“本期金额”栏的数字，填入相应的项目内。年度利润表中，“本期金额”栏，反映各项目自年初起至本月末止的累计发生数。“上期金额”填列上年全年累计实际发生数，从而与“本期金额”各项目进行比较。如果上年度的利润表的项目名称和内容与本年度不一致，应对上年度的报表项目的名称和数字按本年度的规定进行调整，填入“上期金额”栏内。

三、利润表的编制方法

利润表各项目的填列方法如下：

(1)“营业收入”项目，反映企业经营主要业务所取得的收入总额。本项目应根据“主营业务收入”“其他业务收入”等账户的本期发生额合计数填列。

(2)“营业成本”项目，反映企业经营活动的实际成本。本项目应根据“主营业务成本”“其他业务成本”等账户的本期发生额合计数填列。

(3)“营业税金及附加”项目，反映企业经营活动应负担的消费税、城市维护建设税、资源税、土地增值税和教育费附加等，但不包括增值税。本项目应根据“营业税金及附加”科目的发生额分析填列。

(4)“销售费用”项目，反映企业在销售商品和商品流通企业在购入商品等过程中所发生的各项费用。本项目应根据“销售费用”科目的发生额分析填列。

(5)“管理费用”项目，反映企业本期发生的管理费用。本项目应根据“管理费用”科目的发生额分析填列。

(6)“研发费用”项目，反映企业进行研究与开发过程中发生的费用化支出，以及计入管理费用的自行开发无形资产的摊销。该项目应根据“管理费用”科目下的“研究费用”明细科目的发生额，以及“管理费用”科目下的“无形资产摊销”明细科目的发生额分析填列。

(7)“财务费用”项目，反映企业本期发生的财务费用。本项目应根据“财务费用”账户的发生额分析填列。“财务费用”项目下的“利息费用”项目，反映企业为筹集生产经营所需资金等而发生的应予费用化的利息支出。该项目应根据“财务费用”科目的相关明细科目的发生额分析填列。该项目作为“财务费用”项目的其中项，以正数填列。“财务费用”项目下的“利息收入”项目，反映企业按照相关会计准则确认的应冲减财务费用的利息收入。该项目应根据 “财务费用”科目的相关明细科目的发生额分析填列。该项目作为“财务费用”项目的其中项，以正数填列。

(8)“其他收益”项目，反映计入其他收益的政府补助，以及其他与日常活动相关且计入其他收益的项目。该项目应根据“其他收益”科目的发生额分析填列。企业作为个人所得税的扣缴义务人，根据《中华人民共和国个人所得税法》收到的扣缴税款手续费，应作为其他与日常活动相关的收益在该项目中填列。

(9)“投资收益”项目，反映企业以各种方式对外投资所取得的收益扣除投资损失后的净收益，其中包括分得的投资利润、债券投资的利息收入以及认购股票取得的股利和收回投资时发生的收益等。本项目应根据“投资收益”科目的发生额分析填列。如果为投资净损失，本项目用

"—"号填列。

(10)"以摊余成本计量的金融资产终止确认收益"项目,反映企业因转让等情形导致终止确认以摊余成本计量的金融资产而产生的利得或损失。该项目应根据"投资收益"科目的相关明细科目的发生额分析填列;如为损失,以"—"号填列。

(11)"净敞口套期收益"项目,反映净敞口套期下被套期项目累计公允价值变动转入当期损益的金额或现金流量套期储备转入当期损益的金额。该项目应根据"净敞口套期损益"科目的发生额分析填列;如为套期损失,以"—"号填列。

(12)"公允价值变动收益"项目,反映确认的交易性金融资产或交易性金融负债的公允价值变动额。本项目应根据"公允价值变动收益"账户发生额分析填列。

(13)"信用减值损失"项目,反映企业按照《企业会计准则第 22 号——金融工具确认和计量》的要求计提的各项金融工具信用减值准备所确认的信用损失。该项目应根据"信用减值损失"科目的发生额分析填列。

(14)"资产减值损失"项目,反映企业确认的资产减值损失。本项目应根据"资产减值损失"账户的发生额分析填列。

(15)"资产处置收益"项目,反映企业出售划分为持有待售的非流动资产(金融工具、长期股权投资和投资性房地产除外)或处置组(子公司和业务除外)时确认的处置利得或损失,以及处置未划分为持有待售的固定资产、在建工程、生产性生物资产及无形资产而产生的处置利得或损失。债务重组中因处置非流动资产(金融工具、长期股权投资和投资性房地产除外)产生的利得或损失和非货币性资产交换中换出非流动资产(金融工具、长期股权投资和投资性房地产除外)产生的利得或损失也包括在本项目内。该项目应根据"资产处置损益"科目的发生额分析填列;如为处置损失,以"—"号填列。

(16)"营业利润"项目,反映企业各项经营业务(包括主要经营业务和其他经营业务)所实现的利润。本项目应根据公式"营业利润=营业收入-营业成本-营业税金及附加-销售费用-管理费用-财务费用-资产减值损失+公允价值变动收益(或损失)+投资收益",直接依据表中相关项目的数字计算填列,如为亏损额,则用"—"号填列。

(17)"营业外收入"项目,反映企业经营业务以外所取得的收入。本项目应根据"营业外收入"账户的本期发生额填列。

(18)"营业外支出"项目,反映企业经营业务以外所发生的支出。本项目应根据"营业外支出"账户的本期发生额分析填列。

(19)"利润总额"项目,反映企业实现的利润总数。本项目的本期金额应根据公式"利润总额=营业利润+(营业外收入-营业外支出)",直接依据表中相关项目的数字计算填列。如为亏损额,则用"—"号填列。

(20)"所得税费用"项目,反映企业从当期损益中扣除的所得税。本项目应根据"所得税费用"科目的余额分析填列。

(21)"净利润"项目,反映企业交纳所得税后的净收益。本项目应根据公式"利润总额-所得税费用=净利润",直接依据表中相关项目的数字计算填列。如为亏损,以"—"号填列。

(22)"持续经营净利润"和"终止经营净利润"项目,分别反映净利润中与持续经营相关的净利润和与终止经营相关的净利润;如为净亏损,以"—"号填列。这两个项目应按照《企业会计准则第 42 号——持有待售的非流动资产、处置组和终止经营》的相关规定分别列报。

(23)“每股收益”项目，反映上市公司盈利能力最重要的财务指标，是指本年净收益与年末普通股股份总数的比值，包括“基本每股收益”和“稀释每股收益”项目，参照《企业会计准则第34号——每股收益》填列。

四、利润表编制方法举例

【例 9-2】 仍以宏达公司 20××年 6 月份发生的有关经济业务为例，该公司本月各损益类账户的发生额如表 9-7 所示。

表 9-7 损益类账户本月发生额

单位：元

账户名称	借方发生额	贷方发生额
主营业务收入		500 000
主营业务成本	225 000	
营业税金及附加	75 000	
其他业务收入		120 000
其他业务成本	70 000	
销售费用	60 000	
管理费用	40 000	
财务费用	10 000	
投资收益		140 000
营业外收入		30 000
营业外支出	7 500	
所得税费用	75 625	

根据上述介绍的利润表编制方法及表 9-7 的资料，编制宏达公司 20××年 6 月的利润表，如表 9-8 所示。

表 9-8 利润表

编制单位：宏达公司　　20××年 6 月　　单位：元

项目	本期金额	上期金额
一、营业收入	620 000	
减：营业成本	295 000	
营业税金及附加	75 000	
销售费用	60 000	
管理费用	40 000	
研发费用		
财务费用	10 000	
其中：利息费用		
利息收入		
加：其他收益		

续表

项目	本期金额	上期金额
投资收益(损失以"—"号填列)	140 000	
其中:对联营企业和合营企业的投资收益		
以摊余成本计量的金融资产终止确认收益(损失以"—"号填列)		
净敞口套期收益(损失以"—"号填列)		
公允价值变动收益(损失以"—"填列)		
信用减值损失(损失以"—"号填列)		
资产减值损失(损失以"—"号填列)		
资产处置收益(损失以"—"号填列)		
二、营业利润(亏损以"—"号填列)	280 000	
加:营业外收入	30 000	
减:营业外支出	7 500	
三、利润总额(亏损总额以"—"号填列)	302 500	
减:所得税费用	75 625	
四、净利润(净亏损以"—"号填列)	226 875	
(一)持续经营净利润(净亏损以"—"号填列)		
(二)终止经营净利润(净亏损以"—"号填列)		
五、其他综合收益的税后净额		
(一)不能重分类进损益的其他综合收益		
1.重新计量设定受益计划变动额		
2.权益法下不能转损益的其他综合收益		
3.其他权益工具投资公允价值变动		
4.企业自身信用风险公允价值变动		
……		
(二)将重分类进损益的其他综合收益		
1.权益法下可转损益的其他综合收益		
2.其他债权投资公允价值变动		
3.金融资产重分类计入其他综合收益的金额		
4.其他债权投资信用减值准备		
5.现金流量套期储备		
6.外币财务报表折算差额		
……		
六、综合收益总额		
七、每股收益		
(一)基本每股收益		
(二)稀释每股收益		

第四节 现金流量表

一、现金流量表的概念与作用

现金流量表是反映企业一定会计期间现金和现金等价物流入和流出的报表。

现金流量表是以现金为基础编制的。现金有广义现金和狭义现金之分，现金流量表中所指现金是广义的现金概念，它包括现金及现金等价物。具体来讲，它由库存现金、银行存款、其他货币资金和现金等价物几个部分组成，其中现金等价物是指企业所拥有的期限短（到期日在三个月以内）、流动性强、易于转化为已知金额现金的、价值变动风险很小的投资（除特别注明外，以下所指的现金均含现金等价物）。现金等价物虽然不是现金，但当企业需要时往往可以随时变现，具有很强的支付能力，因而可视同为现金。企业应根据具体情况，确定现金等价物的范围，并且要一贯性地保持其划分标准。

编制现金流量表的目的是为报表使用者提供一定会计期间内现金流入与流出的有关信息，汇总说明企业在一定会计期间内经营、投资和筹资活动的情况。其主要表现在以下几个方面。

(1)现金流量表提供企业一定会计期间内现金和现金等价物流入和流出的信息，以便于报表使用者了解和评价企业获取现金和现金等价物的能力，并据以预测企业未来现金流量，进而评价企业偿债、支付股利能力。

(2)评价企业盈利的质量。利润表反映的利润是按权责发生制计算的，但利润不代表真正实现的收益，不代表企业手中真正可以运用的现金数量。高质量的盈利必须能提供较多的现金流入，从而保证企业购买材料、支付费用和偿还债务的资金需要。

(3)现金流量表提供企业一定会计期间内投资和筹资方面的信息，便于会计报表使用者分析企业投资活动和筹资活动对经营成果和财务状况的影响。

(4)现金流量表是反映企业经营全貌、揭示企业现金来源和运用的报表，是连接资产负债表和利润表的纽带和桥梁。前述的利润表和资产负债表，在提供会计信息方面都具有十分重要的作用，但是也有一定局限性。例如，利润表中提供的净利润，是按照权责发生制原则而不是按照收付实现制原则确认收入和费用而得到的计算结果，所以利润表虽然能够反映企业一定期间营业活动的成果，显示企业的盈利能力，但它不能说明企业从营业活动中获得了多少可供周转使用的现金；虽然能够反映报告期内筹资活动和投资活动的损益，但不能说明筹资活动和投资活动提供了多少或运用了多少现金。至于那些不涉及现金收支的投资和筹资活动，利润表根本不予反映。资产负债表主要是反映企业某一特定日期的财务状况，说明某一特定日期资产和权益变动的结果，并显示了企业的偿债能力，但它不能反映企业财务状况的变动情况。虽然通过不同时期资产负债表的比较，在一定程度上反映了企业财务状况的变动情况，但不能说明财务状况的变动原因，很难从期末和期初金额的比较中直接提供企业投资和筹资活动提供现金流量的信息。而现金流量表的编制可以弥补这两种会计报表的不足，它不仅综合地反映了企业净利润与现金净流量的关系，而且通过经营活动和投资、筹资业务对现金流入、流出的影响，揭示了企业财务状况变动的原因。因而，现金流量表是反映企业经营全貌、揭示企业现金来源和运用的报表，是连接资产负债表和利润表的纽带和桥梁。

二、现金流量的分类

现金流量表通常将企业一定期间内产生的现金流量归为经营活动产生的现金流量、投资活动产生的现金流量和筹资活动产生的现金流量三类。下面分别说明这三类现金流量的内容。

1. 经营活动产生的现金流量

经营活动是指企业除投资活动和筹资活动以外的所有交易和事项。经营活动的现金流入主要是指销售商品、提供劳务所收到的现金；收到的税费返还；收到的其他与经营活动有关的现金。经营活动的现金流出主要是指购买商品、接受劳务支付的现金；支付给职工以及为职工支付的现金；支付的各项税费；支付的其他与经营活动有关的现金。通过现金流量表中所列示的经营活动产生的现金流量，可以说明企业经营活动对现金流入和流出净额的影响程度。

2. 投资活动产生的现金流量

投资活动是指企业长期资产的购建和不包括在现金等价物范围内的投资及其处置活动。投资活动的现金流入主要包括收回投资所收到的现金；取得投资收益所收到的现金；处理固定资产、无形资产和其他长期资产所收到的现金净额；收到的其他与投资活动有关的现金。投资活动的现金流出则是指购建固定资产、无形资产和其他长期资产所支付的现金；进行权益性或债权性投资等所支付的现金；支付的其他与投资活动有关的现金。所以，投资活动产生的现金流量中不包括将现金转换为现金等价物这类投资活动产生的现金流量。通过现金流量表所反映的投资活动所产生的现金流量，可以分析企业通过投资获取现金流量的能力，以及投资产生的现金流量对企业现金流量净额的影响程度。

3. 筹资活动产生的现金流量

筹资活动是指导致企业资本及债务规模和构成发生变化的活动。筹资活动的现金流入主要包括吸收权益性投资所收到的现金；取得借款所收到的现金；发行债券所收到的现金；收到的其他与筹资活动有关的现金等。筹资活动的现金流出主要包括偿还债务所支付的现金；发生筹资费用所支付的现金；分配股利、利润或偿付利息所支付的现金；融资租赁所支付的现金；支付的其他与筹资活动有关的现金等。通过现金流量表中所反映的筹资活动产生的现金流量，可以分析企业筹资的能力，以及筹资产生的现金流量对企业现金流量净额的影响程度。

需要注意的是，并不是所有的现金转换都会引起现金流量净额的变化，例如，现金流量表只需反映同时使现金项目与非现金项目产生增减变动的业务，对于现金形式之间的转换（如企业从银行提现）和仅涉及非现金各项目之间增减变动的业务，不影响现金流量净额，一般不予反映。但是，有些涉及投资和筹资活动的业务，如用固定资产进行长期投资等，尽管不涉及当期的现金收支，却会对以后各期的现金流量产生影响，故也需要在现金流量表的补充资料中予以披露（对于涉及现金收支的投资与筹资活动，应当直接在现金流量表内的“投资活动产生的现金流量”或“筹资活动产生的现金流量”中予以反映）。

三、现金流量表的格式

现金流量表主要由正表和补充资料两大部分构成。现金流量表的基本格式如表 9-9 所示。

在现金流量表中，现金流量按照经营活动、投资活动和筹资活动的现金流量分类分项列示。其中，经营活动的现金流量按照其经营活动的现金流入和流出的性质分项列示；投资活动的现金流量按照其投资活动的现金流入和流出的性质分项列示;筹资活动的现金流量按照其筹资活动的现金流入和流出的性质分项列示。

现金流量表的补充资料部分,主要提供将净利润调节为经营活动的现金流量和不涉及现金收支的投资和筹资活动等方面的信息(见表 9-10)。

表 9-9 现金流量表

编制单位: 年 月 单位:元

项目	本期金额	上期金额
一、经营活动产生的现金流量:		
销售商品、提供劳务收到的现金		
收到的税费返还		
收到的其他与经营活动有关的现金		
经营活动现金流入小计		
购买商品、接受劳务支付的现金		
支付给职工以及为职工支付的现金		
支付的各项税费		
支付的其他与经营活动有关的现金		
经营活动现金流出小计		
经营活动产生的现金流量净额		
二、投资活动产生的现金流量:		
收回投资所收到的现金		
取得投资收益所收到的现金		
处置固定资产、无形资产和其他长期资产所收回的现金净额		
处置子公司及其他营业单位收到的现金净额		
收到的其他与投资活动有关的现金		
投资活动现金流入小计		
购建固定资产、无形资产和其他长期资产所支付的现金		
投资所支付的现金		
取得子公司及其他营业单位支付的现金净额		
支付的其他与投资活动有关的现金		
投资活动现金流出小计		
投资活动产生的现金流量净额		
三、筹资活动产生的现金流量:		
吸收投资所收到的现金		
取得借款所收到的现金		
收到的其他与筹资活动有关的现金		
筹资活动现金流入小计		

续表

项目	本期金额	上期金额
偿还债务所支付的现金		
分配股利、利润或偿付利息所支付的现金		
支付的其他与筹资活动有关的现金		
筹资活动现金流出小计		
筹资活动产生的现金流量净额		
四、汇率变动对现金及现金等价物的影响		
五、现金及现金等价物净增加额		
加:期初现金及现金等价物余额		
六、期末现金及现金等价物余额		

表 9-10　现金流量表补充资料

补充资料	本期金额	上期金额
1.将净利润调节为经营活动现金流量:		
净利润		
加:计提的资产减值准备		
固定资产折旧		
无形资产摊销		
长期待摊费用摊销		
处置固定资产、无形资产和其他长期资产的损失(减:收益)		
固定资产报废损失(减:收益)		
公允价值变动损失(减:收益)		
财务费用(减:收益)		
投资损失(减:收益)		
递延所得税资产减少金额(减:增加金额)		
递延所得税负债增加金额(减:减少金额)		
存货的减少(减:增加)		
经营性应收项目的减少(减:增加)		
经营性应付项目的增加(减:减少)		
其他		
经营活动产生的现金流量净额		
2.不涉及现金收支的重大投资和筹资活动:		
债务转为资本		
一年内到期的可转换公司债券		
融资租入固定资产		

续表

补充资料	本期金额	上期金额
3.现金及现金等价物净变动情况：		
现金的期末余额		
减：现金的期初余额		
加：现金等价物的期末余额		
减：现金等价物的期初余额		
现金及现金等价物净增加额		

以上正表的内容和补充资料的关系是：

(1)正表中的第一项经营活动产生的现金流量净额与补充资料中的第一项经营活动产生的现金流量净额，应当核对相符。

(2)正表中的第五项与补充资料中的第三项存在钩稽关系，金额应当一致。

四、现金流量表的编制方法

现金流量表的编制依据主要是资产负债表、利润表和利润分配表以及有关账户记录资料。

现金流量表的编制基础是收付实现制，因此编制现金流量表的过程就是将权责发生制下的会计资料调整为收付实现制下的现金流量。

现金流量表有直接法和间接法两种填列方法。

1. 直接法

直接法，是通过现金收入和现金支出的主要类别列示经营活动的现金流量。在直接法下，表中各项目的数据可从会计记录中直接获得，或在利润表主营业务收入、主营业务成本等数据的基础上，通过调整获得。在实际工作中，可以通过工作底稿法和T形记账法这两种技术方法来进行调整，获得所需数据。采用直接法编制的现金流量表，便于分析企业经营活动现金流量的来源和用途，预测企业未来现金流量的前景。而投资活动和筹资活动均采用直接法列报现金流量。

2. 间接法

间接法是以净利润为基础，调整不涉及现金的收入、费用项目以及其他有关项目，据以确定经营活动的现金流量。表9-10所示的补充资料部分就是采用间接法填列经营活动现金流量。采用间接法编制的现金流量表，便于对净利润与经营活动现金流量进行比较，了解净利润与经营活动现金流量产生差异的原因，从现金流量的角度分析净利润的质量。

我国《企业会计准则第31号——现金流量表》规定，企业应采用直接法编报现金流量表，同时要求在附注中提供以净利润为基础调节到经营活动现金流量的信息。

第五节　会计报表附注

会计报表中所规定的内容具有一定的固定性和稳定性，只能提供定量的财务信息，其所能反映的财务信息受到一定限制。会计报表附注是会计报表的补充，主要是对会计报表不能包括的内容，或者披露不详尽的内容做进一步的解释说明。

企业编制会计报表附注，可以提高会计信息的可比性，增进会计信息的可理解性，促使会计信息充分披露，从而提高会计信息的质量，使报表使用者对企业的财务状况、经营成果和现金流动情况获得更充分的了解，并有利于报表使用者做出正确的决策。

会计报表附注应包括以下内容：

1. 不符合基本会计假设的说明

基本会计假设是指为了保证会计工作的正常开展和会计信息质量，对会计核算的范围、内容、基本程序和方法所做的合理设定。企业若不符合基本会计假设，在附注中需要做出特别说明，如终止经营等。

2. 重要会计政策和会计估计的说明

会计政策是指企业核算时所遵循的具体原则及企业所采用的具体会计处理方法，包括：①编制合并会计报表所采用的原则；②外币折算时所采用的方法；③收入的确认原则；④所得税的会计处理方法；⑤短期投资的期末计价方法；⑥存货的计价方法；⑦长期股权投资的核算方法；⑧长期债券投资溢折价的摊销方法；⑨坏账损失的具体会计处理方法；⑩借款费用的处理方法；⑪无形资产的计价及摊销方法；⑫应付债券溢折价的摊销方法等。

会计估计，指企业对其结果不确定的交易或事项以最近可利用的信息为基础所做的判断。

3. 或有事项的说明

会计核算中经常面临某些不确定的情形，需要会计人员做出分析和判断。其中，有些事项的最终结果依赖于未来事实加以证实。只有在未来发生或不发生某个事件时，才能最后证实企业的损失或收益已经产生。

4. 资产负债表日后事项的说明

资产负债表日后事项定义为：自年度资产负债表日至财务报告批准报出日之间发生的需要调整或说明的事项。

5. 关联方关系及其交易的说明

关联方关系及其交易是会计报表附注中要披露的重要内容。企业对外提供的财务报告一般认为是建立在公平交易的基础上的，但在存在关联方关系时，关联方之间的交易可能不是建立在公平交易的基础上。在某些情况下，关联方之间通过虚假交易可以达到提高经营业绩的假象。即便是关联方交易是在公平交易基础上进行的，重要关联方交易的披露也是有用的，因为它提供了未来可能再发生，而且很可能以不同形式发生的交易类型的信息。

6. 重要资产转让及其出售说明

重要资产转让及出售，主要说明重要资产转让及出售的账面价值，转让及出售后给企业的股权、收益等带来的影响。

7. 企业合并、分立的说明

企业合并、分立的说明，是对企业的合并、分立过程中所采用的核算办法做进一步的补充说明。如企业合并是同一控制下的企业合并还是非同一控制下的企业合并，采用购买法还是权益法核算等。

8. 会计报表主要项目的说明

会计报表主要项目的说明，是对会计报表主要项目的进一步注释，如应收款项计提坏账准备的方法、存货核算方法、长期股权投资各明细项目的增减变化、固定资产计价和折旧方法、长期待摊费用的性质及其摊销额、所有者权益(或股东权益)变动情况等。

本章小结

编制财务会计报告是会计核算的一项专门方法。它是以账簿的记录为主要依据，将日常核算中所得到的大量、分散的会计资料，按统一的要求、规定的格式和编制的方法，加以进一步的归类、整理、汇总，编制出财务报表，以概括地、综合地反映会计主体在一定时期内的经济活动过程和结果。财务会计报告是会计核算的最终成果，编制财务会计报告是会计循环的最后一个步骤。编制财务报表对报表使用者进行决策有重要意义。

财务会计报告包括会计报表和会计报表附注。会计报表由会计报表主表和会计报表附表组成。会计报表主表包括资产负债表、利润表、现金流量表三张报表。资产负债表是反映企业在某一特定日期财务状况的报表，其结构一般有报告式和账户式两种，主要根据反映企业财务状况的资产类、负债类和所有者权益类等账户的期末余额编制。利润表是反映企业在一定会计期间经营成果的报表，其格式有两种，即单步式利润表和多步式利润表，主要反映企业收入、费用等经营成果，根据收入类账户、费用类账户的本期发生额编制。现金流量表是反映企业一定会计期间现金和现金等价物流入和流出的报表，主要依据资产负债表、利润表和利润分配表以及有关账户记录资料编制。

编制财务报表应做到内容完整、数字真实、计算准确和编报及时。

关键概念

财务会计报告　资产负债表　利润表　现金流量表　会计报表附注

思考与讨论

1. 什么是财务会计报告？财务会计报告的作用是什么？
2. 编制财务会计报告的要求有哪些？
3. 什么是资产负债表？资产负债表的作用是什么？
4. 资产负债表的项目填列的主要方法是什么？
5. 什么是利润表？利润表的作用是什么？
6. 利润表各项目应根据什么账户的记录分析填列？
7. 简述现金流量表的编制基础。

练习题

一、填空题

1. 财务报表是企业对外提供的反映企业某一特定日期__________和某一会计期间__________的文件。

2. __________是会计核算的最终成果，概括地、综合地反映会计主体在一定时间内的经济活动过程和结果。

3. 财务会计报告的内容包括__________和__________。

4. 会计报表由__________和__________组成。

5. 会计报表主要包括＿＿＿＿＿＿、＿＿＿＿＿＿和＿＿＿＿＿＿等三张报表。

6. 会计报表附注是为便于报表使用者理解会计报表的内容而对会计报表的＿＿＿＿＿＿、＿＿＿＿＿＿、＿＿＿＿＿＿及主要项目等所做的解释。

7. 月度中期财务报表应当于月度终了后＿＿＿＿＿＿内(节假日顺延，下同)对外提供；季度中期财务报表应当于季度终了后＿＿＿＿＿＿内对外提供；半年度中期财务报表应当于年度中期结束后＿＿＿＿＿＿内(相当于两个连续的月份)对外提供；年度财务报表应当于年度终了后＿＿＿＿＿＿内对外提供。

8. 资产负债表是反映企业＿＿＿＿＿＿的报表。资产负债表的结构一般有＿＿＿＿＿＿和＿＿＿＿＿＿两种。

9. 资产负债表项目填列的基本方法，归纳起来主要有以下三种：根据＿＿＿＿＿＿填列、根据＿＿＿＿＿＿填列和根据＿＿＿＿＿＿填列。

10. 利润表是反映企业＿＿＿＿＿＿的报表。利润表的格式有两种：＿＿＿＿＿＿利润表和＿＿＿＿＿＿利润表。

11. 现金流量表是反映企业＿＿＿＿＿＿的报表。

12. 现金流量表的编制依据主要是＿＿＿＿＿＿、＿＿＿＿＿＿以及＿＿＿＿＿＿资料。

二、单项选择题

1. 资产负债表总括反映的是企业在(　　)。

A. 一定时期的财务状况　　B. 一定时期的现金流量

C. 一定日期的财务状况　　D. 特定日期内的经营状况

2. 会计报表各项目的数据必须建立在(　　)的基础之上。

A. 真实可靠　　B. 相关可比　　C. 便于理解　　D. 编制及时

3. 某企业年末“应收账款”账户有一明细账借方余额为 5 000 元，另一明细账贷方余额为 3 000 元；“预收账款”有一明细账借方余额为 7 000 元，另一明细账贷方余额为 8 000 元，则年末资产负债表中应收账款应填列(　　)。

A. 2 000 元　　B. 100 元　　C. 12 000 元　　D. 11 000 元

4. 如“应收账款”科目所属各明细科目期末出现贷方余额，应在资产负债表(　　)项目中列示。

A. 应付账款　　B. 预付账款　　C. 预收账款　　D. 其他应收款

5. 利润表是反映企业在一定时期内(　　)的报表。

A. 财务状况　　B. 经营成果

C. 现金流量变动　　D. 盈利能力

6. 现金流量表编制方法中的直接法和间接法是用来反映(　　)。

A. 投资活动的现金流量　　B. 经营活动的现金流量

C. 筹款活动的现金流量　　D. 上述三种活动的现金流量

7. “预付账款”科目明细账中若有贷方余额，应将其记入资产负债表中的(　　)项目。

A. 应收账款　　B. 预收账款　　C. 应付账款　　D. 其他应收款

8. 资产负债表中的“未分配利润”项目，应根据(　　)填列。

A. “利润分配”科目余额

B. “本年利润”科目余额

C.“本年利润”和“利润分配”科目的余额计算后

D.“盈余公积”科目余额

9. 下列报表项目中，可以直接根据有关账户余额填列的有（　　）。

A. 实收资本　　B. 应收账款　　C. 货币资金　　D. 存货

10. 会计报表中有关项目的金额，其直接来源是（　　）。

A. 原始凭证　　B. 记账凭证　　C. 日记账　　D. 账簿记录

三、多项选择题

1. 资产负债表各项目数据来源，主要（　　）。

A. 根据总账科目余额直接填列

B. 根据总账科目余额计算填列

C. 根据明细账科目计算填列

D. 根据总账科目和明细账科目余额分析计算填列

2. 利润表的格式有（　　）。

A. 账户式　　B. 单步式　　C. 报告式　　D. 多步式

3. 会计报表的使用者有（　　）。

A. 债权人　　B. 上级主管部门和国家管理机关

C. 投资者　　D. 企业内部管理人员和职工

4. 资产负债表是（　　）。

A. 根据有关账户余额编制　　B. 静态报表

C. 反映财务成果的报表　　D. 反映财务状况的报表

5. 会计报表主要包括（　　）等报表。

A. 资产负债表　　B. 利润表　　C. 现金流量表　　D. 利润分配表

四、判断题

1. 利润表是资产负债表的补充报表，补充说明各项资产增减变动的原因，以及股东权益变动的原因。（　　）

2. 资产负债表是反映企业单位在某一特定期间财务状况的报表。（　　）

3. 会计报表是反映企业静态财务状况的书面报告。（　　）

4. 财务情况说明书是会计报表的有机组成部分。（　　）

5. 财务报表由对外报送的财务报表、会计报表附注和财务情况说明书组成。（　　）

第十章

账务处理程序

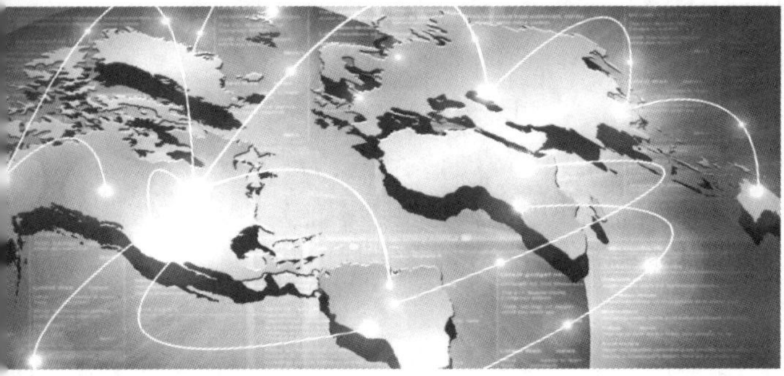

KUAIJIXUE YUANLI

学习目的

通过本章的学习，要求理解和掌握各种账务处理程序的会计流程及其相互之间的联系与区别；重点掌握记账凭证、科目汇总表等企业经常使用的账务处理程序的具体特点、基本内容和应用范围。

第一节　账务处理程序概述

前面已经介绍了设置会计科目、借贷记账法、填制和审核会计凭证、登记账簿等会计核算方法，这些方法不是彼此孤立的，而是相互联系的，它们以一定的方式结合起来，构成一个完整的工作体系，这就形成了企业的会计核算组织程序。

一、账务处理程序及其意义

账务处理程序，又叫作会计核算形式或会计核算组织程序，是指会计核算中，会计凭证、会计账簿、会计报表和记账方法、记账程序相互结合的方式。会计凭证组织和会计账簿组织是指凭证和账簿的种类和格式，各凭证之间、各种账簿之间，以及各种凭证与各种账簿之间相互关联。记账程序和方法，是指从填制、整理、传递会计凭证，登记会计账簿，到编制财务报表整个过程的工作顺序和方法。把不同的会计凭证组织、会计账簿组织按不同的记账程序和方法结合在一起，就形成了不同的记账程序。

(一)会计凭证、会计账簿和财务报表之间的关系

会计凭证、会计账簿和财务报表都是用以核算和监督企业的经济活动，并对公司、企业内部经济管理提供核算资料，对外提供会计信息的主要载体。在会计核算中，会计凭证、会计账簿和财务报表不是孤立的，而是相互联系、相互影响的。

(1)会计凭证是及时核算和监督企业各项经济业务的根据，同时也是登记账簿的根据。因此，日常的经营管理和登记账簿的要求，决定了会计凭证的种类、格式和内容，同时，会计凭证的种类、格式和内容对账簿的种类、格式和记录的内容有一定的影响。

(2)会计账簿是企业核算和监督日常经济活动的根据，同时也是编制财务报表的根据。因此，不同的日常经营管理和编制财务报表的要求决定了企业应设置的账簿的种类、格式和记账的内容各不相同。

(3)财务报表是为本单位、上级主管部门、财税部门、投资者以及债权人等会计信息的使用者提供会计信息的载体，因此这些报表使用者各自的管理要求和决策需要决定了财务报表的种类、项目、格式和编报日期等。

(二)合理安排账务处理程序的意义

为了充分发挥会计的职能，完成会计的任务，正确、及时、全面、系统地提供各单位内部经济管理所必需的各种核算资料，满足企业外部报表使用者对会计信息的不同要求，更有效地监督经济活动，各单位都应依据《会计法》，根据会计准则和行业会计制度的要求，结合本单位的具体情况，采用适当的账务处理程序。合理的账务处理程序，对于科学组织会计核算工作具有如下

重要的意义：

(1)合理的账务处理程序可以保证会计数据整个处理过程的各环节有条不紊地进行传递，保证会计记录的正确、及时、完整，并能迅速编制财务报表，从而提高会计核算工作的效率。

(2)合理的账务处理程序可以保证会计信息方便而迅速地形成，保证为经营管理者和报表的使用者及时提供全面、准确、有用的财务信息，从而提高会计核算工作的质量。

(3)合理的账务处理程序可以减少不必要的核算环节和手续，避免烦琐重复，节约人力、物力，从而提高会计核算工作的效益。

(4)合理的账务处理程序可以对会计核算工作进行合理分工，明确责任，加强岗位责任制，充分发挥会计的监督职能。

二、账务处理程序设计的要求

为了满足国家经济管理和综合平衡工作的需要，保证会计指标在全国范围内口径一致，便于会计资料的汇总和分析利用，财政部已规定了若干种全国统一的账务处理程序，各单位应根据企业的业务性质、经营规模、经济业务繁简程度等实际情况和具体条件，设计出一套适合本单位经济业务特点的账务处理程序。具体来说，企业在设计账务处理程序时，应坚持以下几个基本原则：

(1) 要适应本单位经济活动的特点、规模的大小和业务的繁简情况，有利于会计核算分工，建立岗位责任制。企业在设计账务处理程序时，要详细了解和分析本单位经济活动的特点和核算目标，并根据这些要求来设置所需的会计凭证、会计账簿和会计报表，进行分工核算，以便能正确、及时地反映本单位的经济活动情况。

(2) 能正确、及时、完整地提供本单位经营管理、主管部门以至国家管理经济所需的各种必要会计信息资料。

(3) 在保证会计信息资料正确、完整和及时的前提下，力求简化核算手续，提高会计工作的效率，节约人力和物力以及核算费用。要正确处理工作质量和数量的关系，既不能片面追求简化而不顾质量，也不能贪多求全，增加不必要的核算手续。要注意采用科学方法，完善内部控制制度，合理简化核算手续，建立科学的账务处理程序。

三、账务处理程序的种类及分类依据

(一)账务处理程序的种类

由于各单位的规模大小、经济业务和管理要求的不同，在选用账务处理程序时自然不能强求一律。在会计工作的长期实践中，根据具体登记会计总分类账的依据和方式的不同，形成了以下三种常用的账务处理程序：

(1) 记账凭证账务处理程序；

(2) 科目汇总表账务处理程序；

(3) 汇总记账凭证账务处理程序。

(二)账务处理程序的分类依据

以上三种账务处理程序有很多相同点，但也有区别。其主要的区别，即各自的特点，主要表现在登记总分类账的依据和方法不同。从总体上来分析，登记总分类账的方法可以分为两大类，即直接登记和汇总登记。直接登记是以记账凭证为依据直接登记总分类账；汇总登记则要求定期对记账凭证以一定的方式进行汇总，依据汇总后的资料登记总分类账，这样在一定程度上简化了登记总分类账的工作，科目汇总表账务处理程序和汇总记账凭证账务处理程序都属于这一类。对于这三种账务处理程序的具体特点、基本内容和应用范围将在以下各节逐一介绍。

第二节　记账凭证账务处理程序

一、记账凭证账务处理程序的概念

记账凭证账务处理程序是直接根据记账凭证逐笔登记总分类账。记账凭证账务处理程序是会计核算中最基本的一种账务处理程序，其他账务处理程序基本上都是在记账凭证账务处理程序基础上发展演变而形成的。

二、记账凭证账务处理程序的账簿组织

在记账凭证账务处理程序下，记账凭证可以采用通用格式，也可以采用专用格式(即收款凭证、付款凭证和转账凭证)；现金(银行存款)日记账一般采用三栏式；总分类账采用三栏式，并按每一总分类科目开设账页；明细分类账则可根据管理需要，分别采用三栏式、数量金额式或者多栏式。

三、记账凭证账务处理程序的基本内容

在记账凭证账务处理程序下，其账务处理是按下列步骤进行的：

(1)根据原始凭证编制汇总原始凭证。为了简化会计核算工作，对于经济业务内容相同的原始凭证，应尽可能地先将其予以汇总，然后再根据汇总后的原始凭证编制记账凭证。

(2)根据原始凭证或汇总原始凭证编制各种记账凭证(包括收款凭证、付款凭证和转账凭证)。

(3)根据收款凭证和付款凭证，逐日逐笔登记现金(银行存款)日记账。

(4)根据原始凭证或汇总原始凭证、记账凭证，登记各种明细分类账。

(5)根据记账凭证，逐笔登记总分类账。

(6)月末，将现金(银行存款)日记账的余额、明细分类账的余额分别与总分类账中的相关账户的余额相核对。

(7)月末，根据审核无误的总分类账和明细分类账的记录，编制会计报表。

记账凭证账务处理程序的基本内容如图 10-1 所示。

四、记账凭证账务处理程序的特点、优点、缺点和适用范围

记账凭证账务处理程序的特点是：直接根据记账凭证逐笔登记总分类账。优点是：手续简便，易于理解，总分类账比较详细地反映了经济业务情况，来龙去脉清楚，便于了解经济业务的动态和核对账目。缺点是：由于总分类账是直接根据记账凭证逐笔登记的，如果企业规模大、经济业务繁多，就会使得记账凭证多，从而加大登记总分类账的工作量。因而这种账务处理程序

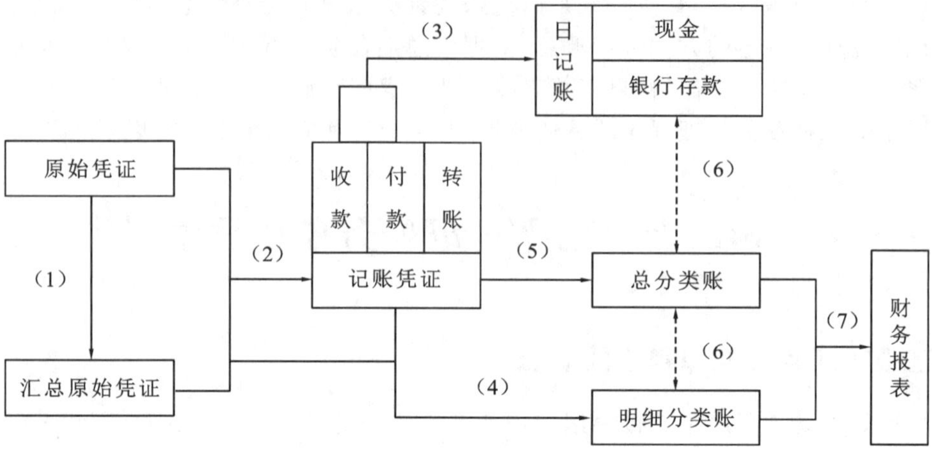

图 10-1 记账凭证账务处理程序

一般适用于规模小、业务量少、记账凭证不多的企业。

五、记账凭证账务处理程序应用举例

(一)资料

蓝天公司 20××年 12 月各有关账户的期初余额如表 10-1 所示。

表 10-1 期初账户余额表

单位:元

总账科目	明细科目	余额	总账科目	明细科目	余额
库存现金		2 000	短期借款	工商银行	10 000
银行存款		100 000	应付票据		0
交易性金融资产		40 000	应付账款	恒瑞公司	10 000
应收票据	神州公司	20 000	预收账款	长江公司	10 000
应收账款	泰丰公司	30 000	应付职工薪酬		10 000
预付账款		0	应交税费		20 000
其他应收款	参展团	5 000		应交增值税	14 000
在途物资		0		应交城市维护建设税	4 000
原材料		140 000		应交教育费附加	2 000
	甲材料	60 000		应交所得税	0
	乙材料	20 000	应付利息	工商银行	600
	丙材料	60 000	应付股利		0
库存商品		190 000	长期借款	工商银行	200 000
	A 产品	140 000	实收资本		500 000
	B 产品	50 000	资本公积		100 000

续表

总账科目	明细科目	余额	总账科目	明细科目	余额
生产成本		0	盈余公积		20 000
长期股权投资		40 000		法定盈余公积	10 000
固定资产		600 000		任意盈余公积	10 000
累计折旧		50 000	本年利润		197 900
无形资产		0	利润分配	未分配利润	38 500
累计摊销		0			

注:其中库存商品和原材料详细资料如下:

"库存商品——A 产品"　数量:700 件,单价:200 元,金额:140 000 元

"库存商品——B 产品"　数量:500 件,单价:100 元,金额:50 000 元

"原材料——甲材料"　数量:200 吨,单价:300 元,金额:60 000 元

"原材料——乙材料"　数量:100 吨,单价:200 元,金额:20 000 元

"原材料——丙材料"　数量:300 吨,单价:200 元,金额:60 000 元

蓝天公司 20××年 12 月份发生下列经济业务:

(1)12 月 1 日,蓝天公司接受飞天公司机器设备投资,评估作价 200 000 元。

(2)12 月 1 日,蓝天公司向工商银行借入长期借款 20 000 元,期限 3 年,约定每年支付一次利息。

(3)12 月 1 日,蓝天公司以银行存款偿还工商银行已到期的短期借款 10 000 元,支付利息 600 元。

(4)12 月 5 日,蓝天公司从飞燕公司购入甲材料 100 吨,每吨 300 元,增值税税率为 13%,取得了增值税专用发票并注明了增值税额。货款、增值税均用银行存款付清,材料已入库。

(5)12 月 6 日,蓝天公司从飞燕公司购入乙材料 200 吨,每吨 200 元,增值税税率为 13%。材料已验收入库,货款尚未支付。

(6)12 月 7 日,以现金 1 000 元购买办公用品,交给管理部门使用。

(7)12 月 8 日,蓝天公司以银行存款支付飞燕公司货款 45 200 元。

(8)12 月 9 日,蓝天公司从银行汇给红星厂 18 000 元,作为采购 100 吨丙材料的预付款。

(9)12 月 10 日,蓝天公司向神州公司销售 A 产品 500 件,每件 300 元,增值税税率 13%,货已发出,款项已收存银行。

(10)12 月 10 日,蓝天公司用银行存款支付广告费 20 000 元。

(11)12 月 11 日,蓝天公司收到红星厂发来的 100 吨丙材料(每吨 200 元),并收到增值税专用发票,增值税税率 13%。材料已验收入库,其余货款已从银行汇出。

(12)蓝天公司从飞燕公司购入甲材料 200 吨,每吨 300 元,增值税税率 13%。12 月 12 日发票账单已到,当即用银行存款支付货款及增值税,材料已由飞燕公司发出但尚未到达蓝天公司。

(13)12 月 13 日,飞燕公司这批甲材料到达并验收入库。

(14)蓝天公司 12 月 13 日向大地公司销售 A 产品 200 件,每件 300 元,增值税税率 13%。代垫运输费 200 元,以现金付清。已办妥托收手续。

(15)12 月 15 日,蓝天公司向神州公司销售 B 产品 300 件,每件 200 元,增值税税率 13%。

货已发出，神州公司向蓝天公司出具一张3月期的商业承兑汇票，票面金额为67 800元。

(16)12月16日，蓝天公司将100吨甲材料销售给黄河公司，每吨400元，增值税5 200元，已通过银行收款入账。该批甲材料成本每吨300元。

(17)12月20日，蓝天公司收到大地公司所欠款项68 000元，存入银行。

(18)12月20日，蓝天公司赴北京参加商品博览会参展团归来，展销的各项开支共4 500元。参展团11月20日出发前已预借5 000元，余款已交回现金。

(19)12月20日，以银行存款支付机器设备维修费3 000元，公司办公楼维修费1 000元。

(20)蓝天公司12月21日向长江公司销售B产品200件，每件200元，增值税税率13%。长江公司上月已预先汇来货款10 000元，剩余款项已收存银行。

(21)12月22日，蓝天公司向希望小学捐赠10 000元，用银行存款支付。

(22)蓝天公司与天宇公司签订的货物运输合同，天宇公司因工作失误未按规定时间将货物送达目的地，按合同规定天宇公司应支付赔偿金2 000元，12月25日天宇公司已同意赔偿，但尚未支付赔款。

(23)蓝天公司只有一个从投入材料到生产出完工产品的封闭式生产车间，生产A、B两种产品。根据发出材料汇总表，12月份领用材料情况如表10-2所示。

表10-2 发出材料汇总表

20××年12月31日

材料名称	领用金额	用途			
		A产品	B产品	车间一般耗用	管理用
甲材料	90 000	60 000	30 000		
乙材料	40 000	20 000	20 000		
丙材料	60 000	20 000	20 000	10 000	10 000
合计	190 000	100 000	70 000	10 000	10 000

(24)根据职工薪酬汇总表，蓝天公司12月份应发工资66 000元，其中：生产部门直接生产人员工资40 000元(A产品生产工人工资30 000元，B产品生产工人工资10 000元)；生产部门管理人员工资8 000元；公司管理部门人员工资10 000元；公司专设产品销售机构的人员工资8 000元。

(25)12月31日，蓝天公司通过银行转账发放本月工资。

(26)12月31日，蓝天公司计算应付工商银行的长期借款利息1 000元。

(27)12月31日，蓝天公司持有的A公司股票(划为交易性金融资产)公允价值上升2 000元。

(28)12月31日，以银行存款支付水电费，车间应负担5 000元，公司管理部门应负担1 000元。

(29)根据“固定资产折旧计算表”，12月车间固定资产折旧30 000元，公司管理用固定资产折旧10 000元。

(30)结转12月份制造费用。

(31)产品完工入库，结转生产成本。

(32)12月31日，结转A、B两种产品的销售成本。全月销售A产品700件，每件生产成本200元；销售B产品500件，每件生产成本100元。

(33)12 月 31 日，蓝天公司计算出本月应交城市维护建设税 5 000 元，教育费附加 2 400 元。

(34)12 月 31 日，蓝天公司预缴增值税 10 000 元，城市维护建设税 4 000 元，教育费附加 2 000 元。

(35)12 月 31 日，蓝天公司收到联营企业红光公司分得利润 5 000 元，款已收存银行。

(36)蓝天公司 12 月 31 日按税法规定计算出本年应交所得税 50 000 元，不考虑税收调整事项。

(37)结转蓝天公司 12 月份损益类账户。

(38)结转本年利润。

(39)12 月 31 日，股东会决议通过分配方案，按蓝天公司全年实现净利润 200 000 元提取 10%的法定盈余公积金 20 000 元，任意盈余公积金 20 000 元，向股东派发现金利润 100 000 元。

(40)年终，将“利润分配”账户反映利润分配去向的明细账户与“未分配利润”明细账户对冲。

(二)编制记账凭证

根据上述各项经济业务的原始凭证编制记账凭证(见表 10-3 至表 10-50)。

(1)12 月 1 日，蓝天公司接受飞天公司机器设备投资，评估作价 200 000 元。(见表 10-3)

表 10-3 转账凭证

20××年 12 月 1 日　　　　转字第 1 号

摘要	总账科目	明细科目	借方金额	贷方金额	记账
接受飞天公司投资	固定资产		200 000		√
	实收资本			200 000	√
合计			¥200 000	¥200 000	

会计主管××× 记账××× 审核××× 出纳××× 制单××× 附件 3 张

(2)12 月 1 日，蓝天公司向工商银行借入长期借款 20 000 元，期限 3 年，约定每年支付一次利息。(见表 10-4)

表 10-4 收款凭证

借方科目：银行存款　　20××年 12 月 1 日　　银收字第 1 号

摘要	贷方科目		金额	记账
	总账科目	明细科目		
借入长期借款	长期借款	工商银行	20 000	√
合计			¥20 000	

会计主管××× 记账××× 审核××× 出纳××× 制单××× 附件 3 张

(3)12 月 1 日，蓝天公司以银行存款偿还工商银行已到期的短期借款 10 000 元，支付利息 600 元。(见表 10-5)

表 10-5　付款凭证

贷方科目：银行存款　　　　20××年 12 月 1 日　　　　银付字第 1 号

摘要	借方科目		金额	记账
	总账科目	明细科目		
偿还短期借款及利息	短期借款	工商银行	10 000	√
	应付利息	工商银行	600	√
合计			￥10 600	

会计主管×××　记账×××　审核×××　出纳×××　制单×××　附件 2 张

(4)12 月 5 日，蓝天公司从飞燕公司购入甲材料 100 吨，每吨 300 元，增值税税率为 13%，取得了增值税专用发票。货款、增值税均用银行存款付清，材料已入库。(见表 10-6)

表 10-6　付款凭证

贷方科目：银行存款　　　　20××年 12 月 5 日　　　　银付字第 2 号

摘要	借方科目		金额	记账
	总账科目	明细科目		
购入原材料	原材料	甲材料	30 000	√
	应交税费	应交增值税(进项税额)	3 900	√
合计			￥33 900	

会计主管×××　记账×××　审核×××　出纳×××　制单×××　附件 3 张

(5)12 月 6 日，蓝天公司从飞燕公司购入乙材料 200 吨，每吨 200 元，增值税税率为 13%。材料已验收入库，货款尚未支付。(见表 10-7)

表 10-7　转账凭证

20××年 12 月 6 日　　　　转字第 2 号

摘要	总账科目	明细科目	借方金额	贷方金额	记账
赊购原材料	原材料	乙材料	40 000		√
	应交税费	应交增值税(进项税额)	5 200		√
	应付账款	飞燕公司		45 200	√
合计			￥45 200	￥45 200	

会计主管×××　记账×××　审核 ×××　出纳×××　制单×××　附件 4 张

(6)12 月 7 日，以现金 1 000 元购买办公用品，交给管理部门使用。(见表 10-8)

表 10-8　付款凭证

贷方科目：库存现金　　　　20××年 12 月 7 日　　　　现付字第 1 号

摘要	借方科目		金额	记账
	总账科目	明细科目		
购买办公用品	管理费用	办公费	1 000	√
合计			¥1 000	

会计主管×××　记账×××　审核×××　出纳×××　制单×××　附件 2 张

(7)12 月 8 日，蓝天公司以银行存款支付飞燕公司货款 45 200 元。(见表 10-9)

表 10-9　付款凭证

贷方科目：银行存款　　　　20××年 12 月 8 日　　　　银付字第 3 号

摘要	借方科目		金额	记账
	总账科目	明细科目		
支付飞燕公司货款	应付账款	飞燕公司	45 200	√
合计			¥45 200	

会计主管×××　记账×××　审核×××　出纳×××　制单×××　附件 2 张

(8)12 月 9 日，蓝天公司从银行汇给红星厂 18 000 元，作为采购 100 吨丙材料的预付款。(见表 10-10)

表 10-10　付款凭证

贷方科目：银行存款　　　　20××年 12 月 9 日　　　　银付字第 4 号

摘要	借方科目		金额	记账
	总账科目	明细科目		
预付红星厂货款	预付账款	红星厂	18 000	√
合计			¥18 000	

会计主管×××　记账×××　审核×××　出纳×××　制单×××　附件 3 张

(9)12月10日,蓝天公司向神州公司销售A产品500件,每件300元,增值税税率13%,货已发出,款项已收存银行。(见表10-11)

表10-11 收款凭证

借方科目:银行存款　　　　20××年12月10日　　　　银收字第2号

摘要	贷方科目		金额	记账
	总账科目	明细科目		
取得产品销售收入	主营业务收入	A产品	150 000	√
	应交税费	应交增值税(销项税额)	19 500	√
合计			¥169 500	

会计主管××× 记账××× 审核××× 出纳××× 制单××× 附件 3 张

(10)12月10日,蓝天公司用银行存款支付广告费20 000元。(见表10-12)

表10-12 付款凭证

贷方科目:银行存款　　　　20××年12月10日　　　　银付字第5号

摘要	借方科目		金额	记账
	总账科目	明细科目		
支付广告费	销售费用	广告费	20 000	√
合计			¥20 000	

会计主管××× 记账××× 审核××× 出纳××× 制单××× 附件 3 张

(11)12月11日,蓝天公司收到红星厂发来的100吨丙材料(每吨200元),并收到增值税专用发票,增值税税率13%。材料已验收入库,不足款项当即从银行汇出。(见表10-13、表10-14)

表 10-13 转账凭证

20××年 12 月 11 日　　转字第 3 号

摘要	总账科目	明细科目	借方金额	贷方金额	记账
购入原材料	原材料	丙材料	20 000		√
	应交税费	应交增值税(进项税额)	2 600		√
	预付账款	红星厂		22 600	√
合计			￥22 600	￥22 600	

会计主管××× 记账××× 审核××× 出纳××× 制单××× 附件 3 张

表 10-14 付款凭证

贷方科目:银行存款　　20××年 12 月 11 日　　银付字第 6 号

摘要	借方科目		金额	记账
	总账科目	明细科目		
补付红星厂材料款	预付账款	红星厂	4 600	√
合计			￥4 600	

会计主管××× 记账××× 审核××× 出纳××× 制单××× 附件 3 张

(12)蓝天公司从飞燕公司购入甲材料 200 吨,每吨 300 元,增值税税率 13%。12 月 12 日发票账单已到,当即用银行存款支付货款及增值税,材料已由飞燕公司发出但尚未到达蓝天公司。(见表 10-15)

表 10-15 付款凭证

贷方科目:银行存款　　20××年 12 月 12 日　　银付字第 7 号

摘要	借方科目		金额	记账
	总账科目	明细科目		
支付材料款	在途物资	甲材料	60 000	√
	应交税费	应交增值税(进项税额)	7 800	√
合计			￥67 800	

会计主管××× 记账××× 审核××× 出纳××× 制单××× 附件 3 张

(13)12 月 13 日,飞燕公司这批甲材料到达并验收入库。(见表 10-16)

表 10-16　转账凭证

20××年 12 月 13 日　　　　转字第 4 号

摘要	总账科目	明细科目	借方金额	贷方金额	记账
购入的原材料入库	原材料	甲材料	60 000		√
	在途物资	甲材料		60 000	√
合计			￥60 000	￥60 000	

会计主管×××　记账×××　审核×××　出纳×××　制单×××　附件 3 张

(14)蓝天公司 12 月 13 日向大地公司销售 A 产品 200 件,每件 300 元,增值税税率 13%。代垫运输费 200 元,以现金付清。已办妥托收手续。(见表 10-17、表 10-18)

表 10-17　转账凭证

20××年 12 月 13 日　　　　转字第 5 号

摘要	总账科目	明细科目	借方金额	贷方金额	记账
销售 A 产品	应收账款	大地公司	67 800		√
	主营业务收入	A 产品		60 000	√
	应交税费	应交增值税(销项税额)		7 800	√
合计			￥67 800	￥67 800	

会计主管×××　记账×××　审核×××　出纳×××　制单×××　附件 3 张

表 10-18　付款凭证

贷方科目:库存现金　　20××年 12 月 13 日　　现付字第 2 号

摘要	借方科目		金额	记账
	总账科目	明细科目		
代垫运费	应收账款	大地公司	200	√
合计			￥200	

会计主管×××　记账×××　审核×××　出纳×××　制单×××　附件 2 张

(15)12 月 15 日，蓝天公司向神州公司销售 B 产品 300 件，每件 200 元，增值税税率 13%。货已发出，神州公司向蓝天公司出具一张 3 月期的商业承兑汇票，票面金额为 67 800 元。（见表 10-19）

表 10-19 转账凭证

20××年 12 月 15 日　　转字第 6 号

摘要	总账科目	明细科目	借方金额	贷方金额	记账
销售 B 产品	应收票据	神州公司	67 800		√
	主营业务收入	B 产品		60 000	√
	应交税费	应交增值税（销项税额）		7 800	√
合计			￥67 800	￥67 800	

会计主管××× 记账××× 审核××× 出纳××× 制单××× 附件 3 张

(16)12 月 16 日，蓝天公司将 100 吨甲材料销售给黄河公司，每吨 400 元，增值税 5 200 元，已通过银行收款入账。该批甲材料成本每吨 300 元。（见表 10-20、表 10-21）

表 10-20 收款凭证

借方科目：银行存款　　20××年 12 月 16 日　　银收字第 3 号

摘要	贷方科目		金额	记账
	总账科目	明细科目		
取得材料销售收入	其他业务收入	材料销售	40 000	√
	应交税费	应交增值税（销项税额）	5 200	√
合计			￥45 200	

会计主管××× 记账××× 审核××× 出纳××× 制单××× 附件 3 张

表 10-21 转账凭证

20××年 12 月 16 日　　转字第 7 号

摘要	总账科目	明细科目	借方金额	贷方金额	记账
结转原材料销售成本	其他业务成本	材料销售	30 000		√
	原材料	甲材料		30 000	√
合计			￥30 000	￥30 000	

会计主管××× 记账××× 审核××× 出纳××× 制单××× 附件 3 张

(17)12 月 20 日，蓝天公司收到大地公司所欠款项 68 000 元，存入银行。(见表 10-22)

表 10-22 收款凭证

借方科目：银行存款　　　　20××年 12 月 20 日　　　　银收字第 4 号

摘要	贷方科目		金额	记账
	总账科目	明细科目		
收回大地公司货款	应收账款	大地公司	68 000	√
合计			￥68 000	

会计主管××× 记账××× 审核××× 出纳××× 制单××× 附件 2 张

(18)12 月 20 日，蓝天公司赴北京参加商品博览会参展团归来，展销的各项开支共 4 500 元。参展团 11 月 20 日出发前已预借 5 000 元，余款已交回现金。(见表 10-23、表 10-24)

表 10-23 转账凭证

20××年 12 月 20 日　　　　转字第 8 号

摘要	总账科目	明细科目	借方金额	贷方金额	记账
参展团报销展览费用	销售费用	展览费	4 500		√
	其他应收款	参展团		4 500	√
合计			￥4 500	￥4 500	

会计主管××× 记账××× 审核××× 出纳××× 制单××× 附件 3 张

表 10-24 收款凭证

借方科目：库存现金　　　　20××年 12 月 20 日　　　　现收字第 1 号

摘要	贷方科目		金额	记账
	总账科目	明细科目		
参展团交回多余现金	其他应收款	参展团	500	√
合计			￥500	

会计主管××× 记账××× 审核××× 出纳××× 制单××× 附件 2 张

(19)12 月 20 日,以银行存款支付机器设备维修费 3 000 元,公司办公楼维修费 1 000 元。(见表 10-25)

表 10-25 付款凭证

贷方科目:银行存款　　　　20××年 12 月 20 日　　　　银付字第 8 号

摘要	借方科目		金额	记账
	总账科目	明细科目		
支付维修费用	管理费用	修理费	4 000	√
合计			¥4 000	

会计主管××× 记账××× 审核××× 出纳××× 制单××× 附件 2 张

(20)蓝天公司 12 月 21 日向长江公司销售 B 产品 200 件,每件 200 元,增值税税率 13%。长江公司上月已预先汇来货款 10 000 元,剩余款项已收存银行。(见表 10-26、表 10-27)

表 10-26 转账凭证

20××年 12 月 21 日　　　　转字第 9 号

摘要	总账科目	明细科目	借方金额	贷方金额	记账
销售 B 产品	预收账款	长江公司	45 200		√
	主营业务收入	B 产品		40 000	√
	应交税费	应交增值税(销项税额)		5 200	√
合计			¥45 200	¥45 200	

会计主管××× 记账××× 审核××× 出纳××× 制单××× 附件 3 张

表 10-27 收款凭证

借方科目:银行存款　　　　20××年 12 月 21 日　　　　银收字第 5 号

摘要	贷方科目		金额	记账
	总账科目	明细科目		
收回长江公司余款	预收账款	长江公司	35 200	√
合计			¥35 200	

会计主管××× 记账××× 审核××× 出纳××× 制单××× 附件 2 张

(21)12月22日，蓝天公司向希望小学捐赠10 000元，用银行存款支付。(见表10-28)

表10-28 付款凭证

贷方科目：银行存款　　　　20××年12月22日　　　　银付字第9号

摘要	借方科目		金额	记账
	总账科目	明细科目		
向希望小学捐赠	营业外支出	捐赠支出	10 000	√
合计			¥10 000	

会计主管×××　记账×××　审核×××　出纳×××　制单×××　附件 2 张

(22)蓝天公司与天宇公司签订的货物运输合同，天宇公司因工作失误未按规定时间将货物送达目的地，按合同规定天宇公司应支付赔偿金2 000元，12月25日天宇公司已同意赔偿，但尚未支付赔款。(见表10-29)

表10-29 转账凭证

20××年12月25日　　　　转字第10号

摘要	总账科目	明细科目	借方金额	贷方金额	记账
天宇合同违约赔偿	其他应收款	天宇公司	2 000		√
	营业外收入			2 000	√
合计			¥2 000	¥2 000	

会计主管×××　记账×××　审核×××　出纳×××　制单×××　附件 3 张

(23)蓝天公司只有一个从投入材料到生产出完工产品的封闭式生产车间，生产A、B两种产品。根据发出材料汇总表，12月份领用材料情况如表10-30所示。转账凭证如表10-31所示。

表10-30 发出材料汇总表

20××年12月31日

材料名称	领用金额	用途			
		A产品	B产品	车间一般耗用	管理用
甲材料	90 000	60 000	30 000		
乙材料	40 000	20 000	20 000		
丙材料	60 000	20 000	20 000	10 000	10 000
合计	190 000	100 000	70 000	10 000	10 000

表 10-31　转账凭证

20××年 12 月 31 日　　转字第 11 号

摘要	总账科目	明细科目	借方金额	贷方金额	记账
结转发出材料成本	生产成本	A 产品(直接材料)	100 000		√
	生产成本	B 产品(直接材料)	70 000		√
	制造费用	材料费	10 000		
	管理费用	材料费	10 000		
	原材料	甲材料		90 000	
	原材料	乙材料		40 000	
	原材料	丙材料		60 000	
合计			¥190 000	¥190 000	

会计主管×××　记账×××　审核×××　出纳×××　制单×××　附件 1 张

(24)根据职工薪酬汇总表,蓝天公司 12 月份应发工资 66 000 元,其中:生产部门直接生产人员工资 40 000 元(A 产品生产工人工资 30 000 元, B 产品生产工人工资 10 000 元);生产部门管理人员工资 8 000 元;公司管理部门人员工资 10 000 元;公司专设产品销售机构的人员工资 8 000 元。(见表 10-32)

表 10-32　转账凭证

20××年 12 月 31 日　　转字第 12 号

摘要	总账科目	明细科目	借方金额	贷方金额	记账
计提职工薪酬	生产成本	A 产品(直接人工)	30 000		√
	生产成本	B 产品(直接人工)	10 000		√
	制造费用	人工费	8 000		√
	管理费用	职工薪酬	10 000		√
	销售费用	职工薪酬	8 000		√
	应付职工薪酬	工资		66 000	√
合计			¥66 000	¥66 000	

会计主管×××　记账×××　审核×××　出纳×××　制单×××　附件 3 张

(25)12 月 31 日,蓝天公司通过银行转账发放本月工资。(见表 10-33)

表 10-33　付款凭证

贷方科目:银行存款　　20××年 12 月 31 日　　银付字第 10 号

摘要	借方科目		金额	记账
	总账科目	明细科目		
发放工资	应付职工薪酬	工资	66 000	√
合计			¥66 000	

会计主管×××　记账×××　审核×××　出纳×××　制单×××　附件 2 张

(26)12 月 31 日，蓝天公司计算应付工商银行的长期借款利息 1 000 元(该借款每年支付一次利息)。(见表 10-34)

表 10-34　转账凭证

20××年 12 月 31 日　　　　转字第 13 号

摘要	总账科目	明细科目	借方金额	贷方金额	记账
计算长期借款利息	财务费用	利息费用	1 000		√
	应付利息	工商银行		1 000	√
合计			￥1 000	￥1 000	

会计主管×××　记账×××　审核×××　出纳×××　制单×××　附件 1 张

(27)12 月 31 日，蓝天公司持有的 A 公司股票(划为交易性金融资产)公允价值上升 2 000 元。(见表 10-35)

表 10-35　转账凭证

20××年 12 月 31 日　　　　转字第 14 号

摘要	总账科目	明细科目	借方金额	贷方金额	记账
股票公允价值变动	交易性金融资产	公允价值变动	2 000		√
	公允价值变动损益			2 000	√
合计			￥2 000	￥2 000	

会计主管×××　记账×××　审核×××　出纳×××　制单×××　附件 1 张

(28)12 月 31 日，以银行存款支付水电费，车间应负担 5 000 元，公司管理部门应负担 1 000 元。(见表 10-36)

表 10-36　付款凭证

贷方科目：银行存款　　20××年 12 月 31 日　　银付字第 11 号

摘要	借方科目		金额	记账
	总账科目	明细科目		
支付水电费	制造费用	水电费	5 000	√
	管理费用	水电费	1 000	√
合计			￥6 000	

会计主管×××　记账×××　审核×××　出纳×××　制单×××　附件 2 张

(29)根据“固定资产折旧计算表”,12 月车间计提固定资产折旧 30 000 元,公司管理用固定资产计提折旧 10 000 元。(见表 10-37)

表 10-37 转账凭证

20××年 12 月 31 日 转字第 15 号

摘要	总账科目	明细科目	借方金额	贷方金额	记账
计提折旧	制造费用	折旧费	30 000		√
	管理费用	折旧费	10 000		√
	累计折旧			40 000	√
合计			¥40 000	¥40 000	

会计主管××× 记账××× 审核××× 出纳××× 制单××× 附件 1 张

(30)结转 12 月份制造费用。(见表 10-38)

表 10-38 转账凭证

20××年 12 月 31 日 转字第 16 号

摘要	总账科目	明细科目	借方金额	贷方金额	记账
分配制造费用	生产成本	A 产品	39 750		√
	生产成本	B 产品	13 250		√
	制造费用			53 000	√
合计			¥53 000	¥53 000	

会计主管××× 记账××× 审核××× 出纳××× 制单××× 附件 1 张

(31)产品完工入库,结转生产成本。(见表 10-39)

表 10-39 转账凭证

20××年 12 月 31 日 转字第 17 号

摘要	总账科目	明细科目	借方金额	贷方金额	记账
结转产成品生产成本	库存商品	A 产品	169 750		√
	库存商品	B 产品	93 250		√
	生产成本	A 产品		169 750	√
	生产成本	B 产品		93 250	√
合计			¥263 000	¥263 000	

会计主管××× 记账××× 审核××× 出纳××× 制单××× 附件 2 张

(32)12 月 31 日，结转 A、B 两种产品的销售成本。全月销售 A 产品 700 件，每件生产成本 200 元；销售 B 产品 500 件，每件生产成本 100 元。(见表 10-40)

表 10-40　转账凭证

20××年 12 月 31 日　　　　转字第 18 号

摘要	总账科目	明细科目	借方金额	贷方金额	记账
结转产品销售成本	主营业务成本		190 000		√
	库存商品	A 产品		140 000	√
	库存商品	B 产品		50 000	√
合计			¥190 000	¥190 000	

会计主管××× 　记账××× 　审核××× 　出纳××× 　制单××× 　附件 3 张

(33)12 月 31 日，蓝天公司计算出本月应交城市维护建设税 5 000 元，教育费附加 2 400 元。(见表 10-41)

表 10-41　转账凭证

20××年 12 月 31 日　　　　转字第 19 号

摘要	总账科目	明细科目	借方金额	贷方金额	记账
计算应交城建税及附加	税金及附加		7 400		√
	应交税费	应交城市维护建设税		5 000	√
	应交税费	应交教育费附加		2 400	√
合计			¥7 400	¥7 400	

会计主管××× 　记账××× 　审核××× 　出纳××× 　制单××× 　附件 3 张

(34)12 月 31 日，蓝天公司预缴增值税 10 000 元，城市维护建设税 4 000 元，教育费附加 2 000 元。(见表 10-42)

表 10-42　付款凭证

贷方科目：银行存款　　　　20××年 12 月 31 日　　　　银付字第 12 号

摘要	借方科目		金额	记账
	总账科目	明细科目		
预交税费	应交税费	应交增值税(已交税金)	10 000	√
		应交城市维护建设税	4 000	√
		应交教育费附加	2 000	√
合计			¥16 000	

会计主管××× 　记账××× 　审核××× 　出纳××× 　制单××× 　附件 1 张

(35)12 月 31 日，蓝天公司收到联营企业红光公司分得利润 5 000 元，款已收存银行。(见表 10-43)

表 10-43　收款凭证

借方科目：银行存款　　　　20××年 12 月 31 日　　　　银收字第 6 号

摘要	贷方科目		金额	记账
	总账科目	明细科目		
从联营企业分配利润	投资收益		5 000	√
合计			¥5 000	

会计主管×××　记账×××　审核×××　出纳×××　制单×××　附件 2 张

(36)蓝天公司 12 月 31 日按税法规定计算出本年应交所得税 50 000 元，不考虑税收调整事项。(见表 10-44)

表 10-44　转账凭证

20××年 12 月 31 日　　　　转字第 20 号

摘要	总账科目	明细科目	借方金额	贷方金额	记账
计算本月所得税费用	所得税费用		50 000		√
	应交税费	应交所得税		50 000	√
合计			¥50 000	¥50 000	

会计主管×××　记账×××　审核×××　出纳×××　制单×××　附件 1 张

(37)结转蓝天公司 12 月份损益类账户。(见表 10-45 至表 10-47)

表 10-45　转账凭证

20××年 12 月 31 日　　　　转字第 21 号

摘要	总账科目	明细科目	借方金额	贷方金额	记账
结转收入	主营业务收入		310 000		√
	其他业务收入		40 000		√
	投资收益		5 000		√
	公允价值变动损益		2 000		√
	营业外收入		2 000		√
	本年利润			359 000	√
合计			¥359 000	¥359 000	

会计主管×××　记账×××　审核×××　出纳×××　制单×××　附件 1 张

表 10-46 转账凭证

20××年 12 月 31 日　　　　转字第 22 1/2 号

摘要	总账科目	明细科目	借方金额	贷方金额	记账
结转成本费用	本年利润		356 900		√
	主营业务成本			190 000	√
	其他业务成本			30 000	√
	税金及附加			7 400	√
	销售费用			32 500	√
	管理费用			36 000	√
合计			—	—	

会计主管××× 记账××× 审核××× 出纳××× 制单××× 附件 1 张

表 10-47 转账凭证

20××年 12 月 31 日　　　　转字第 22 2/2 号

摘要	总账科目	明细科目	借方金额	贷方金额	记账
结转成本费用	财务费用			1 000	√
	营业外支出			10 000	√
	所得税费用			50 000	√
合计			¥356 900	¥356 900	

会计主管××× 记账××× 审核××× 出纳××× 制单××× 附件 1 张

(38)结转本年利润。(见表 10-48)

表 10-48 转账凭证

20××年 12 月 31 日　　　　转字第 23 号

摘要	总账科目	明细科目	借方金额	贷方金额	记账
结转本年利润	本年利润		200 000		√
	利润分配	未分配利润		200 000	√
合计			¥200 000	¥200 000	

会计主管××× 记账××× 审核××× 出纳××× 制单××× 附件 1 张

(39)12 月 31 日，股东会决议通过分配方案，按蓝天公司全年实现净利润 200 000 元提取

10%的法定盈余公积金 20 000 元，任意盈余公积金 20 000 元，向股东派发现金利润 100 000 元。(见表 10-49)

表 10-49 转账凭证

20××年 12 月 31 日 转字第 24 号

摘要	总账科目	明细科目	借方金额	贷方金额	记账
利润分配	利润分配	提取法定盈余公积	20 000		√
	利润分配	提取任意盈余公积	20 000		√
	利润分配	应付现金股利	100 000		√
	盈余公积	法定盈余公积		20 000	√
	盈余公积	任意盈余公积		20 000	√
	应付股利			100 000	√
合计			¥140 000	¥140 000	

会计主管××× 记账××× 审核××× 出纳××× 制单××× 附件 2 张

(40)年终，将“利润分配”账户反映利润分配去向的明细账户与“未分配利润”明细账户对冲。(见表 10-50)

表 10-50 转账凭证

20××年 12 月 31 日 转字第 25 号

摘要	总账科目	明细科目	借方金额	贷方金额	记账
结转利润分配	利润分配	未分配利润	140 000		√
	利润分配	提取法定盈余公积		20 000	√
	利润分配	提取任意盈余公积		20 000	√
	利润分配	应付现金股利		100 000	√
合计			¥140 000	¥140 000	

会计主管××× 记账××× 审核××× 出纳××× 制单××× 附件 1 张

(三)登记库存现金日记账和银行存款日记账

根据收款凭证、付款凭证登记库存现金日记账和银行存款日记账，如表 10-51、表 10-52 所示。

表 10-51 库存现金日记账

第×页

20××年		凭证号		摘要	对方科目	收入	支出	余额
月	日	字	号					
12	1			上月结余				2 000
	7	现付	1	购买办公用品	管理费用		1 000	1 000

续表

20××年		凭证号		摘要	对方科目	收入	支出	余额
月	日	字	号					
	13	现付	2	代垫运费	应收账款		200	800
	20	现收	1	参展团交回多余现金	其他应收款	500		1 300
12	31			本月合计		500	1 200	1 300

表 10-52 银行存款日记账

第×页

20××年		凭证号		摘要	对方科目	收入	支出	余额
月	日	字	号					
12	1			上月结余				100 000
	1	银收	1	借入长期借款	长期借款	20 000		120 000
	1	银付	1	偿还短期借款及利息	短期借款 应付利息		10 600	109 400
	5	银付	2	购入原材料	原材料 应交增值税		33 900	75 500
	8	银付	3	支付飞燕公司货款	应付账款		45 200	30 300
	9	银付	4	预付红星厂货款	预付账款		18 000	12 300
	10	银收	2	取得产品销售收入	主营业务收入 应交增值税	169 500		181 800
	10	银付	5	支付广告费	销售费用		20 000	161 800
	11	银付	6	补付红星厂材料款	预付账款		4 600	157 200
	12	银付	7	支付材料款	在途物资 应交增值税		67 800	89 400
	16	银收	3	取得材料销售收入	其他业务收入 应交增值税	45 200		134 600
	20	银收	4	收回大地公司货款	应收账款	68 000		202 600
	20	银付	8	支付维修费用	管理费用		4 000	198 600
	21	银收	5	收回长江公司余款	预收账款	35 200		233 800
	22	银付	9	向希望小学捐赠	营业外支出		10 000	223 800
	31	银付	10	发放工资	应付职工薪酬		66 000	157 800
	31	银付	11	支付水电费	制造费用 管理费用		6 000	151 800
	31	银付	12	预交税费	应交税费		16 000	135 800
	31	银收	6	从联营企业分配利润	投资收益	5 000		140 800
12	31			本月合计		342 900	302 100	140 800

(四)登记明细分类账

根据期初余额和本期填制的记账凭证,登记明细分类账。(见表 10-53 至表 10-85)

表 10-53 应收票据明细分类账

明细科目:神州公司　　　　第×页

20××年		凭证号		摘要	借方	贷方	借或贷	余额
月	日	字	号					
12	1			上月结余			借	20 000
	15	转	6	赊销产品	67 800		借	87 800
12	31			本月合计	67 800	0	借	87 800

表 10-54 应收账款明细分类账

明细科目:泰丰公司　　　　第×页

20××年		凭证号		摘要	借方	贷方	借或贷	余额
月	日	字	号					
12	1			上月结余			借	30 000
12	31			本月合计	0	0	借	30 000

表 10-55 应收账款明细分类账

明细科目:大地公司　　　　第×页

20××年		凭证号		摘要	借方	贷方	借或贷	余额
月	日	字	号					
12	1			上月结余			平	0
	13	转	5	赊销产品	67 800		借	67 800
	13	现付	2	代垫运费	200		借	68 000
	20	银收	4	收回大地公司欠款		68 000	平	Q
12	31			本月合计	68 000	68 000	平	Q

表 10-56 预付账款明细分类账

明细科目:红星厂　　　　第×页

20××年		凭证号		摘要	借方	贷方	借或贷	余额
月	日	字	号					
12	1			上月结余			平	0
	9	银付	4	预付红星厂货款	18 000		借	18 000
	11	转	3	购入原材料		22 600	贷	4 600
	11	银付	6	补付红星厂材料款	4 600		平	Q
12	31			本月合计	22 600	22 600	平	Q

表 10-57　其他应收款明细分类账

明细科目:参展团　　　　　　　　　　　　　　　　　　　　　　第×页

20××年		凭证号		摘要	借方	贷方	借或贷	余额
月	日	字	号					
12	1			上月结余			借	5 000
	20	转	8	参展团报销展览费用		4 500	借	500
	20	现收	1	参展团交回多余现金		500	平	Q
12	31			本月合计	0	5 000	平	Q

表 10-58　其他应收款明细分类账

明细科目:天宇公司　　　　　　　　　　　　　　　　　　　　　第×页

20××年		凭证号		摘要	借方	贷方	借或贷	余额
月	日	字	号					
12	1			上月结余			平	0
	25	转	10	天宇公司合同违约赔偿	2 000		借	2 000
12	31			本月合计	2 000	0	借	2 000

表 10-59　在途物资明细分类账

明细科目:飞燕公司　　　　　　　　　　　　　　　　　　　　　第×页

20××年		凭证号		摘要	借方	贷方	借或贷	余额
月	日	字	号					
12	1			上月结余			平	0
	12	银付	7	购买甲材料	60 000		借	60 000
	13	转	4	购入的甲材料入库		60 000	平	Q
12	31			本月合计	60 000	60 000	平	Q

表 10-60　原材料明细分类账

总页：　分页：

储存地点：　　　　类别：　　　　编号：

计量单位:吨　　　　规格：　　　　品种:甲材料

20××年		凭证号		摘要	收入			发出			结存		
月	日	字	号		数量	单位成本	金额	数量	单位成本	金额	数量	单位成本	金额
12	1			上月结余							200	300	60 000
	5	银付	2	材料入库	100	300	30 000				300	300	90 000
	13	转	4	材料入库	200	300	60 000				500	300	150 000
	16	转	7	材料销售				100	300	30 000	400	300	120 000

续表

20××年		凭证号		摘要	收入			发出			结存		
月	日	字	号		数量	单位成本	金额	数量	单位成本	金额	数量	单位成本	金额
	31	转	11	领用				300	300	90 000	100	300	30 000
12	31			本月合计	300	300	90 000	400	300	120 000	100	300	30 000

表 10-61 原材料明细分类账

总页： 分页：

储存地点： 类别： 编号：

计量单位：吨 规格： 品种：乙材料

20××年		凭证号		摘要	收入			发出			结存		
月	日	字	号		数量	单位成本	金额	数量	单位成本	金额	数量	单位成本	金额
12	1			上月结余							100	200	20 000
	6	转	2	材料入库	200	200	40 000				300	200	60 000
	31	转	11	领用				200	200	40 000	100	200	20 000
12	31			本月合计	200	200	40 000	200	200	40 000	100	200	20 000

表 10-62 原材料明细分类账

总页： 分页：

储存地点： 类别： 编号：

计量单位：吨 规格： 品种：丙材料

20××年		凭证号		摘要	收入			发出			结存		
月	日	字	号		数量	单位成本	金额	数量	单位成本	金额	数量	单位成本	金额
12	1			上月结余							300	200	60 000
	11	转	3	材料入库	100	200	20 000				400	200	80 000
	31	转	11	领用				300	200	60 000	100	200	20 000
12	31			本月合计	100	200	20 000	300	200	60 000	100	200	20 000

表 10-63 库存商品明细分类账

总页： 分页：

储存地点： 类别： 编号：

计量单位：件 规格： 品种：A 产品

20××年		凭证号		摘要	收入			发出			结存		
月	日	字	号		数量	单位成本	金额	数量	单位成本	金额	数量	单位成本	金额
12	1			上月结余							700	200	140 000

续表

20××年		凭证号		摘要	收入			发出			结存		
月	日	字	号		数量	单位成本	金额	数量	单位成本	金额	数量	单位成本	金额
	31	转	17	结转生产成本	1 000	169.75	169 750				700 1 000	200 169.75	309 750
	31	转	18	结转销售成本				700	200	140 000	1 000	169.75	169 750
12	31			本月合计	1 000	169.75	169 750	700	200	140 000	1 000	169.75	169 750

表 10-64　库存商品明细分类账

总页：　分页：

储存地点：　　类别：　　编号：

计量单位：件　　规格：　　品种：B产品

20××年		凭证号		摘要	收入			发出			结存		
月	日	字	号		数量	单位成本	金额	数量	单位成本	金额	数量	单位成本	金额
12	1			上月结余							500	100	50 000
	31	转	17	结转生产成本	1 000	93.25	93 250				500 1 000	100 93.25	143 250
	31	转	18	结转销售成本				500	100	50 000	1 000	93.25	93 250
12	31			本月合计	1 000	93.25	93 250	500	100	50 000	1 000	93.25	93 250

表 10-65　制造费用明细分类账

明细科目：××车间　　第×页

20××年		凭证号		摘要	借方金额					余额
月	日	字	号		材料费	折旧费	人工费	水电费	合计	
12	31	转	11	结转间接材料成本	10 000				10 000	10 000
	31	转	12	结转间接人工成本			8 000		8 000	18 000
	31	银付	11	发生水电费				5 000	5 000	23 000
	31	转	15	发生折旧费		30 000			30 000	53 000
	31			本月制造费用合计	10 000	30 000	8 000	5 000	53 000	53 000
12	31	转	16	月末结转	10 000	30 000	8 000	5 000	53 000	Q

表 10-66 生产成本明细分类账

明细科目:A 产品　　　　第×页

20××年		凭证号		摘要	借方金额				余额
月	日	字	号		直接材料	直接人工	制造费用	合计	
12	1			上期结转	0	0	0	0	0
	31	转	11	结转直接材料成本	100 000			100 000	100 000
	31	转	12	结转直接人工成本		30 000		30 000	130 000
	31	转	16	结转制造费用			39 750	39 750	169 750
	31			本月生产费用合计	100 000	30 000	39 750	169 750	169 750
	31	转	17	完工产品入库	100 000	30 000	39 750	169 750	Q
12	31			期末余额	—	—	—	—	—

表 10-67 生产成本明细分类账

明细科目:B 产品　　　　第×页

20××年		凭证号		摘要	借方金额				余额
月	日	字	号		直接材料	直接人工	制造费用	合计	
12	1			上期结转	0	0	0	0	0
	31	转	11	结转直接材料成本	70 000			70 000	70 000
	31	转	12	结转直接人工成本		10 000		10 000	80 000
	31	转	16	结转制造费用			13 250	13 250	93 250
	31			本月生产费用合计	70 000	10 000	13 250	93 250	93 250
	31	转	17	完工产品入库	70 000	10 000	13 250	93 250	Q
12	31			期末余额	—	—	—	—	—

表 10-68 短期借款明细分类账

明细科目:工商银行　　　　第×页

20××年		凭证号		摘要	借方	贷方	借或贷	余额
月	日	字	号					
12	1			上月结余			贷	10 000
	1	银付	1	偿还短期借款	10 000		平	Q
12	31			本月合计	10 000	0	平	Q

表 10-69　应付账款明细分类账

明细科目：飞燕公司　　　　　第×页

20××年		凭证号		摘要	借方	贷方	借或贷	余额
月	日	字	号					
12	1			上月结余			平	0
	6	转	2	购买原材料		45 200	贷	45 200
	8	银付	3	支付欠款	45 200		平	Q
12	31			本月合计	45 200	45 200	平	Q

表 10-70　应付账款明细分类账

明细科目：恒瑞公司　　　　　第×页

20××年		凭证号		摘要	借方	贷方	借或贷	余额
月	日	字	号					
12	1			上月结余			贷	10 000
12	31			本月合计	0	0	贷	10 000

表 10-71　预收账款明细分类账

明细科目：长江公司　　　　　第×页

20××年		凭证号		摘要	借方	贷方	借或贷	余额
月	日	字	号					
12	1			上月结余			贷	10 000
	21	转	9	销售产品	45 200		借	35 200
	21	银收	5	收回长江公司余款		35 200	平	Q
12	31			本月合计	45 200	35 200	平	Q

表 10-72　应交税费明细分类账

明细科目：应交增值税　　　　　第×页

20××年		凭证号		摘要	借方		贷方	借或贷	余额
月	日	字	号		进项税额	已交税金	销项税额		
12	1			上月结余				贷	14 000
	5	银付	2	购买原材料	3 900			贷	10 100
	6	转	2	购买原材料	5 200			贷	4 900
	10	银收	2	销售产品			19 500	贷	24 400
	11	转	3	购买原材料	2 600			贷	21 800
	12	银付	7	购买原材料	7 800			贷	14 000
	13	转	5	销售产品			7 800	贷	21 800
	15	转	6	销售产品			7 800	贷	29 600

续表

20××年		凭证号		摘要	借方		贷方	借或贷	余额
月	日	字	号		进项税额	已交税金	销项税额		
	16	银收	3	销售材料			5 200	贷	34 800
	21	转	9	销售产品			5 200	贷	40 000
	31	银付	12	预交税费		10 000		贷	30 000
12	31			本月合计	19 500	10 000	45 500	贷	30 000

表 10-73　应交税费明细分类账

明细科目:应交城市维护建设税　　　　第×页

20××年		凭证号		摘要	借方	贷方	借或贷	余额
月	日	字	号					
12	1			上月结余			贷	4 000
	31	转	19	计算应交城建税及附加		5 000	贷	9 000
	31	银付	12	预交税费	4 000		贷	5 000
12	31			本月合计	4 000	5 000	贷	5 000

表 10-74　应交税费明细分类账

明细科目:应交教育费附加　　　　第×页

20××年		凭证号		摘要	借方	贷方	借或贷	余额
月	日	字	号					
12	1			上月结余			贷	2 000
	31	转	19	计算应交城建税及附加		2 400	贷	4 400
	31	银付	12	预交税费	2 000		贷	2 400
12	31			本月合计	2 000	2 400	贷	2 400

表 10-75　应交税费明细分类账

明细科目:应交所得税　　　　第×页

20××年		凭证号		摘要	借方	贷方	借或贷	余额
月	日	字	号					
12	1			上月结余			平	0
	31	转	20	计算本月所得税费用		50 000	贷	50 000
12	31			本月合计	0	50 000	贷	50 000

表 10-76　应付利息明细分类账

明细科目：工商银行　　　　第×页

20××年		凭证号		摘要	借方	贷方	借或贷	余额
月	日	字	号					
12	1			上月结余			贷	600
	1	银付	1	偿还利息	600		平	Q
	31	转	13	计算应付利息		1 000	贷	1 000
12	31			本月合计	600	1 000	贷	1 000

表 10-77　长期借款明细分类账

明细科目：工商银行　　　　第×页

20××年		凭证号		摘要	借方	贷方	借或贷	余额
月	日	字	号					
12	1			上月结余			贷	200 000
	1	银收	1	借入长期借款		20 000	贷	220 000
12	31			本月合计	0	20 000	贷	220 000

表 10-78　盈余公积明细分类账

明细科目：法定盈余公积　　　　第×页

20××年		凭证号		摘要	借方	贷方	借或贷	余额
月	日	字	号					
12	1			上月结余			贷	10 000
	31	转	24	提取盈余公积		20 000	贷	30 000
12	31			本月合计	0	20 000	贷	30 000

表 10-79　盈余公积明细分类账

明细科目：任意盈余公积　　　　第×页

20××年		凭证号		摘要	借方	贷方	借或贷	余额
月	日	字	号					
12	1			上月结余			贷	10 000
	31	转	24	提取盈余公积		20 000	贷	30 000
12	31			本月合计	0	20 000	贷	30 000

表 10-80　利润分配明细分类账

明细科目：提取法定盈余公积　　　　　　　　　　　　　　　　第×页

20××年		凭证号		摘要	借方	贷方	借或贷	余额
月	日	字	号					
12	1			上月结余			平	0
	31	转	24	利润分配	20 000		借	20 000
12	31	转	25	期末结转		20 000	平	Q

表 10-81　利润分配明细分类账

明细科目：提取任意盈余公积　　　　　　　　　　　　　　　　第×页

20××年		凭证号		摘要	借方	贷方	借或贷	余额
月	日	字	号					
12	1			上月结余			平	0
	31	转	24	利润分配	20 000		借	20 000
12	31	转	25	期末结转		20 000	平	Q

表 10-82　利润分配明细分类账

明细科目：应付现金股利　　　　　　　　　　　　　　　　第×页

20××年		凭证号		摘要	借方	贷方	借或贷	余额
月	日	字	号					
12	1			上月结余			平	0
	31	转	24	利润分配	100 000		借	100 000
12	31	转	25	期末结转		100 000	平	Q

表 10-83　利润分配明细分类账

明细科目：未分配利润　　　　　　　　　　　　　　　　第×页

20××年		凭证号		摘要	借方	贷方	借或贷	余额
月	日	字	号					
12	1			上月结余			贷	38 500
	31	转	23	结转本年利润		200 000	贷	238 500
	31	转	25	期末其他明细账户结转	140 000		贷	98 500
12	31			本月合计	140 000	200 000	贷	98 500

表 10-84　销售费用明细分类账

第×页

20××年		凭证号		摘要	借方金额				余额
月	日	字	号		广告费	展览费	职工薪酬	合计	
12	10	银付	5	支付广告费	20 000			20 000	20 000
	20	转	8	参展团报销展览费用		4 500		4 500	24 500
	31	转	12	计提职工薪酬			8 000	8 000	32 500
12	31	转	22	期末结转	20 000	4 500	8 000	32 500	Q

表 10-85　管理费用明细分类账

第×页

20××年		凭证号		摘要	借方							余额
月	日	字	号		办公费	维修费	水电费	材料费	职工薪酬	折旧费	合计	
12	7	现付	1	购买办公用品	1 000						1 000	1 000
	20	银付	8	支付维修费用		4 000					4 000	5 000
	31	银付	11	支付水电费			1 000				1 000	6 000
	31	转	11	结转发出材料成本				10 000			10 000	16 000
	31	转	12	计提职工薪酬					10 000		10 000	26 000
	31	转	15	计提固定资产折旧						10 000	10 000	36 000
	31	转	22	期末结转	1 000	4 000	1 000	10 000	10 000	10 000	36 000	Q

(五)登记各总分类账户

根据期初余额和本期填制的记账凭证,登记各总分类账户。(见表 10-86 至表 10-126)

表 10-86　总分类账

会计科目:库存现金　　　　第×页

20××年		凭证号		摘要	借方	贷方	借或贷	余额
月	日	字	号					
12	1			上月结余			借	2 000
	7	现付	1	购买办公用品		1 000	借	1 000
	13	现付	2	代垫运费		200	借	800
	20	现收	1	参展团交回多余现金	500		借	1 300
12	31			本月合计	500	1 200	借	1 300

表 10-87 总分类账

会计科目:银行存款 第×页

20××年		凭证号		摘要	借方	贷方	借或贷	余额
月	日	字	号					
12	1			上月结余			借	100 000
	1	银收	1	借入长期借款	20 000		借	120 000
	1	银付	1	偿还短期借款及利息		10 600	借	109 400
	5	银付	2	购入原材料		33 900	借	75 500
	8	银付	3	支付飞燕公司货款		45 200	借	30 300
	9	银付	4	预付红星厂货款		18 000	借	12 300
	10	银收	2	取得产品销售收入	169 500		借	181 800
	10	银付	5	支付广告费		20 000	借	161 800
	11	银付	6	补付红星厂材料款		4 600	借	157 200
	12	银付	7	支付材料款		67 800	借	89 400
	16	银收	3	取得材料销售收入	45 200		借	134 600
	20	银收	4	收回大地公司货款	68 000		借	202 600
	20	银付	8	支付维修费用		4 000	借	198 600
	21	银收	5	收回长江公司余款	35 200		借	233 800
	22	银付	9	向希望小学捐赠		10 000	借	223 800
	31	银付	10	发放工资		66 000	借	157 800
	31	银付	11	支付水电费		6 000	借	151 800
	31	银付	12	预交税费		16 000	借	135 800
	31	银收	6	从联营企业分配利润	5 000		借	140 800
12	31			本月合计	342 900	302 100	借	140 800

表 10-88 总分类账

会计科目:交易性金融资产 第×页

20××年		凭证号		摘要	借方	贷方	借或贷	余额
月	日	字	号					
12	1			上月结余			借	40 000
	31	转	14	公允价值变动	2 000		借	42 000
12	31			本月合计	2 000	0	借	42 000

表 10-89　总分类账

会计科目:应收票据　　　　第×页

20××年		凭证号		摘要	借方	贷方	借或贷	余额
月	日	字	号					
12	1			上月结余			借	20 000
	15	转	6	赊销产品	67 800		借	87 800
12	31			本月合计	67 800	0	借	87 800

表 10-90　总分类账

会计科目:应收账款　　　　第×页

20××年		凭证号		摘要	借方	贷方	借或贷	余额
月	日	字	号					
12	1			上月结余			借	30 000
	13	转	5	赊销产品	67 800		借	97 800
	13	现付	2	代垫运费	200		借	98 000
	20	银收	4	收回大地公司欠款		68 000	借	30 000
12	31			本月合计	68 000	68 000	借	30 000

表 10-91　总分类账

会计科目:预付账款　　　　第×页

20××年		凭证号		摘要	借方	贷方	借或贷	余额
月	日	字	号					
12	1			上月结余			平	0
	9	银付	4	预付红星厂货款	18 000		借	18 000
	11	转	3	购入原材料		22 600	贷	4 600
	11	银付	6	补付红星厂材料款	4 600		平	θ
12	31			本月合计	22 600	22 600	平	θ

表 10-92　总分类账

会计科目:其他应收款　　　　第×页

20××年		凭证号		摘要	借方	贷方	借或贷	余额
月	日	字	号					
12	1			上月结余			借	5 000
	20	转	8	参展团报销展览费用		4 500	借	500
	20	现收	1	展览团交加多余现金		500	平	θ
	25	转	10	天宇公司合同违约赔偿	2 000		借	2 000
12	31			本月合计	2 000	5 000	借	2 000

表 10-93 总分类账

会计科目:在途物资　　　　第×页

20××年		凭证号		摘要	借方	贷方	借或贷	余额
月	日	字	号					
12	1			上月结余			平	0
	12	银付	7	购买甲材料	60 000		借	60 000
	13	转	4	购入的甲材料入库		60 000	平	Q
12	31			本月合计	60 000	60 000	平	Q

表 10-94 总分类账

会计科目:原材料　　　　第×页

20××年		凭证号		摘要	借方	贷方	借或贷	余额
月	日	字	号					
12	1			上月结余			借	140 000
	5	银付	2	甲材料入库	30 000		借	170 000
	6	转	2	乙材料入库	40 000		借	210 000
	11	转	3	丙材料入库	20 000		借	230 000
	13	转	4	甲材料入库	60 000		借	290 000
	16	转	7	甲材料销售		30 000	借	260 000
	31	转	11	领用		190 000	借	70 000
12	31			本月合计	150 000	220 000	借	70 000

表 10-95 总分类账

会计科目:库存商品　　　　第×页

20××年		凭证号		摘要	借方	贷方	借或贷	余额
月	日	字	号					
12	1			上月结余			借	190 000
	31	转	17	结转生产成本	263 000		借	453 000
	31	转	18	结转销售成本		190 000	借	263 000
12	31			本月合计	263 000	190 000	借	263 000

表 10-96　总分类账

会计科目:制造费用　　　　第×页

20××年		凭证号		摘要	借方	贷方	借或贷	余额
月	日	字	号					
12	31	转	11	结转间接材料成本	10 000		借	10 000
	31	转	12	结转间接人工成本	8 000		借	18 000
	31	银付	11	发生水电费	5 000		借	23 000
	31	转	15	发生折旧费	30 000		借	53 000
	31	转	16	月末结转		53 000	平	Q
12	31			本月合计	53 000	53 000	平	Q

表 10-97　总分类账

会计科目:生产成本　　　　第×页

20××年		凭证号		摘要	借方	贷方	借或贷	余额
月	日	字	号					
12	1			上月结转			平	0
	31	转	11	结转直接材料成本	170 000		借	170 000
	31	转	12	结转直接人工成本	40 000		借	210 000
	31	转	16	结转制造费用	53 000		借	263 000
	31	转	17	完工产品入库		263 000	平	Q
12	31			本月合计	263 000	263 000	平	Q

表 10-98　总分类账

会计科目:长期股权投资　　　　第×页

20××年		凭证号		摘要	借方	贷方	借或贷	余额
月	日	字	号					
12	1			上月结余			借	40 000
12	31			本月合计	0	0	借	40 000

表 10-99　总分类账

会计科目:固定资产　　　　第×页

20××年		凭证号		摘要	借方	贷方	借或贷	余额
月	日	字	号					
12	1			上月结余			借	600 000
	1	转	1	收到投资者投入固定资产	200 000		借	800 000
12	31			本月合计	200 000	0	借	800 000

表 10-100　总分类账

会计科目:累计折旧　　　　第×页

20××年		凭证号		摘要	借方	贷方	借或贷	余额
月	日	字	号					
12	1			上月结余			贷	50 000
	31	转	15	计提折旧		40 000	贷	90 000
12	31			本月合计	0	40 000	贷	90 000

表 10-101　总分类账

会计科目:短期借款　　　　第×页

20××年		凭证号		摘要	借方	贷方	借或贷	余额
月	日	字	号					
12	1			上月结余			贷	10 000
	1	银付	1	偿还短期借款	10 000		平	Q
12	31			本月合计	10 000	0	平	Q

表 10-102　总分类账

会计科目:应付账款　　　　第×页

20××年		凭证号		摘要	借方	贷方	借或贷	余额
月	日	字	号					
12	1			上月结余			贷	10 000
	6	转	2	购买原材料		45 200	贷	55 200
	8	银付	3	支付欠款	45 200		贷	10 000
12	31			本月合计	45 200	45 200	贷	10 000

表 10-103　总分类账

会计科目:预收账款　　　　第×页

20××年		凭证号		摘要	借方	贷方	借或贷	余额
月	日	字	号					
12	1			上月结余			贷	10 000
	21	转	9	销售产品	45 200		借	35 200
	21	银收	5	收回长江公司余款		35 200	平	Q
12	31			本月合计	45 200	35 200	平	Q

表 10-104 总分类账

会计科目：应付职工薪酬　　　　第×页

20××年		凭证号		摘要	借方	贷方	借或贷	余额
月	日	字	号					
12	1			上月结余			贷	10 000
	31	转	12	计提职工薪酬		66 000	贷	76 000
	31	银付	10	发放工资	66 000		贷	10 000
12	31			本月合计	66 000	66 000	贷	10 000

表 10-105 总分类账

会计科目：应交税费　　　　第×页

20××年		凭证号		摘要	借方	贷方	借或贷	余额
月	日	字	号					
12	1			上月结余			贷	20 000
	5	银付	2	购买原材料	3 900		贷	16 100
	6	转	2	购买原材料	5 200		贷	10 900
	10	银收	2	销售产品		19 500	贷	30 400
	11	转	3	购买原材料	2 600		贷	27 800
	12	银付	7	购买原材料	7 800		贷	20 000
	13	转	5	销售产品		7 800	贷	27 800
	15	转	6	销售产品		7 800	贷	35 600
	16	银收	3	销售材料		5 200	贷	40 800
	21	转	9	销售产品		5 200	贷	46 000
	31	转	19	计算应交城建税及附加		7 400	贷	53 400
	31	转	20	计算本月所得税费用		50 000	贷	103 400
	31	银付	12	预交税费	16 000		贷	87 400
12	31			本月合计	35 500	102 900	贷	87 400

表 10-106 总分类账

会计科目：应付利息　　　　第×页

20××年		凭证号		摘要	借方	贷方	借或贷	余额
月	日	字	号					
12	1			上月结余			贷	600
	1	银付	1	偿还利息	600		平	Q
	31	转	13	计算应付利息		1 000	贷	1 000
12	31			本月合计	600	1 000	贷	1 000

表 10-107 总分类账

会计科目:应付股利 第×页

20××年		凭证号		摘要	借方	贷方	借或贷	余额
月	日	字	号					
12	1			上月结余			平	0
	31	转	24	利润分配		100 000	贷	100 000
12	31			本月合计	0	100 000	贷	100 000

表 10-108 总分类账

会计科目:长期借款 第×页

20××年		凭证号		摘要	借方	贷方	借或贷	余额
月	日	字	号					
12	1			上月结余			贷	200 000
	1	银收	1	借入长期借款		20 000	贷	220 000
12	31			本月合计	0	20 000	贷	220 000

表 10-109 总分类账

会计科目:实收资本 第×页

20××年		凭证号		摘要	借方	贷方	借或贷	余额
月	日	字	号					
12	1			上月结余			贷	500 000
	1	转	1	接受飞天公司机器设备投资		200 000	贷	700 000
12	31			本月合计	0	200 000	贷	700 000

表 10-110 总分类账

会计科目:资本公积 第×页

20××年		凭证号		摘要	借方	贷方	借或贷	余额
月	日	字	号					
12	1			上月结余			贷	100 000
12	31			本月合计	0	0	贷	100 000

表 10-111 总分类账

会计科目:盈余公积 第×页

20××年		凭证号		摘要	借方	贷方	借或贷	余额
月	日	字	号					
12	1			上月结余			贷	20 000
	31	转	24	提取盈余公积		40 000	贷	60 000
12	31			本月合计	0	40 000	贷	60 000

表 10-112　总分类账

会计科目:本年利润　　　　第×页

20××年		凭证号		摘要	借方	贷方	借或贷	余额
月	日	字	号					
12	1			上月结余			贷	197 900
	31	转	21	结转收入		359 000	贷	556 900
	31	转	22	结转费用	356 900		贷	200 000
	31	转	23	年末结转	200 000		平	Q
12	31			本月合计	556 900	359 000	平	Q

表 10-113　总分类账

会计科目:利润分配　　　　第×页

20××年		凭证号		摘要	借方	贷方	借或贷	余额
月	日	字	号					
12	1			上月结余			贷	38 500
	31	转	23	结转本年利润		200 000	贷	238 500
	31	转	24	利润分配	140 000		贷	98 500
12	31			本月合计	140 000	200 000	贷	98 500

表 10-114　总分类账

会计科目:主营业务收入　　　　第×页

20××年		凭证号		摘要	借方	贷方	借或贷	余额
月	日	字	号					
12	10	银收	2	销售 A 产品		150 000	贷	150 000
	13	转	5	销售 A 产品		60 000	贷	210 000
	15	转	6	销售 B 产品		60 000	贷	270 000
	21	转	9	销售 B 产品		40 000	贷	310 000
	31	转	21	期末结转	310 000		平	Q
12	31			本月合计	310 000	310 000	平	Q

表 10-115　总分类账

会计科目:其他业务收入　　　　第×页

20××年		凭证号		摘要	借方	贷方	借或贷	余额
月	日	字	号					
12	16	银收	3	销售材料		40 000	贷	40 000
	31	转	21	期末结转	40 000		平	Q
12	31			本月合计	40 000	40 000	平	Q

表 10-116　总分类账

会计科目:投资收益　　　　第×页

20××年		凭证号		摘要	借方	贷方	借或贷	余额
月	日	字	号					
	31	银收	6	从联营企业分配利润		5 000	贷	5 000
	31	转	21	期末结转	5 000		平	Q
12	31			本月合计	5 000	5 000	平	Q

表 10-117　总分类账

会计科目:公允价值变动损益　　　　第×页

20××年		凭证号		摘要	借方	贷方	借或贷	余额
月	日	字	号					
12	31	转	14	股票公允价值变动		2 000	贷	2 000
	31	转	21	期末结转	2 000		平	Q
12	31			本月合计	2 000	2 000	平	Q

表 10-118　总分类账

会计科目:营业外收入　　　　第×页

20××年		凭证号		摘要	借方	贷方	借或贷	余额
月	日	字	号					
12	25	转	10	天宇公司合同违约赔偿		2 000	贷	2 000
	31	转	21	期末结转	2 000		平	Q
12	31			本月合计	2 000	2 000	平	Q

表 10-119　总分类账

会计科目:主营业务成本　　　　第×页

20××年		凭证号		摘要	借方	贷方	借或贷	余额
月	日	字	号					
12	31	转	18	结转产品销售成本	190 000		借	190 000
	31	转	22	期末结转		190 000	平	Q
12	31			本月合计	190 000	190 000	平	Q

表 10-120　总分类账

会计科目:其他业务成本　　　　第×页

20××年		凭证号		摘要	借方	贷方	借或贷	余额
月	日	字	号					
12	16	转	7	结转材料销售成本	30 000		借	30 000
	31	转	22	期末结转		30 000	平	Q
12	31			本月合计	30 000	30 000	平	Q

表 10-121　总分类账

会计科目:税金及附加　　　　第×页

20××年		凭证号		摘要	借方	贷方	借或贷	余额
月	日	字	号					
12	31	转	19	计算应交城建税及附加	7 400		借	7 400
	31	转	22	期末结转		7 400	平	Q
12	31			本月合计	7 400	7 400	平	Q

表 10-122　总分类账

会计科目:销售费用　　　　第×页

20××年		凭证号		摘要	借方	贷方	借或贷	余额
月	日	字	号					
12	10	银付	5	支付广告费	20 000		借	20 000
	20	转	8	参展团报销展览费用	4 500		借	24 500
	31	转	12	计提职工薪酬	8 000		借	32 500
	31	转	22	期末结转		32 500	平	Q
12	31			本月合计	32 500	32 500	平	Q

表 10-123　总分类账

会计科目:管理费用　　　　第×页

20××年		凭证号		摘要	借方	贷方	借或贷	余额
月	日	字	号					
12	7	现付	1	购买办公用品	1 000		借	1 000
	20	银付	8	支付维修费用	4 000		借	5 000
	31	银付	11	支付水电费	1 000		借	6 000
	31	转	11	结转发出材料成本	10 000		借	16 000
	31	转	12	计提职工薪酬	10 000		借	26 000
	31	转	15	计提固定资产折旧	10 000		借	36 000
	31	转	22	期末结转		36 000	平	Q
12	31			本月合计	36 000	36 000	平	Q

表 10-124　总分类账

会计科目:财务费用　　　　第×页

20××年		凭证号		摘要	借方	贷方	借或贷	余额
月	日	字	号					
12	31	转	13	计算长期借款利息	1 000		借	1 000
	31	转	22	期末结转		1 000	平	Q
12	31			本月合计	1 000	1 000	平	Q

表 10-125 总分类账

会计科目:营业外支出　　　　第×页

20××年		凭证号		摘要	借方	贷方	借或贷	余额
月	日	字	号					
12	22	银付	9	向希望小学捐赠	10 000		借	10 000
	31	转	22	期末结转		10 000	平	Q
12	31			本月合计	10 000	10 000	平	Q

表 10-126 总分类账

会计科目:所得税费用　　　　第×页

20××年		凭证号		摘要	借方	贷方	借或贷	余额
月	日	字	号					
12	31	转	20	计算本月应交所得税	50 000		借	50 000
	31	转	22	期末结转		50 000	平	Q
12	31			本月合计	50 000	50 000	平	Q

(六)编制资产负债表和利润表

根据有关账户记录编制资产负债表和利润表。(见表 10-127、表 10-128)

表 10-127 资产负债表

编制单位:蓝天公司　　　　20××年12月31日　　　　单位:元

资产	期末余额	年初余额	负债和所有者权益	期末余额	年初余额
流动资产:		(略)	流动负债:		(略)
货币资金	142 100		短期借款		
交易性金融资产	42 000		交易性金融负债		
衍生金融资产			衍生金融负债		
应收票据	87 800		应付票据		
应收账款	30 000		应付账款	10 000	
应收款项融资			预收款项		
预付款项			合同负债		
应收利息			应付职工薪酬	10 000	
应收股利			应交税费	87 400	
其他应收款	2 000		应付利息	1 000	
存货	333 000		应付股利	100 000	
合同资产			其他应付款		

续表

资产	期末余额	年初余额	负债和所有者权益	期末余额	年初余额
持有待售资产			持有待售负债		
一年内到期的非流动资产			一年内到期的非流动负债		
其他流动资产			其他流动负债		
流动资产合计	636 900		流动负债合计	208 400	
非流动资产：			非流动负债：		
债权投资			长期借款	220 000	
其他债权投资			应付债券		
长期应收款			其中：优先股		
长期股权投资	40 000		永续债		
其他权益工具投资			租赁负债		
其他非流动金融资产			长期应付款		
投资性房地产			专项应付款		
固定资产	710 000		预计负债		
在建工程			递延收益		
生产性生物资产			递延所得税负债		
油气资产			其他非流动负债		
使用权资产			非流动负债合计	220 000	
无形资产			负债合计	428 400	
开发支出			所有者权益（或股东权益）：		
商誉			实收资本（或股本）	700 000	
长期待摊费用			其他权益工具		
递延所得税资产			其中：优先股		
其他非流动资产			永续债		
非流动资产合计	750 000		资本公积	100 000	
			减：库存股		
			专项储备		
			盈余公积	60 000	
			未分配利润	98 500	
			所有者权益合计	958 500	
资产总计	1 386 900		负债和所有者权益总计	1 386 900	

表 10-128　利润表

编制单位：蓝天公司　　　　20××年 12 月　　　　单位：元

项目	本期金额	上期金额
一、营业收入	350 000	（略）
减：营业成本	220 000	
税金及附加	7 400	
销售费用	32 500	
管理费用	36 000	
研发费用		
财务费用	1 000	
其中：利息费用	1 000	
利息收入		
加：其他收益		
投资收益（损失以"－"号填列）	5 000	
其中：对联营企业和合营企业的投资收益	5 000	
以摊余成本计量的金融资产终止确认收益		
公允价值变动收益（损失以"－"号填列）	2 000	
信用减值损失（损失以"－"号填列）		
资产减值损失（损失以"－"号填列）		
资产处置收益（损失以"－"号填列）		
二、营业利润（亏损以"－"号填列）	60 100	
加：营业外收入	2 000	
减：营业外支出	10 000	
其中：非流动资产处置损失		
三、利润总额（亏损总额以"－"号填列）	52 100	
减：所得税费用	50 000	
四、净利润（净亏损以"－"号填列）	2 100	
（一）持续经营净利润（净亏损以"－"号填列）		
（二）终止经营净利润（净亏损以"－"号填列）		
五、其他综合收益的税后净额		
（一）不能重分类进损益的其他综合收益		
1. 重新计量设定受益计划变动额		
2. 权益法下不能结转损益的其他综合收益		

续表

项目	本期金额	上期金额
3.其他权益工具投资公允价值变动		
4.企业自身信用风险公允价值变动		
……		
(二)将重分类进损益的其他综合收益		
1.权益法下可转损益的其他综合收益		
2.其他债权投资公允价值变动		
3.金融资产重分类计入其他综合收益的金额		
4.其他债权投资信用减值准备		
5.现金流量套期储备		
6.外币财务报表折算差额		
……		
六、综合收益总额		
七、每股收益		
(一)基本每股收益		
(二)稀释每股收益		

第三节　科目汇总表账务处理程序

一、科目汇总表账务处理程序的概念

科目汇总表账务处理程序是定期将所有记账凭证进行汇总，编制科目汇总表，再根据科目汇总表登记总分类账。由于科目汇总表是根据记账凭证汇总编制而成的，因此，科目汇总表也称为记账凭证汇总表，相应地，科目汇总表账务处理程序也称为记账凭证汇总表账务处理程序。与记账凭证账务处理程序相似，在科目汇总表账务处理程序下，记账凭证可以采用通用格式，也可以采用专用格式(即收款凭证、付款凭证和转账凭证)；现金(银行存款)日记账一般采用三栏式；总分类账采用三栏式，并按每一总分类科目开设账页；明细分类账则可根据管理需要，分别采用三栏式、数量金额式或者多栏式。

二、科目汇总表的编制方法

科目汇总表，是根据一定时期内的全部记账凭证，按会计科目进行归类编制的。在科目汇总表中，分别计算出每一总账科目的借方发生额的合计数与贷方发生额的合计数。由于借贷记账法的记账规则是“有借必有贷，借贷必相等”，所以在编制的科目汇总表中，全部总账科目的借方发生额的合计数必定等于其贷方发生额的合计数。科目汇总表的编制时间根据企业经济业

务量的多少来确定，可以每月汇总一次，也可以每旬汇总一次。科目汇总表可以每汇总一次编制一张，也可以每月编制一张。在实际工作中，科目汇总表可以采用不同格式，既可以用一张通用的科目汇总表汇总全部科目，如表 10-129、表 10-130 所示；也可以按转账业务、库存现金和银行存款收付款业务分别编制 3 张，如表 10-131 至表 10-133 所示。

表 10-129 科目汇总表

年 月 日至 日　　　　第 页

会计科目	记账凭证起讫号数	本期发生额		总账页数
		借方	贷方	
合计				

会计主管：　　记账：　　审核：　　制表：

表 10-130 科目汇总表

年 月　　　　第 页

会计科目	总账页数	1—10 日		11—20 日		21—31 日		本月合计	
		借方	贷方	借方	贷方	借方	贷方	借方	贷方
合计									

会计主管：　　记账：　　审核：　　制表：

表 10-131 转账凭证科目汇总表

年 月 日至 日　　　　第 页

会计科目	凭证号码	本期发生额		总账页数
		借方	贷方	
合计				

会计主管：　　记账：　　审核：　　制表：

表 10-132 库存现金收、付款凭证科目汇总表

年 月 日至 日 第 页

日期	收入对方科目				收入合计	支出对方科目				支出合计
合计										

会计主管： 记账： 审核： 制表：

表 10-133 银行存款收、付款凭证科目汇总表

年 月 日至 日 第 页

日期	收入对方科目				收入合计	支出对方科目				支出合计
合计										

会计主管： 记账： 审核： 制表：

三、科目汇总表账务处理程序的基本内容

在科目汇总表账务处理程序下，其账务处理是按下列步骤进行的：

(1)根据原始凭证，填制汇总原始凭证；

(2)根据原始凭证或汇总原始凭证，填制各种记账凭证(包括收款凭证、付款凭证和转账凭证)；

(3)根据收款凭证和付款凭证，逐日逐笔登记库存现金(银行存款)日记账；

(4)根据原始凭证或汇总原始凭证、记账凭证，登记各种明细分类账；

(5)根据一定时期内的全部记账凭证，定期汇总编制科目汇总表；

(6)根据定期编制的科目汇总表，登记总分类账；

(7)月末，将库存现金(银行存款)日记账的余额、明细分类账的余额分别与总分类账中的相关账户的余额进行核对；

(8)月末，根据审核无误的总分类账和明细分类账的资料，编制会计报表。

科目汇总表账务处理程序的基本内容如图 10-2 所示。

四、科目汇总表账务处理程序的特点、优点、缺点及适用范围

科目汇总表账务处理程序的特点是：根据汇总的科目汇总表定期登记总账。优点是：由于总分类账的登记日期是根据科目汇总表的编制时间而定，采用了汇总登记总分类账的方法，故大大减少了登记总分类账的工作量；并且编制科目汇总表的方法简便易学，还能起到试算平衡

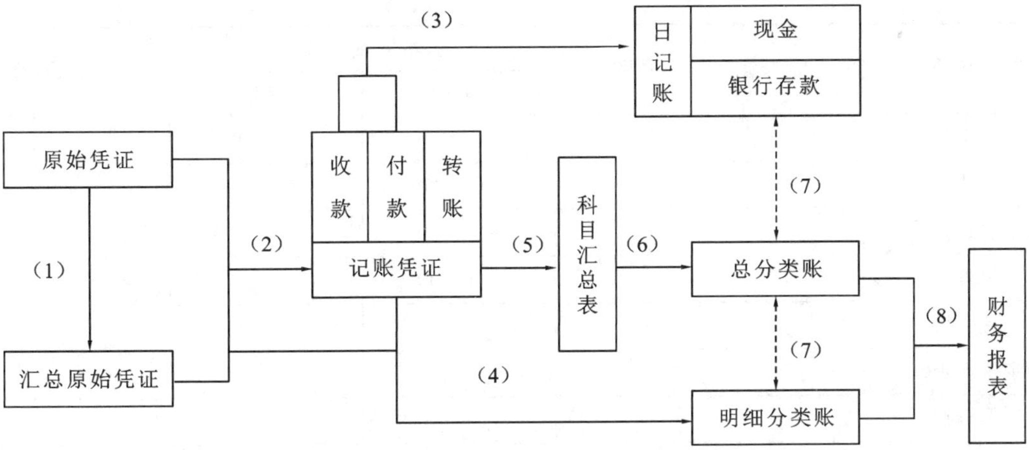

图 10-2　科目汇总表账务处理程序

的作用。缺点是：在科目汇总表和总分类账中，不能反映各科目之间的对应关系，不便于对账、查账和了解经济业务的来龙去脉。因此，这种账务处理程序一般适用于经济业务量大、记账凭证较多的企业。

五、科目汇总表账务处理程序举例

(一)资料

见本章第二节记账凭证账务处理程序举例中的有关经济业务及其编制的记账凭证。

(二)编制科目汇总表

根据记账凭证编制科目汇总表，如表 10-134 所示。

表 10-134　科目汇总表

20××年 12 月　　　　第 1 号

会计科目	记账凭证起讫号数	本期发生额		总账页数
		借方	贷方	
库存现金	(略)	500	1 200	(略)
银行存款		342 900	302 100	
交易性金融资产		2 000	0	
应收票据		67 800	0	
应收账款		68 000	68 000	
预付账款		22 600	22 600	
其他应收款		2 000	5 000	
在途物资		60 000	60 000	
原材料		150 000	220 000	
库存商品		263 000	190 000	

续表

会计科目	记账凭证起讫号数	本期发生额		总账页数
		借方	贷方	
制造费用		53 000	53 000	
生产成本		263 000	263 000	
长期股权投资		0	0	
固定资产		200 000	0	
累计折旧		0	40 000	
固定资产清理		0	0	
无形资产		0	0	
累计摊销		0	0	
短期借款		10 000	0	
应付票据		0	0	
应付账款		45 200	45 200	
预收账款		45 200	35 200	
应付职工薪酬		66 000	66 000	
应交税费		35 500	102 900	
应付利息		600	1 000	
应付股利		0	100 000	
长期借款		0	20 000	
实收资本		0	200 000	
资本公积		0	0	
盈余公积		0	40 000	
本年利润		556 900	359 000	
利润分配		140 000	200 000	
主营业务收入		310 000	310 000	
其他业务收入		40 000	40 000	
投资收益		5 000	5 000	
公允价值变动损益		2 000	2 000	
营业外收入		2 000	2 000	
主营业务成本		190 000	190 000	
其他业务成本		30 000	30 000	
税金及附加		7 400	7 400	
销售费用		32 500	32 500	

续表

会计科目	记账凭证起讫号数	本期发生额		总账页数
		借方	贷方	
管理费用		36 000	36 000	
财务费用		1 000	1 000	
营业外支出		10 000	10 000	
所得税费用		50 000	50 000	
合计		3 110 100	3 110 100	

(三)登记总分类账

这里只列举"银行存款"账户的登记，如表 10-135 所示。其他总分类账从略。至于现金日记账、银行存款日记账、各种明细账的登记和会计报表的编制与记账凭证账务处理程序相同。

表 10-135　总分类账

会计科目：银行存款　　　　第×页

20××年		凭证号		摘要	借方	贷方	借或贷	余额
月	日	字	号					
12	1			上月结余			借	100 000
	31	科汇	1	登记总账	342 900	302 100	借	140 800
12	31			本月发生额及余额	342 900	302 100	借	140 800

第四节　汇总记账凭证账务处理程序

一、汇总记账凭证账务处理程序的概念

汇总记账凭证账务处理程序是先定期将全部的记账凭证按收、付款凭证和转账凭证分别归类编制汇总记账凭证，再根据各种汇总记账凭证登记总分类账。在汇总记账凭证账务处理程序下，除设置收款凭证、付款凭证和转账凭证外，还应设置汇总收款凭证、汇总付款凭证和汇总转账凭证，作为登记总分类账的依据。与记账凭证账务处理程序和科目汇总表账务处理程序相同，设置的库存现金(银行存款)日记账采用三栏式；设置的总分类账，按每一总账科目设置账页，采用三栏式；设置的各种明细分类账，根据需要可采用三栏式、多栏式和数量金额式。

二、汇总记账凭证的编制方法

汇总记账凭证分为汇总收款凭证、汇总付款凭证和汇总转账凭证三种，现分别介绍如下。

(一)汇总收款凭证的编制方法

汇总收款凭证是根据一定时期的全部收款凭证，按月汇总编制而成。由于每一收款凭证中

的借方科目都是“库存现金”或“银行存款”科目，所以汇总收款凭证也是按现金或银行存款科目的借方分别设置，并根据收款凭证按贷方科目归类定期汇总填列，每月编制一张。月末，计算出汇总凭证中各行的合计数，并据以登记总分类账。其格式和内容如表 10-136 所示。

表 10-136 汇总收款凭证

借方科目：银行存款　　　　20×× 年 12 月　　　　汇收字第×号

贷方科目	金额				总账账页	
	1 至 10 日收字第 1 号至第 2 号	11 至 20 日收字第　号至第　号	21 至 31 日收字第　号至第　号	合计	借方	贷方
长期借款	20 000	…	…	20 000	2	45
主营业务收入	150 000	…	…	150 000	2	72
…	…	…	…	…	…	
合计	…	…	…	342 900	—	—

（二）汇总付款凭证的编制方法

汇总付款凭证是根据一定时期的全部付款凭证，按月汇总编制而成。由于每一付款凭证中的贷方科目都是“库存现金”或“银行存款”科目，所以汇总付款凭证也是按库存现金或银行存款科目的贷方分别设置，并根据付款凭证按借方科目归类定期汇总填列，每月编制一张。月末，计算出汇总凭证中各行的合计数，并据以登记总分类账。其格式和内容如表 10-137 所示。

表 10-137 汇总付款凭证

贷方科目：银行存款　　　　20××年 12 月　　　　汇付字第×号

借方科目	金额				总账账页	
	1 至 10 日付字第 1 号至第 4 号	11 至 20 日付字第　号至第　号	21 至 31 日付字第　号至第　号	合计	借方	贷方
短期借款	10 000	…	…	10 000	2	32
应付利息	600	…	…	600	2	36
…	…	…	…	…		…
合计	…	…	…	302 100	—	—

（三）汇总转账凭证的编制方法

汇总转账凭证是根据一定时期的全部转账凭证，按月汇总编制而成。由于每一转账凭证中的借方科目或贷方科目不完全相同，汇总所有转账凭证时为了避免漏汇或重汇，一律按转账凭证中的贷方科目分别设置，并根据相对应的借方科目归类定期汇总填列，每月编制一张。月末，计算出汇总凭证中各行的合计数，并据以登记总分类账。其格式和内容如表 10-138 所示。

表 10-138　汇总转账凭证

贷方科目:应付账款　　　　20××年 12 月　　　　汇转字第×号

借方科目	金额				总账账页	
	1 至 10 日转字第 1 号至第 2 号	11 至 20 日转字第　号至第　号	21 至 31 日转字第　号至第　号	合计	借方	贷方
原材料	40 000	…	…	40 000	10	34
应交税费	5 200	…	…	5 200	38	34
…	…	…	…	…		…
合计	…	…	…	425 200	—	—

由于汇总转账凭证上的科目对应关系是,一个贷方科目与一个或几个借方科目相对应,因此,在汇总记账凭证账务处理程序下,为了便于编制汇总转账凭证,平时填制的转账凭证中的科目对应关系,也应该是一个贷方科目与一个或几个借方科目相对应,而不应填制几个贷方科目与一个或几个借方科目相对应的转账凭证。也就是可以填制一借一贷和多借一贷的转账凭证,而不应填制一借多贷和多借多贷的转账凭证。

三、汇总记账凭证账务处理程序的基本内容

在汇总记账凭证账务处理程序下,其账务处理是按下列步骤进行的:

(1) 根据原始凭证编制汇总原始凭证。

(2) 根据原始凭证或汇总原始凭证编制各种记账凭证(包括收款凭证、付款凭证和转账凭证)。

(3) 根据收款凭证和付款凭证,逐日逐笔登记库存现金(银行存款)日记账。

(4) 根据原始凭证或汇总原始凭证、记账凭证,登记各种明细分类账。

(5) 根据一定时期内的全部记账凭证,定期编制汇总收款凭证、汇总付款凭证和汇总转账凭证。

(6) 根据定期编制的汇总收款凭证、汇总付款凭证和汇总转账凭证,登记总分类账。

(7) 月末,将库存现金(银行存款)日记账的余额、明细分类账的余额分别与总分类账中的相关账户的余额相核对。

(8) 月末,根据审核无误的总分类账和明细分类账的记录,编制会计报表。

根据汇总记账凭证登记总账,如表 10-139 所示。

表 10-139　总分类账

会计科目:银行存款　　　　第×页

20××年		凭证号		摘要	对应科目	借方	贷方	借或贷	余额
月	日	字	号						
12	1			上月结余				借	100 000
	31	汇收	2	登记总账		342 900		借	442 900
	31	汇付	2	登记总账			302 100	借	140 800
12	31			本月发生额及余额		342 900	302 100	借	140 800

汇总记账凭证账务处理程序的基本内容如图 10-3 所示。

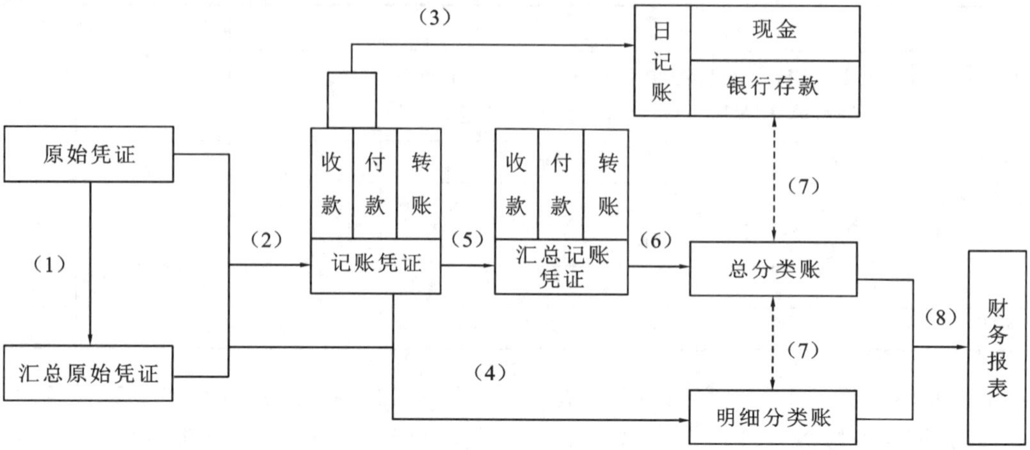

图 10-3　汇总记账凭证账务处理程序

四、汇总记账凭证账务处理程序的特点、优点、缺点及适用范围

汇总记账凭证账务处理程序的特点是：根据各种汇总记账凭证登记总分类账。

优点是：由于汇总记账凭证是根据一定时期内全部记账凭证，按照科目对应关系进行归类、汇总编制而成，因而在登记总分类账时也保持了科目之间的对应关系，这样可以清楚地反映经济业务的来龙去脉，便于进行会计分析和检查，这就弥补了科目汇总表账务处理程序的不足。

缺点是：汇总转账凭证是按每一贷方科目，而不是按经济业务的性质归类汇总，因而不利于会计核算工作的分工；虽然登记总分类账的工作得到了简化，但编制汇总记账凭证的工作量也比较大。

因此，这种账务处理程序一般适合规模大、经济业务较多的企业，尤其是业务量大的企业采用。

本章小结

为了合理组织会计核算工作，确保及时提供有用的会计信息，必须把会计凭证、账簿和报表有机组织起来，形成一定的核算组织程序，这就是账务处理程序。根据登记总账的依据不同，可以将账务处理程序划分为：①记账凭证账务处理程序；②科目汇总表账务处理程序；③汇总记账凭证账务处理程序。不同的账务处理程序分别有其优缺点，适用于不同类型的企业，企业应结合本单位的具体特点选择适合本单位的账务处理程序。

关键概念

账务处理程序　　记账凭证账务处理程序　　科目汇总表账务处理程序

科目汇总表汇总记账凭证账务处理程序　　汇总记账凭证

思考与讨论

1. 什么是账务处理程序？

2. 在记账凭证核算形式下，应设置哪些会计凭证和会计账簿？其账务处理程序如何？
3. 记账凭证核算形式有哪些优点和缺点？适用于哪些单位？
4. 科目汇总表核算形式的特点是什么？其账务处理程序如何？
5. 汇总记账凭证核算形式的特点是什么？其账务处理程序如何？
6. 什么是科目汇总表？如何编制科目汇总表？

练习题

一、单项选择题

1. 各种账务处理程序的主要区别在于（　　）。
A. 填制会计凭证的依据和方法不同
B. 编制会计报表的依据和方法不同
C. 登记明细账的依据和方法不同
D. 登记总账的依据和方法不同

2. 设计账务处理程序是（　　）的一项重要内容。
A. 会计凭证设计　　B. 会计制度设计
C. 科目账簿设计　　D. 会计报表设计

3. 汇总记账凭证账务处理程序的主要缺点在于（　　）。
A. 不利于会计分工　　B. 不能反映经济业务
C. 不能保持科目之间的对应关系　　D. 不能节省会计工作时间

4. 科目汇总表与汇总记账凭证两种账务处理程序的共同优点是（　　）。
A. 保持了科目之间的对应关系　　B. 简化了总分类账登记工作
C. 进行发生额试算平衡　　D. 总括反映同类经济业务

5. 编制科目汇总表的直接依据是（　　）。
A. 原始凭证　　B. 原始凭证汇总表
C. 记账凭证　　D. 汇总记账凭证

6. 汇总记账凭证账务处理程序适用于（　　）的单位。
A. 规模较小，业务不多　　B. 规模较大，业务较多
C. 行政、事业　　D. 会计科目不多

7. 汇总记账凭证核算形式下，总分类账账页格式一般采用（　　）。
A. 三栏式　　B. 多栏式
C. 数量金额式　　D. 设有“对应科目”栏的三栏式

8. 汇总转账凭证通常是按（　　）。
A. 每一借方科目分别设置　　B. 每一贷方科目分别设置
C. 库存现金科目为主汇总　　D. 银行存款科目为主汇总

9. 在记账凭证账务处理程序中，根据（　　）登记总账。
A. 原始凭证　　B. 记账凭证
C. 原始凭证汇总表　　D. 汇总记账凭证

10. 科目汇总表账务处理程序的缺点是（　　），不便于了解经济活动内容。
A. 不利于会计分工核算　　B. 不能进行试算平衡

C. 反映不出账户对应关系　　D. 限制会计科目数量

二、多项选择题

1. 各种核算形式的相同之处在于(　　)。

A. 根据原始凭证编制汇总原始凭证

B. 根据原始凭证及记账凭证登记明细分类账

C. 根据收、付款凭证登记现金日记账

D. 根据总账和明细账编制会计报表

2. 以记账凭证为依据,编制汇总记账凭证,按贷方科目归类汇总的有(　　)。

A. 汇总收款凭证　　B. 汇总付款凭证

C. 汇总转账凭证　　D. 科目汇总表

3. 科目汇总表的作用有(　　)。

A. 减少总分类账的记账工作量

B. 起到试算平衡的作用

C. 反映账户间的对应关系

D. 反映各账户本期借方发生额、贷方发生额

4. 记账凭证会计核算程序的缺点是(　　)。

A. 核算程序复杂　　B. 不便于对账和查账

C. 登记总账的工作量大　　D. 不便于总账和明细账的分工协作

5. 登记总分类账的依据,可以是(　　)。

A. 记账凭证　　B. 汇总记账凭证

C. 科目汇总表　　D. 汇总原始凭证

6. 汇总记账凭证核算程序下,编制记账凭证的要求是(　　)。

A. 收款凭证可一借多贷　　B. 收、付、转账凭证均可一借一贷

C. 转账凭证可一借多贷　　D. 转账凭证可一贷多借

7. 采用记账凭证账务处理程序,一般设置(　　)等账簿。

A. 库存现金日记账　　B. 银行存款日记账

C. 明细分类账　　D. 总分类账

8. 明细分类账的登记依据是(　　)。

A. 原始凭证　　B. 汇总原始凭证

C. 记账凭证　　D. 总分类账

9. 会计核算的全过程包括(　　)。

A. 填制和取得原始凭证　　B. 填制记账凭证

C. 登记账簿　　D. 编制会计报表

10. 在汇总记账凭证账务处理程序中,关于汇总转账凭证的说法不正确的是(　　)。

A. 按通用记账凭证汇总　　B. 按贷方科目汇总

C. 按借方科目汇总　　D. 应定期编制汇总转账凭证

三、判断题

1. 各种账簿都是直接根据记账凭证进行登记的。　　(　　)

2. 由于各单位的规模大小不同,业务性质不一样,管理要求也各不相同,因而其使用的账

户、账簿的格式及记账顺序也应有所不同。（ ）

3. 记账凭证核算形式是其他核算形式的基础。（ ）

4. 记账凭证核算形式适用于规模小、业务量多、凭证较多的单位。（ ）

5. 多栏式日记账核算形式是将所有的明细账都设为多栏式的日记账格式。（ ）

6. 汇总记账凭证核算形式一般适用于经营规模较大、经济业务较多的大型企业和其他单位。（ ）

7. 采用科目汇总表核算形式，总分类账、明细分类账和日记账都应根据科目汇总表登记。（ ）

8. 各种会计核算形式之间的区别主要在于编制会计报表的依据和方法不同。（ ）

9. 多栏式日记账核算形式登记总账，是根据多栏式日记账按平行登记的要求进行的。（ ）

10. 在不同的账务处理程序下，会计报表的编制依据是相同的。（ ）

四、业务题

1. 资料：新世纪公司 20××年 6 月份有关资料如下：

(1)期初全部账户余额如表 10-140 所示。

表 10-140 期初账户余额

单位：元

账户名称	金额	账户名称	金额
库存现金	885	短期借款	50 000
银行存款	79 915	应付账款	17 790
交易性金融资产	560	应付职工薪酬	10 000
应收账款	48 000	应交税费	22 600
其他应收款	150	其中：应交所得税	15 000
原材料	28 700	应付利润	10 000
生产成本	25 934	应付利息	1 480
库存商品	96 300	实收资本	380 000
固定资产	400 000	盈余公积	51 350
累计折旧	96 480	未分配利润	40 744

其中：

①“原材料”账户的余额包括：

甲材料　200 千克　12 700 元

乙材料　400 千克　16 000 元

②“生产成本”账户的余额为：

A 在产品 400 件的余额，其中：直接材料 14 490 元，直接人工 7 110 元，制造费用 4 334 元。

③“库存商品”账户的余额：

A 产品　200 件　28 800 元

B 产品　450 件　67 500 元

④“应收账款”账户余额：

蓝天公司　　　18 000 元

同济公司　　　30 000 元

⑤“其他应收款”账户余额：

刘新　　150 元

⑥“应付账款”账户余额：

大成公司　　14 820 元

求实公司　　　2 970 元

(2)6 月份发生下列经济业务：

1 日，向大全公司购入甲材料 200 千克，材料已验收入库，收料单第 91 号；价款 12 000 元，增值税额 1 560 元，均尚未支付。开出银行支票付讫运杂费 280 元。

3 日，开出银行支票，支付上月应交税费 7 600 元，应交所得税 15 000 元，应付利润 10 000 元。

4 日，收到蓝天公司上月账款 18 000 元，同济公司上月账款 30 000 元，存入银行。开出银行支票 14 820 元，偿付大成公司上月账款。

5 日，发出乙材料 300 千克，用于 B 产品生产。

5 日，以现金 45 元，支付零星的管理费用。

6 日，售出 A 产品 150 件给蓝天公司，价款 33 000 元，增值税额 4 290 元，价税款均未收到。

7 日，售给同济公司 B 产品 100 件，价款 20 000 元，增值税额 2 600 元，价税款均未收到。

7 日，发出甲材料 100 千克，制造 A 产品。

7 日，开出银行转账支票支付销售运杂费 1 000 元。

8 日，购乙材料 100 千克，已验收入库，收料后开出银行转账支票 5 085 元予以结算，其中材料价款 4 500 元，增值税额 585 元。

9 日，发出甲材料 250 千克，其中制造 A 产品用料 200 千克，车间一般耗用 50 千克。

10 日，向大成公司购入乙材料 200 千克，已验收入库，价款 8 500 元，增值税额 1 105 元，价税款尚未支付；开出银行转账支票付讫运杂费 800 元。

11 日，开出银行转账支票支付求实公司前欠账款 2 970 元。

12 日，向求实公司购入甲材料 300 千克，价款 15 000 元，增值税额 1 950 元，货款尚未支付，材料已验收入库。运杂费 1 200 元以银行转账支票支付。

13 日，完工 A 产品 200 件，验收入库。

14 日，售出 A 产品 100 件，价款 23 000 元，增值税额 2 990 元，存入银行。

14 日，开出银行现金支票 500 元，提取现金。

15 日，向大成公司购入乙材料 300 千克，价款 10 000 元，增值税额 1 300 元，价税款尚未支付，材料已验收入库。开出银行转账支票支付运杂费 1 380 元。

16 日，收到同济公司账款 22 600 元，存入银行。

16 日，开出银行转账支票 14 040 元，偿付大成公司材料货款和增值税款。

16 日，收到蓝天公司货款和增值税款共计 37 290 元，存入银行。

17 日，售出 B 产品 150 件，价款 30 000 元，增值税额 3 900 元，款项均收妥存入银行。以银行存款支付运杂费 1 200 元。

18 日，发出甲材料 200 千克，其中用于生产 A 产品 150 千克，生产 B 产品 50 千克。发出乙材料 300 千克，用于生产 B 产品。

20 日，行政管理人员刘新报销差旅费 145 元，余款交回现金。

21 日，开出银行转账支票，支付大成公司货款 9 945 元，支付车间机器零星修理费 500 元。

22 日，完工 A 产品 150 件，验收入库。

24 日，开出银行现金支票支付职工报销医药费 1 560 元。

28 日，售给蓝天公司 A 产品 100 件，价款 23 000 元，增值税额 2 990 元，价税款尚未收到。以银行存款支付运杂费 1 050 元。

28 日，签发银行现金支票提现，付讫本月工资 19 400 元。

30 日，完工 A 产品 50 件，验收入库。

30 日，经计算本月生产工人工资 13 600 元(按产品生产工时在两种产品间进行分配：A 产品 1 600 工时，B 产品 1 800 工时)，车间管理人员工资 1 200 元，公司行政管理人员工资 4 600 元。

30 日，本月车间照明耗电 454 元，管理部门耗电 264 元，款项尚未支付。

30 日，本月应计水费 485 元，其中车间耗用 298 元，款项尚未支付。

30 日，本月固定资产折旧费 2 300 元，其中生产车间负担 70%。

30 日，计算本月应负担的短期借款利息 740 元。

30 日，结转本月制造费用，并按产品生产工时在 A、B 两种产品间进行分配。

30 日，A 产品 400 件已全部完工，验收入库，结转其制造成本。

30 日，结转已售出 A、B 产品的成本。

30 日，持有的交易性金融资产公允价值上升 50 元。

30 日，计算本月应交城市维护建设税 80 元，教育费附加 40 元。

30 日，按 25%的所得税税率计算应交所得税(假设不考虑税收调整事项)。

30 日，结转所有收入与费用类账户。

30 日，按税后利润的 10%计提法定盈余公积。

30 日，按税后利润的 5%计提任意盈余公积。

30 日，按税后利润的 30%计算应付投资者的利润。

2. 要求：

(1)开设三栏式现金日记账和银行存款日记账，开设总分类账和原材料、生产成本、库存商品明细分类账，登记各有关账户的期初余额。

(2)填制收款凭证、付款凭证和转账凭证，并据以登记各有关账户。

(3)月终，计算、结转各账户的本期发生额与期末余额。

(4)进行试算平衡，编制本月资产负债表、利润表。

参考文献

[1] 中华人民共和国财政部.会计基础工作规范(2019年修订),中华人民共和国财政部令第98号,2019年3月.

[2] 中华人民共和国财政部.企业会计准则——基本准则[M].北京:经济科学出版社,2006.

[3] 中华人民共和国财政部.企业会计准则——应用指南[M].北京:中国财政经济出版社,2006.

[4] 财政部会计资格评价中心.初级会计实务[M].北京:经济科学出版社,2017.

[5] 李海波.会计学原理——基础会计[M].上海:立信会计出版社,2001.

[6] 崔智敏,陈爱玲,同广明.会计学基础[M].北京:中国人民大学出版社,2005.

[7] 李占国.基础会计学[M].北京:高等教育出版社,2010.

[8] 冯建.基础会计[M].北京:高等教育出版社,2018.

[9] 徐国民.基础会计学[M].北京:高等教育出版社,2018.

[10] 杨柳.会计学[M].北京:清华大学出版社,2017.

[11] 李贻玲,汪洪波.会计学基础[M].4版.北京:电子工业出版社,2014.

[12] 吴国萍.基础会计学[M].3版.上海:上海财经大学出版社,2011.

[13] 张艳莉,苏虹.会计学基础[M].成都:西南财经大学出版社,2013.

[14] 桂俊煜,马施.会计基础理论与实务[M].北京:人民邮电出版社,2016.

[15] 李迪,吴丽莉,王静.基础会计学[M].北京:清华大学出版社,2016.